国家社会科学基金项目《我国养老产业转型和优化研究》最终成果（课题编号13BGL118）

我国居家养老服务发展路径研究

张新生　王剑锋　等著

中国财经出版传媒集团

·北京·

图书在版编目（CIP）数据

我国居家养老服务发展路径研究/张新生等著．--北京：经济科学出版社，2024.2
 ISBN 978-7-5218-5678-1

Ⅰ.①我… Ⅱ.①张… Ⅲ.①养老-社区服务-研究-中国 Ⅳ.①D669.6

中国国家版本馆 CIP 数据核字（2024）第 053293 号

责任编辑：李　雪
责任校对：易　超
责任印制：邱　天

我国居家养老服务发展路径研究

张新生　王剑锋　等著

经济科学出版社出版、发行　新华书店经销
社址：北京市海淀区阜成路甲 28 号　邮编：100142
总编部电话：010-88191217　发行部电话：010-88191522
网址：www.esp.com.cn
电子邮箱：esp@esp.com.cn
天猫网店：经济科学出版社旗舰店
网址：http://jjkxcbs.tmall.com
固安华明印业有限公司印装
710×1000　16 开　20.25 印张　360000 字
2024 年 2 月第 1 版　2024 年 2 月第 1 次印刷
ISBN 978-7-5218-5678-1　定价：106.00 元
（图书出现印装问题，本社负责调换。电话：010-88191545）
（版权所有　侵权必究　打击盗版　举报热线：010-88191661
QQ：2242791300　营销中心电话：010-88191537
电子邮箱：dbts@esp.com.cn）

目 录
CONTENTS

第1章 绪论 ··· 1
  1.1 研究背景和意义 ································· 1
  1.2 国内外研究现状 ································· 4
  1.3 主要研究内容 ···································· 7
  1.4 研究方法和思路 ································· 10
  1.5 研究创新之处 ···································· 12
  1.6 基础理论 ··· 12

第2章 养老产业概述 ···································· 20
  2.1 养老产业的转型和优化 ························ 20
  2.2 老龄化和养老需求 ····························· 41

第3章 居家养老服务 ···································· 48
  3.1 居家养老的社会背景和意义 ·················· 48
  3.2 国内居家养老服务典型模式 ·················· 50
  3.3 我国城市居家养老服务内容 ·················· 55
  3.4 居家养老服务产业的运行方式 ··············· 56

第4章 我国东部地区居家养老服务发展实证分析
　　——以浙江省桐乡市为例 ············ 59
- 4.1 浙江省桐乡市乌镇智慧居家养老服务状况 ········· 59
- 4.2 乌镇智慧居家养老服务问卷调查 ············· 64
- 4.3 浙江省桐乡市乌镇智慧居家养老服务存在的问题 ······ 78
- 4.4 浙江省桐乡市乌镇完善智慧居家养老服务的对策建议 ············· 81

第5章 我国中部地区城市居家养老服务发展实证分析
　　——以江西省南昌市为例 ············ 87
- 5.1 江西省城市住宅区适老改造需求意愿的调查 ········ 87
- 5.2 江西省南昌市城市社区居家养老服务满意度及影响因素 ············· 109
- 5.3 江西省南昌市养老护理员队伍建设现状调查 ······· 132

第6章 我国西部地区城市居家养老服务发展实证分析 ········ 147
- 6.1 贵州省贵阳市城市居家养老服务发展调查 ········ 147
- 6.2 云南省昭通市养老服务发展调查 ············ 164

第7章 我国城市居家养老服务存在的问题 ············· 179
- 7.1 居家养老服务供需失衡 ················ 179
- 7.2 居家养老服务专业化队伍的规模有待扩大、素质有待提高 ············· 181
- 7.3 居家养老服务管理不完善 ··············· 184
- 7.4 居家养老服务政策支持力度不够 ············ 188
- 7.5 居家养老服务非政府组织力量薄弱 ··········· 191
- 7.6 居家养老服务评估和监督体系滞后 ··········· 193
- 7.7 居家养老服务认识滞后 ················ 194

7.8 居家养老服务法律、规范滞后 …………………………… 196
7.9 居家养老服务融资机制不健全 …………………………… 199
7.10 现有居家养老服务产业自身存在的缺陷 ………………… 200
7.11 居家养老服务规划问题 …………………………………… 203

第8章 其他国家和地区城市居家养老服务实践及其启示 ……… 205
8.1 国外居家养老服务的实践 ………………………………… 205
8.2 中国香港地区养老服务实践 ……………………………… 229
8.3 其他国家和地区的养老服务经验及其借鉴 ……………… 230

第9章 完善我国城市居家养老服务的措施 ……………………… 251
9.1 运用网络化手段，完善政府购买居家养老服务 ………… 251
9.2 居家养老服务多元化供给实现途径 ……………………… 258
9.3 完善居家养老服务的法规、政策和制度 ………………… 270
9.4 完善居家养老服务管理机制 ……………………………… 278
9.5 完善居家养老服务规划体系 ……………………………… 282
9.6 推进居家养老服务产业化 ………………………………… 289
9.7 社会工作介入居家养老服务 ……………………………… 299

参考文献 ……………………………………………………………… 302
后记 …………………………………………………………………… 318

第 1 章

绪 论

1.1 研究背景和意义

1.1.1 研究背景

1.1.1.1 我国老龄化程度日益加深

根据国家人口和计划生育委员会的预测，2015 年我国 60 岁及以上人口数将达 2.13 亿，2020 年将达到 2.43 亿，2025 年将突破 3 亿[①]，人口老龄化对养老服务供给的压力越来越大。有关统计显示，我国城市老年人中生活能够完全自理、部分自理、完全不能自理的分别占 85.4%、9.6%、5.0%。目前全国城市老年人空巢家庭（包括独居）的比例已达 49.7%，85% 以上的老年人有享受居家养老的意愿，而选择在养老机构养老的只占 6%~8%。[②] 我国人口老龄化具有

---

① 民政部：中国 60 岁以上老人 1.94 亿、2025 年突破 3 亿，http://politics.people.com.cn/n/2013/0819/c1001-22617892.html，来源：中新网，2013 年 8 月 19 日 16：06。

② 广东省民政厅，居家养老措施颁布，http://www.gdmz.gov.cn/gdmz/mzgc/200802/7cd3a353cbea4b71add35cbd2b155924.shtml，来源：惠州市民政局救灾救济科，2008-02-25 17：00：00。

以下基本特征：老年人口基数大、老龄化速度快、高龄化趋势明显、区域性差异、性别差异和未富先老。目前养老服务压力日益增大，既要满足数量上的需求，还要实现服务质量的提高，健全养老服务制度规范必不可少。近年来，我国以居家为基础、社区为依托、机构为支撑的养老服务体系初具规模，老年人消费市场开始成长，养老服务业的发展也很快。但总体上，老年消费市场仅具雏形、养老服务和产品的供给还不够充足、城乡之间和区域之间的发展不平衡等问题还十分突出。养老服务业的健康持续发展非常重要。

1.1.1.2 我国养老服务产业转型升级是经济持续增长的重要手段

我国经济发展方式正由主要依靠投资、出口拉动向依靠消费、投资、出口协调拉动转变，促进居民消费增长，尤其是扩大服务消费是保持经济持续增长的重要手段。完善养老服务体系能够释放老年人对养老服务的潜在需求，提高相关养老产业的供给能力，还能创造多种类、大规模的就业岗位。养老服务业的发展，能够开拓养老产业的新价值链和资金链，推进养老产业链的发展。养老产业内的企业竞争，还能够提升养老产品和服务的供给质量，提高劳动生产率，有利于养老产业的转型、升级。现代服务业和居家养老服务平台融合，依托科技的发展，提供现代化的养老产品和服务。现行养老服务体系以传统福利对象为主，服务水平较低，不适应社会转型升级的客观需要，因此养老服务由生存型向发展型转变，实现养老服务需求从单纯追求数量向多元化、多层次方向发展是大势所趋。

1.1.1.3 我国养老服务产业健康持续发展的基础

老年群体的迅速膨胀和国家的投入不足导致养老服务资金紧张。促进养老服务资金增长可以通过两条途径实现：一是增加国家投入，二是促进资金转化为资本以及加快资金流动的速度。养老服务产业化可以加快养老资金流动，促进养老资金的持续健康增长。养老服务产业的正常运作，需要进行必要投资，投资将带来资本的增长，资本的增长能带来更大的产出和资金流量的增大，促进企业进入更大的生产循环，从而提供养老资金，扩大了社会再生产。通过养老服务产业运作，按市场运作的方式把与养老有关的资源进行组合，将分散的资源纳入社会再生产体系，实现了闲置资源的产出最大化。

1.1.1.4　完善养老服务产业制度是供给侧改革的需要

我国的供给侧改革是政府在产能过剩背景下实施的供给结构调整的战略性安排，在劳动力、资本、创新和政府等方面推进结构性调整。自改革开放以来，我国的宏观调控侧重于消费、投资、出口方面的需求侧管理，供给侧结构性改革的提出，本身就是制度创新的过程。从产业结构角度看，养老产业服务业属于生活性服务业，同时也与生产性服务业紧密相连，具有强大的市场需求，但市场供给不足，市场潜力巨大。我国老龄人口群体的消费模式正在悄然发生变化，主要表现如下：一是生命周期中老年消费水平较高，我国目前老年人均消费已超越全体居民人均消费[①]；二是老年消费与全体居民消费在构成上各有侧重，食品和医疗消费占老年消费的比重较大；三是老年消费具备年龄和城乡等人群分化特征；四是老年消费的未来走势受年龄效应与代际效应的共同影响，随老龄化程度加深和公共福利制度的完善，老年消费中的公共财政开支将逐步提高；五是老年消费集多元性、变化性和公共性于一体，可成为经济增长和社会进步的新动力，其对社会运转产生的压力可以通过公共政策的调整来解决。[②] 通过供给侧的改革推进养老产业的发展。加强市场供给，必须有可靠的制度作为保障。因此，加强和完善养老服务产业相关制度，是发展我国养

---

① 2020年中国老年人消费潜力趋势分析，https：//max.book118.com/html/2020/0717/8074103043002125.shtm.

② 乐昕，彭希哲. 老年消费新认识及其公共政策思考［J］. 复旦学报（社科版），2016（2）：126-134.

老服务产业的需要，也是我国供给侧结构性改革的组成部分和内容。

1.1.2 研究意义

1.1.2.1 研究的理论意义

人口老龄化、家庭结构变化和人口流动加快使传统的家庭养老已经不能满足不断增长的养老需求，机构养老也是困境重重。从世界范围内的养老趋势来看，居家养老模式将逐渐成为主要的养老模式。养老产业能够为居家老人提供专业化的社会服务，并满足老人多样化的养老服务需求。本研究丰富和创新了我国养老保障理论的内容，具有重要的理论价值。

1.1.2.2 研究的现实意义

首先，促进我国养老产业优化升级，完善我国长期养老服务体系，适应我国老龄化发展的趋势，推动和谐社会进程。其次，养老产业转型和优化发展是推动未来经济增长的重要引擎，具有显著的经济带动效应。养老产业是一个与众多行业相关联的朝阳产业，针对老年人特殊的消费群体，发展养老产业，不仅可以实现老有所养，还能拉动内需，优化供给，增加就业。最后，可以为政府制定相关政策提供智力支持和参考。因此，本研究具有重要的现实意义。

1.2 国内外研究现状

1.2.1 国外研究现状述评

国外有关养老产业的研究主要集中在以下几个方面。

(1) 关于养老福利理论的研究。

20世纪80年代,"福利多元主义"强调政府不应是福利的唯一提供者,应结合民间的资源与力量(易国松,2006)。西方福利国家基本沿着三个方向实现社会福利私营化:政府拨款补助逐渐减少,慈善事业的商业色彩增强,强化使用服务者付费(陈银娥,2002)。

(2) 关于老年人社区照顾的研究。

20世纪50年代后期英国开始推行社区照顾的养老模式,随着志愿者机构、服务供给发生变革,以社区为基础的服务供给的地区不公程度加剧(Milligan,1998)。美国推行家庭医疗补助和社区服务计划,服务收费影响了老年人的医疗需求(Doyle,1997)。澳大利亚最近的养老政策调整,使得那些依赖社区服务的人开始考虑机构养老(Cloutier–Fisher,2000)。

(3) 关于居家养老服务的研究。

以哈耶克、弗里德曼为代表的新自由主义者强烈主张应该让市场机制发挥在提供养老服务方面的作用,坚决反对国家的过多干预,倡导民间慈善组织的福利供给功能(赵小燕,2008)。西方国家的养老事业和养老产业是两种概念,前者具有普遍性福利性质,后者属于民间营利性服务产业范畴,政府把一些养老公共服务项目通过市场化手段,提高老年群体对公共服务的满意度(陈立行、柳中权,2007;田香兰,2010)。

由此可见,西方国家一方面积极推进福利供给的多元主义,进行市场化改革,使养老服务供给主体多元化和养老服务供给方式多样化,扩大个人选择养老服务的自由;另一方面政府在减轻直接提供养老服务责任的同时仍然起主导作用,转向通过政策、法规的制定和资金资助来规制、优化养老产业发展,通过控制价格规整养老市场,整合养老资源提高服务质量。国外成熟的养老产业研究成果值得我们借鉴。

1.2.2 国内研究现状述评

国内有关养老产业的研究还处于起步阶段，比较零散、欠系统，主要归纳如下。

（1）关于居家养老产业的供给主体、服务内容和提供方式的研究。

养老服务提供主体主要有政府、社会（市场、社区、民间非营利组织）、家庭等，主张供给主体多元化（刘昌平，2011；蒋正华，2005；张丽，2005；阎安，2007；贾晓九，2006）。养老服务应以满足老人的养老需求为导向，应提供经济供养、生活照料和精神慰藉三个主要方面的养老服务（方可欣，2001；刘飞燕，2006）。居家养老社区服务模式大致有三种，老年人日托中心、志愿者救护队、护理员上门服务。我国现有的居家养老服务大多是政府出资，具有福利性、公益性，但离社会需求仍相差甚远（王放，2004）。

（2）关于机构养老产业的研究。

机构养老具有比较优势和规模效应，可以实现养老资源的优化配置，提高老人的生活质量（高秀艳等，2007；方秀云，2007；周志、赵华，2012）。机构养老在国家养老服务体系中具有支撑地位而不仅仅是补充，现阶段我国机构养老存在诸多问题（穆光宗，2012）。

（3）关于我国社区养老产业的现状、问题和解决思路的研究。

2000年以来，我国社区养老服务建设逐步取得了巨大的进步，提升了社区养老服务水平（窦玉沛，2011）。但我国的社区老年照顾模式仍有改进的空间，应在政府公共政策的指导下，立足国情，建构一个产业化、专业化、规模化的社区养老模式（赵聪锐、周玉萍，2011；李麦产，2012）。目前仍存在政府支持力度不够，社区资金不足，缺乏扶持社区养老的政策法规，养老服务产业化、社会化程度较低，养老服务的专业化人才不足，缺乏养老服务资源的有效整合，选择"居家式社区老年照顾"的比例明显低于"家庭养老"的问题（项丽萍，2010；王金元，2008；杨宏，2008；孙泽宇，2007）。应提高社区养老服务意识，健全政策法规，加大政府扶持力度，拓宽社区养老筹资渠道，整合社区资源，建设社区养老服务网络，提高专业服务人员的业务水平，社区养老服务内容多样化，积极发挥志愿者在社区养老服务中的作用（张凌晨，2011；胡永琴，2008；杨莲秀，2011；李学彬，2007；吕燕，2011）。

（4）其他有关养老产业的研究。

探索发展旅游养老产业、候鸟式养老产业、养老地产、休闲养老产业和建设综合性养老基地（潘鸿雷，2012；陈首春，2011；魏友民，2008）。

由此可见，目前国内相关研究主要集中在机构养老、居家养老和社区养老的主体、供给需求和具体养老模式等方面。从养老产业化视角研究的并不太多，尤其是从养老产业的转型与优化角度进行研究的更少。本研究有望弥补这一研究领域的不足。

1.3 主要研究内容

1.3.1 养老产业的界定以及养老产业转型和优化的必要性

养老产业包括养老产业链、养老服务、养老产品三大核心组成部分。养老产品主要是围绕着老人的衣食住行、休闲娱乐、养生、医疗保健、精神文化等需求，根据老人的生理特点、健康状况、经济条件而特别设计的产品的总称。养老服务则是养老产业的主要内容，可分为居家养老服务、社区养老服务和公立或私营机构的养老服务。养老产业链是在养老服务和养老产品的基础上形成的养老产业及其相关产业的有机整合。

养老产业优化发展是养老产业转型的重要途径，养老产业转型是优化发展的目标和结果，是把传统的养老产业升级为系统、发达、优质的社会化、专业化、现代化服务产业。养老服务产业是一个带动性很强的产业，能够对上下游产业产生明显的经济带动效应。随着养老产品和服务的不断开发和丰富，养老产业链逐渐成长和完善，养老产业将会产生大规模的辐射带动效应，必能成为新的经济增长点。六个"老有"需求催生的养老产业市场供给体系也具有巨大的发展潜力。

1.3.2 我国养老产业发展状况及存在的问题

我国养老产业发展仍然处于起步阶段，养老服务供给不足，养老产品市场发展落后，养老产业链远未形成，养老服务产业民间资本投入乏力，公办、民办养老机构发展不协调。一方面，传统养老产业领域的产品和服务单调且层次较低，主要是衣食、居住和医疗保健方面的低层次服务；另一方面，现代养老产业领域还没开发出为老人提供文娱和精神享受的产品和服务。我国养老产业发展管理存在诸多问题：政府职责定位不清；缺乏相关法律法规；运作机制不完善；投融资机制不健全；服务机构及设施的标准不完善；产业发展监管滞后；社区管理人员和服务人员的科学文化素养都还较低，缺乏专业知识和技能；社区工作的岗位培训没有系统性和连续性。

1.3.3 国外养老产业发展的实践及经验

芬兰、瑞典、美国和日本等国是进入老龄社会较早的国家，它们在发展养老服务产业方面有许多成熟的经验和做法。美国的养老产业中最具特点的是"倒按揭"、老年公寓、社区养老、老龄超市等，这些都是与基本生存、护理有关的养老方式。芬兰有关部门重点为老人提供周到的家政服务和保健服务等各种辅助性服务，建立老人服务和娱乐中心。瑞典主要实行三种养老形式：居家、老人公寓和养老院。日本政企多方建设个性化的商业养老院（看护型养老院、住宅型养老院、健康型养老院），发掘"银发经济"商机；狠抓老年人配套房产建设（休闲疗养型养老房产，医疗看护养老房产）；重视老年旅游商业发展。我国养老产业发展及其管理应该借鉴国外的成功经验。

1.3.4　我国养老产业转型与优化应注意的问题

（1）注意养老"产业化"的误区。即使是市场经济国家，养老产业也没有完全推向市场。因此，养老产业在我国必须具有公益性质，不能完全市场化或产业化，可以将一些非营利性的养老事业引入市场化运作模式以提高资源配置的效率和效益。

（2）在推行养老产业化进程中，要防止各地不顾实际地一拥而上。由于我国区域经济发展差异较大，在经济欠发达的中西部地区，具有自费支付能力的人不多，且分布较为分散难以实现产业化和规模化，目前应坚持福利型养老为主；在经济较发达的东部地区和中西部的大中城市，自费养老市场广阔，适宜大力发展养老产业。

1.3.5　我国养老产业转型与优化的路径

（1）明确老年产业发展中的政府定位。

（2）加大政策扶持力度，健全相关法规制度。

（3）建立健全养老产业投资体制和行业标准，促进养老产业的健康可持续发展。

（4）扶持和规范养老服务市场，养老机构提高服务质量，提升养老服务行业的管理水平。

（5）增强养老服务人员培训，发展相关教育产业，建立一支专业的居家养老服务队伍。

（6）增强养老机构监管力度，有关民政部门应切实针对各类养老机构建立有效的监督检查体制。

（7）完善多渠道增加养老服务资金保障机制。要采取多种方式，引导和支持社会力量多形式、多渠道参与发展养老产业。

（8）应处理好以下几个关系：一是养老事业与养老产业的关系；二是社会福利化与养老产业的关系；三是老年福利与养老产业的关系；四是政府责任与养老产业的关系；五是机构养老与居家养老的关系；六是政府直办养老机构与补助老人个人的关系；七是发展养老服务与开发老年产品的关系；八是养老服务技术和质量提高与养老人文建设的关系。

1.4 研究方法和思路

1.4.1 研究方法

（1）采用演绎和归纳相结合的方法，通过对我国养老产业发展的必要性和可行性进行分析，得出我国现在已具备养老产业发展的现实基础、应该正式启动养老产业转型和优化发展的结论。

（2）采用比较研究与综合分析相结合的方法，比较和总结各国养老产业发展的特点，借鉴其成功的经验，结合我国国情进行管理制度创新。

（3）采用规范研究与实证研究相结合的方法，对我国沿海发达地区和中西部地区抽样，进行实地调查、访谈，获取实证资料进行分析；同时运用管理学、经济学和法学等基本理论分析养老产业发展问题，结合我国具体国情进行制度设计。

1.4.2 研究思路

首先，界定养老产业的基本含义，明确养老产业优化转型的重要性和必要性。然后，分析目前我国养老产业发展的现状和面临的问题，接着简单介绍分析一些发达国家发展养老产业的典型实践，再比较国内外养老产业发展的不同特点，从而获得有益的启示和经验。以管理学、经济学、法学的相关研究成果为基础，立足我国养老产业发展的现实情况，提出有效的养老产业转型和优化发展管理的思路和对策。本研究的核心思想如下：

（1）我国应走养老产业供给主体多元化、投资来源多元化、养老产品多元化、养老服务多元化、养老水平现代化的转型发展之路。我国养老产业必将成为未来重要的经济增长点，养老产业的经济带动效能和发展潜力巨大。美国、日本、芬兰和瑞典等国在发展养老服务产业方面有许多成熟的经验和做法，值得我们借鉴。

（2）我国养老产业发展滞后，养老服务供给不足，养老产品市场发展落后，养老产业链远未形成，我国养老产业的转型和升级势在必行。我国人口老龄化和人口流动等问题导致传统的养老服务供给远远不能满足未来的养老需求，迫使传统的养老服务必须向产业化、专业化、规模化、现代化和制度化转型，由政府全揽向政府主导和市场化机制相结合转型，由传统的低层次的养老服务向高层次的养老服务升级转型。

（3）发展养老产业重在优化结构，优化包括内在优化和外在优化。内在优化主要有养老产业内部的养老产品、养老服务、养老产业链之间的优化发展；居家养老、机构养老和家庭养老之间优化发展；政府、非营利组织、私人投资公司的养老产业优化发展；不同区域之间养老产业优化发展问题。外在优化主要有养老产业与第一产业、第二产业、第三产业之间优化发展，中央政府和地方政府之间养老产业优化发展的政策问题。

(4）明确政府定位，加大政府政策引导，把养老产业纳入社会经济发展规划，并作为一个战略产业来发展。加强对养老产业发展的政策支持和引导，政府应给养老产业以财政扶持、税收优惠及其他相关政策支持。健全相关法规制度，为维护养老产业市场良性竞争提供完善的法制保障，严格执法和加强监管力度，促进市场公平有序竞争，切实保障老人的合法权益。

1.5 研究创新之处

（1）研究视角创新。

从养老产业发展的视角进行研究，延伸和扩大了我国养老保险研究的范围，促进了社会保障研究的深入化和具体化。

（2）研究路径创新。

以实现养老产业的转型升级为目标，以养老产业的优化为手段，创新养老产业优化发展的路径。

（3）研究方法创新。

以管理学、经济学、法学等理论为基础，多方面、多层次、综合性地进行研究，增加了论证的可行性和科学性。

1.6 基础理论

1.6.1 福利多元主义

福利多元主义是于20世纪80年代继古典自由主义、凯恩斯-贝弗里奇范式之后兴起的福利理论范式。福利多元理论的出现是为了应对福利国家危机，它主张社会福利供给是多元化的，是全社会提供的，社会福利既不能完全依赖政府，也不能单纯地来源于市场。

英国的罗斯最早对福利多元主义理论进行阐述,他认为社会中的福利供给由国家、市场和家庭这三个部分组成,构成了一个社会的福利整体,也称为福利三角。在罗斯看来福利是全社会的产物,国家虽然是社会福利供给中的重要主体,但市场、雇员、家庭亦是福利供给必不可少的主体,用公式表示为:TWS = H + M + S,(TWS 是社会总福利,H 是家庭提供的福利,M 是市场提供的福利,S 是国家提供的福利)。而这三者之间存在一个互相补充的关系①。欧尔森认为社会中的福利来源于国家、市场和民间组织,并认为将民间社会作为福利的供给主体是未来的发展趋势②。约翰逊采用四分法来分析社会福利,他在三分法的基础上引入了志愿者组织的概念③。伊瓦斯也主张使用四分法分析社会福利,他也认为市场、国家、社区和民间组织应该成为社会福利的供给者,并特别指出民间组织在社会福利的供给中发挥的独特作用。④ 见图 1-1,表 1-1。

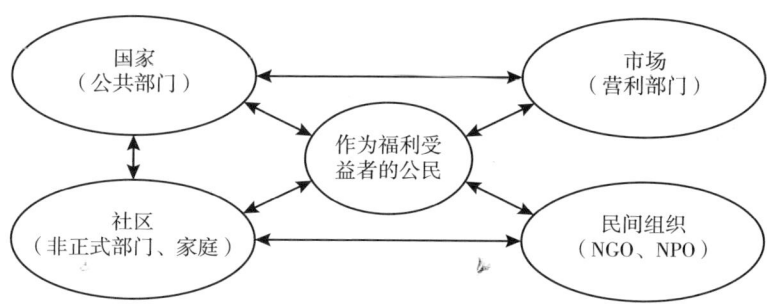

图 1-1 福利多元理论研究框架

---

① Rose, R. Common Goals but Different Roles: The State's Contribution to the Welfare Mix. In Rose, R. & Shiratiori, R. (Ed) The Welfare State East and West [M]. Oxford: Oxford University Press, 1986: 201-202.

② Olsson. Social Security in Sweden and other European Countries – Three Essays [R]. Stockholm: ESO, 1993.

③ Johnson, N. The Welfare State in Transition: The Theory and Practice of Welfare Pluralism, Amhersts [M]. University Massachusetts Press, 1987.

④ Evers, A. & Olk, T., Wohlfahrts Pluralismus: Vom Wohlfahrts Staat Zur Wohlfahrts Gesellschaft, Oplahen, 1996, p.23.

表 1-1　　　　　伊瓦斯福利多元主义四个部门的特征

部门	市场	国家	社区	民间社会
福利生产部门	市场	公共部门	非正式部门/家庭	非营利部门/中介机构
行动协调原则	竞争	科层制	个人责任	志愿性
需方的角色	消费者	社会权的公民	社区成员	市民/协会成员
交换中介	货币	法律	感激/尊敬	说理/交流
中心价值	选择自由	平等	互惠/利他	团结
有效标准	福利	安全	个人参与	社会/政治激活
主要缺陷	不平等、对非货币化结果的忽视	对少数群体需要的忽视，降低自助的动机，自由选择的自由下降	受到的约束降低个人选择的自由，对非该团体的成员采取排斥态度	对福利产品的不平等分配，专业化缺乏，低效率

资料来源：Evers, A. & Olk, T., Wohlfahrts Pluralismus：Vom Wohlfahrts Staat Zur Wohlfahrts Gesellschaft, Opladen, 1996, p. 23.

福利多元主义的两个主要理念是分权与参与。所谓分权，就是将原来由中央政府集中统一行使的福利服务的行政管理权往地方政府、社区转移，由公共部门转移给私人市场。而参与的要义在于福利服务供给过程中的消费者、非政府组织、服务机构共同参与决策。在社会福利的供给过程中，政府负责制定福利政策和总体规划，而非营利民间组织和市场也应参与分担福利供给责任，社会福利的供给者由单一来源转向多方来源。而政府则由社会福利的唯一供给者转变为社会福利的监管者，政府在社会福利领域留下的空白则由市场、家庭、民间组织和社区来填补，由此形成福利多元化的局面。养老产业化研究的政府购买养老服务，正是需要通过政府的主导激励社会中多元福利主体发挥各自比较的优势，参与到老年服务的供给中来，满足老年人的各种特殊服务。

1.6.2 公共产品理论

1.6.2.1 公共物品的界定

公共经济学理论指出,公共物品是指个人消费不会导致别人对该种物品或劳务消费减少的物品。公共物品有两种特性区别于私人物品:消费的非竞争性(多一个人消费并不会增加供给成本)和受益的非排他性(一个人对该物品的消费无法排除其他人也消费该物品或者排除的成本太高)。公共产品又可以细分为纯公共产品和准公共产品。一个产品如果同时满足非排他性和非竞争性条件,那么这个产品就是纯公共产品,国防和外交是最典型的纯公共产品。这类公共产品的特点表现在消费人数多,消费意愿差异小,无须付费就可以均匀享受。准公共产品则是指不同时满足非排他性和非竞争性两个条件,只满足其中一项条件的产品。准公共产品是介于纯公共产品与私人产品之间的广阔地带,其最突出的特征表现为外部性。养老服务作为社会福利体系中的重要组成部分,实施的原则是单向性收入再分配,受益与贡献率并不严格对等,受益主体不需要承担费用,或者仅承担的费用很少也可获得相应的服务保障,而且对他人获得同等的服务待遇影响很小。通过以上的分析可以得出结论:养老服务具备了公共物品的非排他性和非竞争性的特性,属于公共产品。

1.6.2.2 公共物品供给理论

20世纪60年代,奥斯特罗姆提出了区分公共服务的提供和生产的问题。他认为提供是指征税和财政支出决策,就是决定提供何种类型和水平的服务,安排生产并进行监督,而生产则指把投入转换成产出。政府作为公共服务的提供者、组织者、管理者,但不一定生产公共服务①。美国学者萨瓦斯认为,公共服务的生产者向消费者提供服务是直接或间接的,公共服务提供者充当了生产者和消费者之间的中介桥梁,服务提供者并不一定是生产者,两者可以是同一个机构,也可以分离。一项公共产品到底由谁来生产,提供者和生产者是否应当分离,取决于成本核算。这其实意味着公共产品供给的多元化。②

据此,居家养老社会福利服务是一种公共物品,它的提供和生产也可以相对分离,由企业、民间组织或者个人等各种社会主体生产服务,并由政府购买后提供给老年人,这不是政府职能缺位或失职,而是政府创新行动工具,积极履行公共服务职能的一种新思路,这可以更好地促进社会福利事业的发展。③

在公共产品提供方式上,纯公共产品必须由政府提供,而不能由私人市场供给;准公共产品的供给方式较多,目前主要有政府无偿提供、市场提供、混合提供三种基本方式。多样化的公共产品提供方式,并不意味着政府推卸公共服务的责任,社会福利供给多元化是世界趋势,单独依靠政府提供福利是力所不及的,也无法有效满足公共需求。某些公共产品可以由政府直接生产和提供,同时,还要积极支持和引导多元社会主体进入公共产品供给领域,并实行监督管理,保证公共产品的生产和提供符合社会的公共利益。养老服务是一种公共产品,这一属性决定了政府是养老服务供给的主体,一方面,政府有责任利用财政支出直接提供养老服务,特别是针对弱势老年群体的养护,政府的投入和保障起着至关重要的作用;另一方面,政府还要积极动员多元社会力量投入到养老服务之中,以补充政府力量的不足,这是养老服务社会化体系建设必不可少的部分,没有社会力量的参与

---

① 奥斯特罗姆. 公共事务的治理之道:集体行动制度的演进 [M]. 余逊达, 陈旭达, 译. 上海译文出版社, 2000:157.

② 萨瓦斯. 民营化与公私部门的伙伴关系 [M]. 周志忍, 译. 北京:中国人民大学出版社, 2002:28-36.

③ 许芸. 从政府包办到政府购买——中国社会福利服务供给的新路径 [J]. 南京社会科学, 2009 (7):101-105.

就谈不上"社会化养老"。

1.6.2.3 新公共服务

美国亚利桑那州立大学的登哈特等,通过对新公共管理运动的批判和反思,提出了影响广泛的新公共服务理论。新公共服务理论主要是针对政府效率低下、行政成本高、官僚主义等公共服务中的弊端而提出来的。新公共服务理论以现代西方经济学为理论基础,重新定位了政府与公民之间的关系,认为公民是现代政府治理的核心。在公共管理改革中,倡导国家保护公民自由并积极参与,重视社区和非营利组织在公共管理中的作用,提倡直接民主制。简单概括,新公共服务理论包含以下的基本理念[①]:

第一,政府的职能定位是服务,而不是"掌舵"。政府的职责就是帮助公民清楚表达他们的意愿并满足公民共同的需求,而不是试图用行政手段控制社会的前进方向。新公共服务导向的政府作用是议程安排,为私营部门和非营利组织各方协商解决公共问题提供便利。

第二,思想有战略性,行动有民主性。通过集体协作就可以找到满足公共利益的政策方案。为此,政治领导人要设法强化公民责任感,鼓励群体和个人订立社区契约,积极为有效负责的公民自发行动创造条件。因此,确保政府的开放性和回应力就是我们的目标,政府既要为公民服务也要为公民创造机会。

第三,公共服务和公民权比企业家精神更重要。企业家追求的是利润,公共资金是他们赚取利润的目标,他们更关心利润;而公共行政者和公民致力于为社会做贡献,他们更能促进公共利益。公务员是公共资源的管理者,是公民权利和民主对话的促进者,是基层领导,他们通过这些角色担当来为公民服务。

---

① 珍妮特·V. 登哈特等,新公共服务——服务,而不是掌舵 [M]. 北京:中国人民大学出版社,2004:42-163.

第四，政府的责任与义务很复杂。政府责任是非常复杂的，政府不能仅关注市场，还要关注宪法、政治规范、公民利益、社会价值。公共行政人员会受到各种制度和标准的复杂因素的综合影响，如公共利益、法律、媒体、民主规范等，而且他们要对这些复杂因素负责。

第五，公共利益就是目标而非副产品。政府应致力于社会成员的公共利益观念，建立一个利益与责任共享的机制。公共行政人员应鼓励公民进行理性对话，并创造对话平台，使各方在协商中充分表达意见，形成更长远的公共利益观。

第六，人和效率都应得到重视。新公共服务理论强调通过人来进行管理。公共行政者与公民合作进行公共管理，政府与公民应有有效的沟通与互动，不仅仅是重视效率而忽略人的重要性，这也会潜移默化地改变价值观。

第七，为公民服务，而不是顾客。公共利益的产生是基于共同价值观的对话，而非简单的私人利益的集合。政府与公民的关系不等同于企业与顾客的关系。政府提供公共服务时必须有价值考量，考虑公正与公平，政府还必须关注长远的公共利益。总之，新公共服务理论倡导每个公民积极履行公民义务，并希望政府能够特别关注公民的声音。

新公共服务提倡公共利益、公平、民主、公民权和回应性，强调政府的"公共性"、服务而不是"掌舵"，反对新公共管理过度重视效率，使政府回归"公共服务"的本质。公共服务本身就是公民权的延伸，它以实现为公民服务和促进公共利益为目标。公共行政人员要使公民参与执行实现公共目标的项目，并为其提供服务，主要职责不是控制。在提供服务方式方面，政府的角色是制定政策者，而不是直接提供服务，要在公共服务提供中引入市场竞争机制，提高公共服务的效率与质量。公共部门、私营组织、非营利组织应该合作解决问题，因此，无论政务官还是公务员对于公民的请求都不是简单地否定或肯定。政府购买养老服务就体现了生产与提供的分离、"掌舵"与

"划桨"的分离，公私部门和私营机构之间的竞争更加有效地满足老年人的养老服务需求，履行政府的公共服务职能。

服务型政府意味着政府职能的转变，逐步从全能型政府向有限型政府转变。政府是市场失灵的补充者，政府履行职能的前提是充分发挥市场在资源配置中的决定性作用。我国建设服务型政府就是要引入市场机制和社会力量，形成多元的社会化的公共服务供给机制，建设一个透明、公正、高效的公共服务型政府。总之，新公共服务理论为社会化养老服务体系建设中政府的责任提供了方向性的指导，以转变政府职能为前提，政府履职的根本出发点应是满足老年人多样化的养老服务需求。

第 2 章

养老产业概述

2.1 养老产业的转型和优化

2.1.1 养老产业

2.1.1.1 产业的定义

在经济学文献之中,由于各有侧重点,对"产业"一词的定义也有差别。本书采用一般解释,即"生产同类或有密切替代关系产品、服务的企业集合"[①]。产业是生产力发展、社会分工的产物,是具有某种同类属性的经济活动集合。"产业"一词在不同的历史时期和不同学科领域的含义是不同的,且随着社会生产力的发展,产业的内涵和外延是不断丰富的。西方经济学给出的经典定义是指狭义的企业,即"在完全竞争市场的分析框架内,产业是指生产同质产品的、相互竞争的一大群厂商"。经济理论研究的定义较宽泛,即产业是具有某些共同特征的企业经济活动组成的集合。抽象地说,一个产业就

[①] 杨公朴,干春晖. 产业经济学 [M]. 上海:复旦大学出版社,2005:3.

是具有某种同一属性的经济活动的集合；从企业层次上说，就是同类企业的结合体。

目前，对养老产业概念的界定还没有定论。有一点可以肯定，养老产业并不是一个独立的产业部门，它是跨行业、跨部门的综合性产业群。而且，这是一个非经济学角度的定义。

2.1.1.2　产业分类

产业有不同的分类方法，常见的分类有五种：第一种是三次产业分类法。这是根据人类历史上社会生产活动的发展顺序对产业结构进行的划分。产品直接取自自然界的部门为第一产业，对初级产品进行再加工的部门为第二产业，为生产和消费提供各种服务的部门是第三产业，这一产业分类法在世界上较为通用。第二种是按投入资源的密集程度来划分，这种分类法是根据各产业所投入的劳动力、资本和技术的相对密集度把产业分为劳动密集型、资本密集型和技术密集型产业。第三种是按照产业的发展阶段分为幼小产业、新兴产业、朝阳产业、衰退产业、夕阳产业和淘汰产业。第四种是两大部类分类法。这是按生产活动的性质及其产品属性来划分，把产业部门分为物质资料生产部门和非物质资料生产部门两大领域。第五种是国际标准产业分类法。目的是使不同国家的统计数据具有可比性，我国也采用了这种分类法，分为 A～Q 共 17 个部门，其中包括 99 个行业类别，如：A、农业、狩猎业和林业；B、渔业；C、社会和个人的服务等。

因此，如按照通用的三次产业分类法，养老产业的提法有特殊性。养老产业是市场定位于老人的专门产业，其划分的依据是人口老龄化带来的老年人口数量和占总人口比重的增长，以及随之而来的对老年产品和服务的需求。此外，养老产业也是具有中国特色的概念，国外只有"银色产业"或"健康产业"的概念。养老服务产业是朝阳产业，是具有广阔市场前景的新兴产业，代表了养老行业的发展趋向，当然风险和诸多不确定因素也是存在的。

2.1.1.3 产业政策

产业政策是政府为实现一定的社会经济目标而对某一产业的形成和发展进行规划、扶持、调整等各种干预政策的总和。朝阳产业的发展壮大离不开政府的产业扶持，这也是由产业政策的功能和作用决定的。产业政策的功能有纠正市场的缺陷；高效配置资源；保护幼小及民族产业的成长壮大；减缓经济波动；发挥后发优势；提高适应变动环境的能力。产业政策的作用有国家改善宏观调控能力；抑制固定资产投资过快增长；制止部分行业的产能过剩；能够适时调整和优化产业结构，实现产业结构的升级；能实现国民经济持续、快速、健康发展。

2.1.2 养老产业

2.1.2.1 养老产业概念

我国对养老产业的研究始于20世纪90年代后期，养老产业是一个具有中国特色的独有概念，国外只有"健康产业"或"银色产业"的概念。因为西方发达国家很早实现了现代化、工业化，社会经济发展水平高，进入老龄化社会也比较早，尤其是一些西方国家致力于建设"福利国家"，它们的养老保障制度体系普遍比较健全，养老服务的社会化程度较高，老年产品和服务丰富多样，因此，"养老产业"是一个具有中国特色的理论概念。在我国养老产业概念的定义尚无定论，但可概括为是一个专门为老年人提供产品和服务的行业。养老产业化是市场经济的产物，是养老事业适应市场经济的表现形式，但养老事业不能完全产业化，因为养老事业首先是社会福利的重要组成部分。因此，产业化和福利化也必将是我国养老事业发展中长期存在的两种根本形式。学界对老龄产业概念的界定，主要有以下观点：

第一种观点，养老产业是为老年人服务的第三产业。养老产业是独立存在的服务性和经营性的第三产业，是专门为老年人提供服务的特殊部门，是国民经济的重要组成部分。这种观点主要是从三次产业分类和产品性质来为养老产业下定义的。

第二种观点，养老产业是第二产业和第三产业。养老产业是为老人提供生活用品或者专门为老年人服务的产业部门，即养老产业既包括生产制造业，又包括服务业，还有为老年人提供相关服务的政府机构。但为老年人口生产农产品的农业部门是否属于养老产业范畴，这种观点没有考虑到。

第三种观点，是多数学者所认同的，即养老产业是包括第一、第二、第三产业的综合产业体系。这与传统意义上的独立产业部门差别很大，它是从第一、二、三以及信息产业衍生出来的，是在人口老龄化的背景下产生的，是为满足老年人的各种消费需求而产生发展的产业。它既包括为老年人口提供生活用品的第一产业与第二产业，又包括为老年人提供服务的第三产业。这样，凡是为满足老年人的消费需求而存在的行业都属于养老产业。

第四种观点，对养老产业外延的定义与第三种观点相同，都认为养老产业是包括第一、二、三产业的综合性产业体系。但它更强调老年人在市场经济中也是劳动力以及由此形成的老年经济实体。养老产业是伴随人口老龄化而产生的，它以满足老年人的物质和精神生活为目标。但老年人不仅是被动地接受，还有主动的贡献。我们还要注重老年人力资源的开发和利用，这在西方国家已经是普遍的做法。不仅要老有所养、老有所乐，还应该老有所学、老有所用，这样老年人的晚年生活才是充实的。

综上所述，对养老产业的定义有两个主要方面的争议：在外延上，对满足老年人需求的范围有不同的界定；在内涵上，是否包括为老年人服务的非营利组织和政府。就是说养老产业是否应该具备营利性。本书以市场属性作为标准，将养老产业划分为微利性的竞争性行业和福利性的非竞争性行业。微利性的竞争性行业以营利为目的，并且受经济规律和市场需求、价格机制的影响，其产品或服务的价值能够完全体现出来，以进行扩大再生产。它包括老年保健业、老年消费品的生产行业、老年家政产业等。而福利性的非竞争性行业主要由政府建设管理，侧重于社会福利性，具有较多的外部性，不受经济规律的支配，更多受政府政策及其性质、职能所限，其产品或服务的价值不能完全以市场形式体现。它包括老年人公共服务设施、特困老年人的社会救助等。

不同学者对于养老产业的定义，简单来说，可分为广义说和狭义说两类。从广义上说，养老产业是指为老年人提供产品和服务的企业总和。本书研究指的是广义上的养老产业，即为老年人提供产品和服务的市场化运作的行业集合体。从狭义上说，养老产业仅指专门为老年人提供生活照料、保健、文娱服务的企业综合体。这一称谓不符合养老产业范畴的国际惯例。养老产业不是传统意义上独立存在的产业部门，而是跨部门、跨行业的综合产业群。综上各种观点，笔者认为，养老产业指专门以老年人口为目标群体，为满足老年人口的物质及精神生活需求提供产品和服务的所有企业与部门的总和。

2.1.2.2 养老产业分类

养老产业是指为老年人提供设施、特定产品和服务，以满足老年人物质生活和精神生活需要的行业总和。它包括养老机构、老年日常生活照料服务、老年医疗保健、老年文娱体育等。这项产业以满足老年人的特殊需求为目标，致力于开发老年消费市场，以促进国民经济发展，是涉及老年人衣食住行、医疗保健、文娱等多个方面构成的一个完整产业链，属于多个产业相互交叉的综合性产业集群。

养老产业按需求属性的不同，可以分为医疗保健业、保险业、房地产业、金融业、日常生活用品业、咨询服务业、家政服务业、娱乐文化产业、旅游业、其他特殊产业十个细分产业。

（1）老年医疗保健业：是指为老年人提供医疗器械、保健品和药品的相关产业，主要涉及药品、医疗器具、保健品、健身器材、老年人日常生活常用的辅助医疗设备、住院陪床等产品的生产与服务。

（2）老年生活用品业：是为老年人提供诸如拐杖、服饰、放大镜、助听器、防滑器具、轮椅、成人纸尿裤以及其他方便老人生活的专用品的相关产业。

（3）老年家政业：是针对高龄老人特别需要发展的项目，主要以日常家庭照顾、家庭护理和家庭修缮等服务提供为主的产业。

（4）老年房地产业：主要为老年人提供建筑设施的产业，如老年公寓、护理医院、敬老院等。

（5）老年保险业：是为老年人提供养老保险、人身保险、健康保险等的产业。

（6）老年金融业：是指随着社会保障制度的改革，强调个人责任，理财观念很强且家有余财的老年人购买金融产品、储蓄、证券投资、理财咨询等的产业。

（7）老年娱乐文化产业：老年人退休赋闲在家时，为了丰富自己的精神文化生活，利用大量的空闲时间开展娱乐文化活动，这种与之相关的产业称为老年娱乐文化产业。

（8）老年旅游业：在摆脱繁忙职业生活之后，很多有经济条件的老年人会选择外出旅游来放松身心，这种与老年人旅游相关的产业称之为老年人旅游业。

（9）老年咨询服务业：是指以老年人为消费者的咨询服务产业，如解决老年人心理障碍的心理咨询，还有法律咨询、健康咨询、家政咨询等。

（10）其他特殊产业：有些老年人有自己特殊的喜好，与之相关的产业归类为其他特殊产业，如花卉种植、书报影视、老年表演、老年气功等。

2.1.2.3 养老产业的特点

基于一般产业发展而来的老年产业,在具备传统产业特点之上,鉴于消费群体的特殊性,同一般产业有着本质区别,主要包括以下几个方面。

(1) 稳定性。经济周期是指经济体在运行过程中所表现出的经济的繁荣与萧条的周期性的交替循环现象,共分为繁荣、衰退、萧条和复苏四个阶段。依据经济周期的发展规律制定企业经营、管理、发展理念对企业的长期发展至关重要。但要准确把握住经济周期的规律,并非一朝一夕之事。同其他产业相比较而言,老年群体的养老需求刚性较强,逆经济周期性表现良好,要求相对固定。无论在经济发展的任何时期,老年人对于自身养老的这一刚性要求从未发生改变。此外,最近数十年来的人口老龄化程度加深,也给养老产业的发展带来了契机。

(2) 综合性。所谓养老产业是以产业的服务对象和消费群体来定义的,是为老年人生产及服务的相关企业,从基础的日常用品业、医疗服务业、家庭保健服务业到文娱业等都属于这一范畴,因此,养老产业是一个综合性的大市场体系,而不是一个独立的产业部门,其产业运行主体是养老行业,其下还包括了众多为老人服务的子产业,譬如:家政产业、康乐护理产业、房地产业等。

(3) 特殊性。养老产业的服务对象一般锁定在60岁以上的老年人群,这就赋予了这一产业的特殊性。因此,老年产业的发展并不排斥其他年龄层次的产业发展,老年人口是其发展的主要消费群体,也是其产业竞争的有利市场需求,该产业在经营理念上依托老人特殊的消费心理、消费习惯、消费能力、消费特征来进行,最终壮大企业并参与市场竞争。

(4) 微利性。老年群体是曾经为社会做出过贡献的人群,到了失去劳动能力时理应受到国家的照顾,因此,大批老年人群依靠国家所提供的基本养老补助以及其他社会救济方式获得收入,因此,其经济实力有限,消费能力和层次又大打折扣,这就决定了老龄产业的微利性。所谓微利性就是产品或所提供的服务能获得的平均利润,相对于市场上其他盈利性产业会比较低,但微利性并不等同于完全福利性。我们知道,市场化机制下,所有企业都具备市场性,所谓市场性就是在市场规律引导下,在产业发展中起主要作用,从而更好地参与市场竞争,以达到资源配置效率的最大化。根据福利性概念,要求产业参与者将为老年人服务当作自身的义务而不去追求最大化利益,这样久而久之就会使养老产业失去了与其他产业的竞争力。实际上城乡区域的差异、老年人经济实力的限制,使得老年人的消费能力参差不齐。目前,我国政府大多在扶持那些满足最低层次老年人基本保障的产品及相关服务企业,从长远角度来看,这不利于老年产业的可持续发展。

(5) 政府补助。政府对于养老基地建设、住房、康健等老年产业的发展,一直抱着积极的态度。我国财政部、国家税务总局曾在 2000 年下发了《关于对老年服务机构有关税收政策问题的通知》,规定对老年服务机构暂时免征收企业所得税,并对机构所有私人财产暂免征收相应税收,对企业、事业单位、社会团体等社会力量向福利老年服务机构的捐赠,在缴纳企业所得税和个人所得税前准予全额扣除。

2.1.2.4 养老服务产业

养老服务产业是养老产业的一个分支,与养老事业紧密联系又有区别。养老服务产业兼具福利性和经济性双重特性。作为一个发展产业,它既遵循一般产业发展的普遍经济规律,也具备养老服务产业的特殊性。我国是老龄人口大国,大力发展养老服务产业是改善民生的必然要求。

(1) 养老服务产业的概念。

养老服务产业就是为老年人提供基本生活照顾、护理照料等服务，除此之外，还有其他老年人相关服务产业，多角度考虑老年人养老所需。从广义上讲，养老服务产业是指所有为老年人提供服务产品的经济单位的总和，包括老年理财、老年教育、老年医疗、老年旅游、老年信息服务等相关一切服务产业。而从狭义上讲，专指为老年人提供生活照料、医疗护理、卫生照顾等服务的最基本的服务产业，以及与此相关的基本社会经济活动。

（2）养老服务产业的界定。

养老服务产业概念与养老产业和养老服务事业在概念上易被混淆。三者之间相互联系又彼此区别。养老产业是随着老年人群需求的日益增长，以满足老年人群对于该需求的产业，主要包括养老设施建设、生活用品、文娱设施建设等相关产业。在西方国家又称为"银色产业"或"健康产业"。养老服务事业，又简称养老事业，是社会福利事业的一部分，是国家和社会为老年人以及相关弱势群体所建立的各种保障性措施，从而维持其生存和发展的需要。依据此类事业所建立的服务机构如敬老院、老年福利院等。对于此类机构的建立和管理完全依据政府的行政化操作，但这也造成了我国老年人福利机构单一的特点，除此之外，养老服务事业还呈现出救济性、福利性、单位性等特点。

综上可知，养老产业是广义的养老服务产业，在概念上是对养老服务产业的高度囊括，同时，在内容上，养老产业还涉及更多相关产业，例如，老年用品生产产业、保健产业、老年人再就业服务等。养老服务产业是针对老年人群生存需求所衍生的一个专门性服务产业，专门提供生活照料、医疗护理、保健服务等服务。养老服务事业相对于养老服务产业而言，属于一个静态概念，属于社会福利事业范畴，由国家或政府提供公共物品和公共服务；养老服务产业属于市场发展过程中私营服务产业范畴，前者体现了对老年人基本生存需求的保障，具有普遍性，后者重点满足老年人市场化生活需求，二者本质上是有区别的。

本书研究的养老服务产业，主要以老年人服务为研究对象，属于狭义上的养老服务产业。而我国养老服务事业虽曾表现出多重产业化结构形式，但这并不能表明我国的养老服务事业已经走上完全产业化道路，相反，养老服务无论发展到什么程度都离不开我们社会主义的本质特征。

（3）发展养老服务产业的重要意义。

任何一个产业的发展都有利于促进经济的繁荣，发展养老服务产业也不例外，同时，发展养老服务产业既有利于满足老年人的生存需求，提升老年人晚年生活的幸福感，对于社会大发展而言，又有利于形成健康的老龄化社会，有广泛良好的社会效益，还有助于社会产业结构的调整，拉动就业，同时减轻政府的负担。因此，发展养老服务产业，具有重大的意义。

第一，发展养老服务产业有利于提高老人的物质精神生活的质量。随着时代经济的发展，老年人的生存需求呈现出多样性，不再仅仅局限于物质需求方面。老年人的需求是多层面的，主要可以从"生理、心理和社会层面"[①] 来理解，包括了经济需求、生活需求、健康需求、精神需求和社会需求。随着社会经济的发展，老年人需求也在不断增加，并且涉及多方面，因此，国家要保证老年人高质量的晚年生活，绝不是某个单一部门或者行业机构能解决的问题，而是社会生活领域的每一个产业所相关的事，因此，要以发展养老服务产业为主，发挥其养老产业带头作用，才可以不断满足老年人日益增长的物质需求和精神需求。

第二，发展养老服务产业有利于增强社会文明程度、推进社会进步。在任何社会，老年人都是社会发展的贡献群体，他们由于丧失了劳动能力或者部分丧失劳动能力便成为社会发展过程中最大的弱势群体，其生活现状、社会地位、心理满足等反映了一个国家对待老年

---

① 陈立行，柳中权. 向社会福祉跨越 [M]. 北京：社会科学文献出版社，2007：78.

人的态度，同时直接反映了当今文明社会发展和进步的程度。从国家社会稳定的角度来讲，只有老年人养老需求问题得以解决，民生工程才能落实，才能促进社会达到真正的和谐。

第三，发展养老服务产业有利于减轻各级政府的财政负担。养老产业服务对象的特殊性，使其与其他经济产业不同。一直以来，我国的养老事业都是由政府财政供给的福利事业的一部分。从目前看，基本养老保险基金收支存在巨大的缺口，必须由地方政府给予财政补贴，成为巨大的财政负担，但商业养老保险的发展可以补充这个缺口，商业保险是我国社会保险的第三支柱，属于养老产业的一个分支。因此，发展养老服务产业减轻了政府负担以及国家在养老方面的支出，将其完全市场化运作有利于吸纳社会闲散资本，节省政府财政开支，降低行政成本，提高政府公信力。

第四，发展养老服务产业可以创造大量的就业岗位。就业一直以来就是困扰我国政府及社会发展的重大问题，加上深受国内外因素影响，我国出现了大批的失业人员。这一个阶段，养老服务产业大多属于劳动密集型，如家政业、食品加工业、信息咨询业等都是养老产业的相关产业，对劳动者素质没有严格要求，但有利于缓解就业与再就业问题。

2.1.3 养老产业链

2.1.3.1 养老产业链的内涵

产业链是指基于一定的技术经济关联，各个产业部门之间客观形成的链条式关系形态。养老产业链具有两层含义：一是从满足老年群体的某一需求出发，分析产业价值链的形成和上下游环节的联系，涉及产业层次、产业关联程度、资源加工深度、满足需求程度等方面的内容。二是以老年群体为研究对象，为满足老年群体的各种需求而形成的一系列产业集群,各产业群之间既互相竞争,又互为补充。养老产业链的第二层含义是在第一层含义基础上,针对人口老龄化社会需求链的变化,引发各产业的供给链、技术链、空间链、价值链融合,涉及跨度较大的多个产业部门,共同服务于老年群体。可见,养老产业链第一层次内涵主要从中观或微观角度进行研究,第二层次内涵主要进行宏观多维度的研究。本书主要从第二层次进行宏观分析。[①]

2.1.3.2 养老产品、养老产业和养老产业链

养老产品主要有实物商品和服务两大类。实物商品主要包括老年食品、日常生活消费品、医疗护理用品、保健品、文化用品等;服务类商品主要包括养老金投资理财产品、旅游产品、日托照料服务和房产置换、金融服务等的金融产品。养老产品的专业化、精细化、规模化生产销售形成养老产业,养老产业通过养老产品生产、销售和服务形成上下游互相关联的产业链。首先,养老产业的核心部分是养老服务;其次,围绕居家养老、社区养老和机构养老所提供的服务和各种养老产品所发展起来的相关行业,形成养老产业链的主体,主要包括老年消费品设计研发生产行业、特种消费品零售行业、医疗护理用品行业、保健品行业、养老旅游业、养老服务咨询业、养老保险行业、养老金融服务行业等;最后,养老产业链的末端是养老服务产业,养老服务产业涉及面广,例如护理人员培训业、殡葬服务业等;就业岗位多,例如护理员、生理理疗师、营养师、心理治疗师、社会工作者等。随着养老产品的不断开发,养老产业链的不断完善,养老产业将成为龙头产业和未来重要的经济增长点,对上下游产业具有显著的经济带动效应,如建筑、钢材、水泥、机械、彩电等行业。[②]

[①] 刘会丽,赵秋成. 建立江苏省老龄产业链的构想及策略研究 [J]. 科技和产业,2012 (11): 50.

[②] 刘昌平,殷宝明. 发展养老产业助推老龄经济 [J]. 学习与实践,2011 (5): 29-30.

2.1.3.3 养老产业链的行业划分

养老产业是从第一、二、三产业中分离出来的特殊产业。以现有行业为基础，根据马斯洛的需求层次理论和《关于进一步加强新形势下离退休干部工作的意见》中"六个老有"，把养老产业链涉及的行业划分成以下六类：

（1）"养"老产业。主要有养老服务、生活照料、养老护理、养老机构和设施开发、养老服务人员专业技能培训，其中高龄老人需要更多的生活照料。

（2）"健"老产业。主要有老年保健食品、老年养生服务、康复医疗器材等，保障老年人身体健康和生命安全的产业。

（3）"乐"老产业。主要有老年日常休闲、老年文艺、老年旅游、老年玩具等，满足老年人精神层次需要的产业。

（4）"智"老产业。主要有老年人力资源开发、老年继续教育、老年讲座，为老年群体传授人生哲理、社会知识与生活经验等。

（5）"富"老产业。主要有老年储蓄、老年保险、老年投资、老年重要资产管理等，帮助老年人增加收益和管理资产。

（6）"便"老产业。主要有老年服装、老年拐杖、老年通信产品、老年自助器材、老年定位系统等，方便老年人的日常生活。[①]

2.1.4 养老产业概念综述

综上所述，本书认为，养老产业是跨越三大产业的一种综合型特殊性的产业体系。养老产业包含三大核心组成部分，养老服务、养老产品和养老产业链。马斯洛的需求理论和"六个老有"宗旨告诉我

---

① 刘会丽，赵秋成. 建立江苏省老龄产业链的构想及策略研究［J］. 科技和产业，2012（11）：50.

们，养老产业链所涉及的行业可划分为以下几类：一是养老基本服务产业，主要有养老生存护理、养老基地的建设、服务人员的培训等，由于该产业关系到老年人的基本生存，所以，亟须快速发展。二是养老保健服务产业，主要包括老年保健食品、老年养生服务、医疗器材等，该产业市场前景广阔。三是养老娱乐服务产业，主要有老年日常休闲、老年旅游、老年文艺、老年玩具等。四是养老教育服务产业，该产业的发展空间大，对社会和国家意义非凡，主要有老年群体继续教育、老年生活大讲堂等。五是养老理财服务产业，主要有老年投资、老年保险等。由于老年人是社会上的弱势群体，在对自己私有财产管理过程中极易受到社会破坏，因此，此类产业的发展有利于保护老年人的私有财产权。六是养老生活产品服务产业，主要有老年商品、老年眼镜、老年电脑、老年咨询等。

2.1.5 养老产业的转型和优化的必要性

（1）养老产业的转型和优化。

现阶段，在市场竞争领域，养老产业的优化发展是养老产业转型的主要方针和策略，同样，养老产业实现转型是其目标和结果。而所谓的养老产业转型即将传统的养老型产业发展成为符合现代社会发展规律及适应市场运行的服务化产业。服务型养老产业在经济发展过程中起着至关重要的作用，在一定的产业领域起着带头作用，譬如在建材、钢铁、食品、服装等产业中产生的经济拉动效应。随着养老产品的不断开发和丰富，其产业链逐步发展和完善，在我国经济大发展的影响下，必将成为未来经济发展的重要增长点。养老产业优化是指其内部结构的升华以及外部发展模式的优化，着重强调把养老事业从单一的发放养老救助资金型转向服务市场化产业经营的过程，企图将养老事业纳入市场化发展体系，从而使市场产业化成为养老服务业发展的必然方向。内在优化主要有养老服务项目、养老产品类型、养老产业链之间以及社区、居家、机构和家庭养老之间优化发展，同时，还包括政府、非营利组织、个体公司的养老产业优化发展；不同地区之间的养老产业优化发展问题。外在优化主要有养老产业与三大产业之间以及中央和地方政府之间的优化发展。

（2）我国养老产业的转型和优化的必要性。

①有效应对人口老龄化问题。现阶段，由于我国城乡二元化发展结构，城市和农村之间的人口流动加快，使多数家庭结构发生变化，人口老龄化问题显著，以及日益剧增的养老需求同传统的家庭机构养老模式之间的矛盾突出，使居家养老成了主要的养老模式。这样的情况下，优化养老产业即可为居家老人提供相应完备的社会化服务，从而满足其多样的养老需求。

②有效推动经济的可持续发展。养老产业是推动经济可持续发展的重要支柱，要充分利用其经济带动性，比如，针对老年人这样特殊的消费群体，不仅可以实现老有所养，还能拉动内需，促进青年人就业，有利于缓解社会突出问题。在现阶段的市场化社会大发展中，满足六个"老有"需求而兴起的养老供给体系，存在着巨大的发展前景。

③有效提升养老产业层次和效率。现阶段养老产业发展滞后，服务供给量严重滞后，该产业市场竞争力落后，还未形成完善的养老产业链，因此，亟须优化我国养老产业结构和实行产业间转型。现阶段，我国人口流动及老龄化问题严重，而现有的养老配套服务体系远远不能满足养老发展需求，这就要求养老服务业从单一模式向着规模化转变；由政府独揽向政府和市场相结合转变；由低层次向高层次转变。

2.1.6 我国养老产业的发展历程

随着经济的发展，养老产业也不断得到发展。进入21世纪，养老服务本着向社会化、产业化、服务化发展为目标，依托国家经济发展，养老服务产业迅速发展起来并取得了重大成就。伴随着时代更替、经济发展、知识人才革命，养老服务业也发生了巨大转变，大致经历了三大历史发展阶段：养老服务的传统福利性阶段、养老服务的改革转型阶段和养老服务产业推进阶段。

（1）第一阶段（1949~1984年）：传统福利性阶段。

改革开放以前，我国养老方式的主流仍然是农业文明时代的家庭养老。在计划经济大环境下，养老服务产业的发展也不可避免地带有计划经济时代的烙印，国家独控福利资源并进行统一分配，福利发展模式是高度集中的。但由于国家制度不够完善，因而在制定养老政策法规、部门机构时，养老问题难免遭受一定程度的影响。这一福利框架下的养老部门是由国家和集体包办的。所以，国家民政部门"直属、直办、直管"的单纯性的具有社会福利性质的养老服务事业，就具有剩余性、补缺性的特点，政府提供的养老服务只是家庭养老的补充。在城市，企事业单位人员依据相关的保险条例和办法，享受统一的退休制度，而"三无"老人则由当地政府负责救济，工作人员纳入国家编制，由政府运用统一行政手段进行干预。在农村，伴随农业合作化的兴起，政府也曾实行社会救济制度，但因生产力水平发展低，农村居民的物质生活水平远远滞后于城市居民，这就使社会福利制度在农村地区基本没有建立起来，故而该地区养老资源依旧来自家庭，这又无形加重了农村居民的生活压力。1956年从实施《高级农业生产合作示范章程》开始，"五保"制度逐渐形成，而在我国农村地区也相继出现了以集体举办的以收留"五保户"为主的福利机构。在以家庭养老为主的大环境下，福利院、敬老院等机构对家庭养老而言是一种很好的补充，有效地缓解了"家庭人员"的养老压力。其机构经费来源主要是依靠政府、单位和家庭三方承担，养老模式还未摆脱原有家庭责任养老模式；养老服务人员道德素养低下并缺乏专业化服务技能；养老服务内容单一，仅限于基本的生活服务而忽略了精神上的服务。因此,这个阶段的养老服务只是以简单的行政手段干预而进行的剩余性福利,还未曾涉及养老服务产业的其他成分。

改革开放初期,党和国家的工作重心转移到经济建设上,养老服务事业的服务广度和深度都略有所发展,但其本质未发生变化,仍保持着福利性、救济性养老服务事业的特点。总体来看,在这个特殊阶段我国的养老服务具备以下特征:①全国养老方式单一化趋势,家庭人员主要承担养老责任。经济起步发展,国家投入有限,社会养老服务机构甚少。②养老经费来源单一。计划经济时代,居民养老的费用主要是由家庭成员承担。③养老服务工作人员数量和质量都严重缺乏。家庭核心成员以及近亲亲属承担了主要的养老服务职责。具体见图2-1。

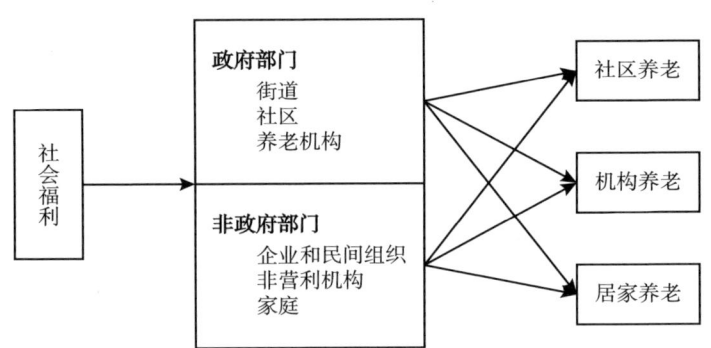

图2-1 中国福利社会化构成示意图

(2) 第二阶段(1984~2005年):改革转型阶段。

社会福利服务对象的单一以及服务理念的落后等问题严重滞后了其发展速度,为了扭转这种状况,1984年,民政部在福建省漳州市召开了全国社会福利工作会议,系统总结了前30多年我国社会福利事业发展的经验得失,研究社会福利事业未来的发展方向,提出社会福利工作要在将来实现两个转变:一是服务对象要实现转变,改变单一的服务对象，要向所有老年人、"三无"人员、孤残儿童等弱势群体提供福利服务；二是保障形式要实现转变，不能仅提供基本生存保障，不能局限于低水平的救济型服务，要提供物质生活照料、医疗保健、教育等多方面的服务，转变为全方位的福利型服务。这次漳州会议上的新理念和新思想为我国今后社会福利的发展注入了新活力，标志着我国的社会福利事业发展进入了一个新的阶段。

为了适应国家经济的发展，国家不断结合国内实际环境出台大量相关福利政策，引导养老服务产业的健康发展。步入新世纪，在新兴产业相关政策的引导下，养老服务逐步向产业化方向发展。1985 年，国家针对养老服务提出了将其与社区服务相结合并在部分社区开始进行试点和推广工作。1987 年又提出了"面向社会、发展社区服务"的方针，将养老服务同社区结合。实践证明，社区养老服务对于促进养老服务的发展具有显著效果。20 世纪 90 年代开始，我国养老服务开始逐步向社会化、专业化、系统化发展。2000 年 11 月，中共中央办公厅、国务院办公厅转发了《民政部关于在全国推进城市社区建设的意见》，明确了社区的地位和作用。2000 年 8 月 19 日发布的《中共中央、国务院关于加强老龄工作的决定》首次提出了养老服务的社会化、市场化思想，强调开发养老市场。所谓拓宽服务内容，除了医疗服务、日常生活照料等服务，更有老年人文娱教育等服务内容，试图实现老年人物质和精神上的满足。全国各省市各地区也结合自身社会事业发展特点，多角度推动社会福利发展，并促使社会福利向社会化发展。具体措施主要有以下四个方面：

一是拓展经费来源渠道。采取国家、集体和个人等多方投资，扩大我国养老服务事业发展所需的资金来源，从而进一步推动社会养老事业的发展。

二是结合市场化发展机制。按照产业化指导思路，在尊重市场规律的情况下发展养老服务事业，扩大经济效益，同时可加强社会成员的社会责任感。

三是实行多样化的服务方式。充分利用多种形式的福利服务资源，满足不同群体不同层次的需求，一改先前单一行政服务方式。

四是提升服务人员的专业技能，培养"乐善好施"的道德修养。在国内高校进行养老服务人员专业培养并引进国外优秀人才，实行"有证上岗"，加强道德教育，培养养老服务人员具有奉献价值，努力建立一支专业化福利服务队伍。表2-1是改革开放前后社会福利体系的比较。

表2-1　中国改革前后社会福利体系比较

改革前的社会福利体系	民政福利	社会福利事业（社会福利院、儿童福利院、精神病人福利院） 社会福利企业（残疾人福利工厂） 社区服务：收容遣送
	职工福利	生活服务（职工食堂、浴室、理发室、卫生室、幼儿园等） 文化福利（俱乐部、阅览室、老年人活动中心、影剧院、体育场等） 职工住房（公房分配）；职工补助（探亲补助、交通补助、洗理费补助、取暖费补助）
	其他福利	教育福利（特殊教育、义务教育、高等教育助学金等） 价格补贴（粮油、副食补贴等） 卫生福利（地方病防治、传染病防治、儿童免疫）；住房福利（公房分配）
改革后的社会福利体系		老年人福利：老年人福利设施、老年人生活服务、老年人保健及老年人津贴等 残疾人福利：残疾人工厂、康复服务、特殊教育及其他福利 妇幼福利：妇幼福利设施、妇幼保健服务、托幼事业、独生子女补贴等 青少年福利：青少年活动中心、心理辅导及有关优惠服务等 住房福利：住房公积金、公共房屋（廉租房）、房租补贴等 教育福利：义务教育、高校学生贷款计划等

（3）第三阶段（2005年至今）：养老服务产业推进阶段。

在日益加剧的人口老龄化背景下，2005年，民政部社会福利和社会事务司下发了《关于开展养老服务社会化示范活动的通知》，要在全国城市中进行养老服务社会化的示范活动。同年，民政部在青岛市召开启动工作会议，确定了60个试点单位，其中城市市辖区（县级市）48个，福利机构12个。同时，民政部制定了8条基本示范标准"政府高度重视、群众广泛参与、服务队伍爱岗敬业、养老服务保障、养老形式多样、服务网络健全、社会力量支持、养老机构优质高效"，推动了养老服务产业社会化示范发展的健康进行。

中国政府把养老事业推向社会的政策呈现出深度的发展。民政部于2005年又出台了《关于支持社会力量兴办社会福利机构的意见》。2006年国务院办公厅转发全国老龄委和发展改革委等部门《关于加快发展养老服务业的意见》，试图把社会福利社会化的体系逐渐完善起来。《关于支持社会力量兴办社会福利机构的意见》强调了兴办福利机构应坚持非营利的性质和发展方向。规定了对于福利机构，各地要按照建立以国家办福利机构为示范、以其他多种所有制形式的福利机构为骨干、以居家供养为基础的社会福利服务体系的总体要求。以社区福利服务为依托，对于社会力量依法兴办的非营利性福利机构给予政策和资金的支持。

2006年2月9日，国务院办公厅转发了《关于加快发展养老服务业的意见》，重点指出："发展养老服务业要按照政策引导、政府扶持、社会兴办、市场推动的原则，逐步建立和完善以居家养老为基础、社区服务为依托、机构养老为补充的服务体系。要建立公开、平等规范的养老服务业准入制度，积极支持以公建民营、民办公助、政府补贴、购买服务等多种方式兴办养老服务业，鼓励社会资金以独资、合资、合作、联营、参股等方式兴办养老服务业"。2013年9月中央政府出台《国务院关于加快发展养老服务业的若干意见》，提出加快发展养老服务业的发展目标、主要任务、政策措施等，总结了近年来我国养老服务业发展的经验，以家庭为单位、社区为依托、社会机构为支撑的养老服务体系初步建立。但总体上看，养老产品供给滞后、养老市场体制发展不健全、城乡之间和区域之间发展不平衡等问题还十分突出。经过20多年来的改革和发展以及各方面不断的完善，我国养老服务业得到了很大发展，而且在我国经济发展和民生保障方面发挥了重要作用。我们要立足于这一阶段国内养老服务业的特点，探求养老服务业产业化的未来发展方向，建立与市场化经济相适应的运行机制，寻求为老人服务的有效的经营模式，并使养老事业摒弃简单的物质供养模式，转变为综合服务模式，包括供养、保健、照料、教育、心理、精神抚慰等。

这一阶段我国养老服务业发展的特点如下：

一是国家和集体加大投入。现有老年文化、卫生、康体服务等设施的投入仍属于福利范畴，还未建立健全的产业化发展思路和发展模式。养老机构依靠国家、民办产业支持并统一由民政部门管理，其中包括由国家及各级财政支持的各类福利院、养老院、敬老院等机构及相关设施。

二是民营化资本成为国家养老服务的有益补充渠道。在改革开放后期，尽管国家、集体所办养老机构对市场经济表现出不太适应的问题，但有国家政策的支持（资金来源就有了保障），目前此类机构在我国养老事业发展过程中仍起着主力军作用。近几年，在市场经济的影响下，私营养老机构发展较快、发展较好，在社会发展的大环境下，非公有制的养老服务事业具有较强的生存力，主要是由于资金来源灵活、管理水平高、服务设施较新、注重广告宣传、定价较为合理而具有较强的竞争能力。但相对于其他新兴产业而言，养老服务业是微利行业，民营参与者仍不多。

三是经营模式日趋多元化。在各方面共同努力下，经济发达的某些地区对国家和集体投入的养老服务产业谋求改革，采用福利性投资与产业化经营相结合的模式，经营者盈亏自负，以获得较好的经济效益与社会效益，以更好地促进中国特色的养老服务业发展。

2.2 老龄化和养老需求

2.2.1 人口老龄化

人口老龄化的科学完整的定义是人口年龄结构老龄化。具体是把人分成老年人口、工作年龄人口和少儿人口。如果在这种年龄结构中老年人口的比例越来越高，发展到一定程度，那么人口年龄结构就转变为"老年型"。年轻型、成年型和老年型是学界按照年龄阶段的人口比例划分出来的三种人口年龄类型。

国际上流行以下几种老年型社会的划分方法。1956 年，联合国用 65 岁及以上老年人口占总人口数的比例达到 7% 作为标准来测量一个社会进入老龄化社会；1975 年美国人口咨询局将这一标准提高到 10%；1982 年召开的世界老龄问题大会将 60 岁作为老年年龄的界限，随后，"60 岁及以上老年人口占总人口数的比例是否达到 10%"成为世界上大多数国家划分老年型国家的依据。如果根据这个标准，我国在 1999 年已是老年型国家。2017 年中国老年人口进一步增长，达到 15831 万人，65 岁以上老年人口占总人口的 11.4%。[①] 如此庞大的老年人口，意味着社会的养老负担非常大。老年人的养老需求能否得到满足，影响着社会的可持续发展，影响着社会的和谐稳定。换句话说，人口老龄化给社会的发展带来了新的问题和挑战，我们在未来必须要面对并解决相应的社会问题。就当前的人口发展趋势来看，我国人口老龄化的速度仍在加快。

对人口老龄化程度的衡量主要从程度、速度和抚养比这三个方面

---

① 2017 年中国人口老龄化现状：65 岁以上老年人口占总人口 11.4% [EB/OL]. https：//item. btime. com/m_2s21so22saj, 2018 - 01 - 23 15：59：00.

进行研究。老龄化程度指标包括老年人口比例、老少比和人口年龄中位数等。老龄化速度的指标就是指一个社会老龄化过渡所用的时间。抚养比的计算方法是非劳动年龄人口数与劳动年龄人口数的比值。值得注意的是，这些都是人口老龄结构的静态指标，而老龄化过程则是一个动态变化的过程（见表2-2）。

表2-2 人口年龄划分标准

	年轻型	成年型	老年型
0~14岁人口	40%	30%~40%	30%以下
65岁及以上	4%	4%~7%	7%以上
老少比	15%	15%~30%	30%以上
年龄中位数	20岁以下	20~30岁	30岁以上

资料来源：Shryock, Henry S. and Siegel, Jacob S., The Meterials of Demography, Condensed Edition [M]. E. G. Stogkwell, Academic Press, 1976.

截至目前，学界普遍认为，养老产业是为适应人口老龄化的发展而产生的。老年群体日渐扩大也代表了人类文明的进步，与此同时它对人类社会的发展也是一种问题和挑战。在大多数人的概念里，人口老龄化会加重国家财政社会保障负担，会在一定程度上阻碍社会经济的发展，比如一些西方高福利国家出现的一系列"福利病"使国家面临着巨大的财政赤字压力，使人们很担忧人口老龄化。从整个经济发展的长期来看，人口老龄化确实会产生许多社会经济方面的消极影响，但如果从不同时期来看，则不尽然。从我国具体的人口状况来看，在21世纪的前20年，人口年龄结构的变动对我国的经济社会发展是起推动作用的。而随着老龄化程度日益加深，超过了一定合理的限度，就对国民经济的发展产生负面的影响。伴随着老年人口增多，老年市场也正日益壮大，快速发展，老年市场将会对经济增长起到正面的拉动作用，因此，越来越多的学者也开始从积极的方面来看待人口老龄化问题。

　　老龄社会严峻的养老问题正要求新的模式和内容出现，传统的以家庭为载体的封闭形式，以血缘关系为纽带的养老模式，及国家事业型投资兴办的养老模式，已经与当代社会经济发展的需求脱节了，必须要有新的养老模式出现来适应当代经济发展的需求。推行社会化养老是当前的一种趋势，社会化养老是一种整合优化社会资源的养老模式，它能破除传统家庭养老模式已不合时宜的局限性，并解决人口老龄化带来的诸多问题。这种社会化的养老模式是那些传统养老模式根深蒂固的国家（地区）改革社会保障制度的必由之路。之所以要推行社会化养老，原因在于人口老龄化趋势不可逆转且老龄化程度在不断加深，家庭养老功能减弱外移，使得老年人不能从家庭成员处获得足够的资源和支持，因此家庭成员和老年人都必须从更大的范围获取养老资源，在供需上都寻求社会支持。老年人口比重增加，老年人生活水平的提高，必然催生更大的针对性资源范围，发展养老产业，实为适应老龄化社会的人口结构，整合老年群体的资源供求，使日益扩大多样化的老年人群体及其需求，与不断变化的社会资源及其配置相匹配。所以养老产业的发展应考虑人口老龄化具体现实和宏观背景，老年人占总人口比重增加，老年人需求多元化，是支撑养老产业发展的最基本社会基础。[①]

　　以前，多数人对人口老龄化的社会与经济效应持负面态度，特别是担心人口老龄化会制约经济的发展速度，并影响整个生产环节的发展，进而对产业结构的调整造成负面影响。但现在有人认为，不能这样一概而论，这完全否定了老龄化产生的影响，应该以一种理性的眼光来看待这个问题，任何事情都有它的两面性，要根据具体情况具体分析。这一转变也说明对于老龄化的研究更加科学。

---

① 王立. 老龄产业发展的理论与政策研究［D］. 长沙：湖南师范大学硕士学位论文，2010：6.

2.2.2 老年需求

美国著名心理学家马斯洛将人的需要划分为五个层次，这五个层次全面阐释了人在不同层面上的需求。

（1）生理需要。

生理需求被马斯洛认为是人最基本的需要，具体包括对衣食住行等基本生存条件的需要。在生理需求方面，老年人和中青年之间存在着较大的差异。比如，在饮食方面，老年人注重不同食物的营养搭配和饮食禁忌，他们大多不会食用不利于身体健康的食品；在服饰方面，老年人喜爱符合自己年龄特征的款式和色泽，一般选择端庄大方的款式，多偏爱深色系服饰，他们追求服装轻便、保暖、透气和耐用，而并非像青年人那样看重时髦和品牌。

（2）安全需要。

人的安全需要是在满足生理需求基础上产生的，老年人的安全需求主要体现为医疗、居住和行动等。随着年龄的增加，人的身体素质会逐渐地下降，身体的各项机能和指标降低，免疫能力下降，容易生病。老年人一旦生病，不仅要忍受生理上的痛苦还要忍受心理上的痛苦，巨额的医疗费用往往让他们难以承受，同时还会面临无人照料的困境，所以，医疗护理保障成为老年人特别关注的一点，主要包括能看得起病，病中有人护理。老年人的居住条件理应宽敞一些，以便让老人进行室内活动，室内最好要保持干燥、通风，采光条件好，以防止细菌滋生，这样有利于老年人的身体健康。室内装修最好要体现人性化的标准，要充分考虑到老年人行动不便的问题，地面装饰要注意防滑，多设扶手以防老年人跌倒。从行的方面来看，老年人外出最好要有人陪伴，因为老人容易跌倒，如无人跟随照看是很危险的。公共场所也需要考虑到老年人的需求，公共设施建设要为老年人的出行、娱乐提供便利条件。

(3) 归属与爱的需要。

人的社会性的重要表现是对归属与爱的需求。每一个人都渴望自己被某一群体接纳为其中的一员，与其他成员相互关爱。老年人当然也不例外，这主要表现在以下几个方面：首先是希望家庭和睦，儿孙绕膝，能够在暮年静享天伦之乐；其次他们也希望能够参与社会活动，与别人多交流，通过互相倾诉来加强彼此的了解，从而结下深厚的情谊，来消除生活中的孤寂、苦闷、伤感等不良情绪；一些寡居的老人也希望找到一个能相濡以沫的伴侣，在生活上能互相陪伴帮扶，来驱除内心的不安。

(4) 自尊的需要。

主要是指尊重和被尊重的需要，具体指希望具有较高社会地位，获得他人的赞赏和肯定。老年人经过多年的历练，他们拥有丰富的社会阅历，他们并不希望因为年龄的问题而被视为无用之人，他们希望得到别人的尊重。为了获得社会的尊重和认可，老年人往往会通过不断的学习来丰富自己的知识，跟上时代潮流。

(5) 自我实现的需要。

这是最高层次的需要，主要是指个人最大限度地实现其自身价值。很多老年人退休后身体状况很健康，他们不想成为社会的负担，也想证明自己的社会价值，他们往往会根据自己的实际情况为社会做些有用事情。还有一些老年人为完善自己，弥补一些自己年轻时未了的爱好或心愿，比如很多老年人退休之后练字、画画、养花，还有一些老年人到处旅行。[①]

综上所述，我们可以看到老年人的需要种类是繁多的，这些需求包括生理性需求、社会性需求、物质需求、精神需求等。随着人民生活水平的不断提高，这些需要将会细分为更多种类。我国的养老事业

---

① 吕津. 中国城市老年人口居家养老服务管理体系的研究[D]. 长春：吉林大学博士学位论文，2010：12-13.

这些年发展迅速,形成了"五个老有"理论,该理论以老年人的需求为基础,科学地体现了老年人养老需求的层次性。其中"老有所养"是基础,"老有所医"是保障,"老有所为"是老人自我价值的体现,"老有所学"是老人科学文化素质提高的表现,"老有所乐"是老人身心健康的需要。"老有所养"体现了将老年人的生理需求放在首位,使老年人不再为自己的养老问题担忧;"老有所医"就是要解决老年人的医疗保障问题,使他们生病了都能得到及时有效的医治;物质方面的需求解决了之后,接下来还要满足老年人的精神需求,"老有所为"就要让老人有一种精神寄托,发挥余热,实现他们的社会价值;另外还要为他们提供学习的机会,"老有所学"就是让他们在学习中不断丰富自我,提高文化素养;最后,要创造条件使他们能够选择自己喜爱的娱乐活动,从而保证"老有所乐",在精神上感到愉快和满足。可以说"五个老有"理论是马斯洛需求理论的具体应用(见图 2-2、图 2-3)。

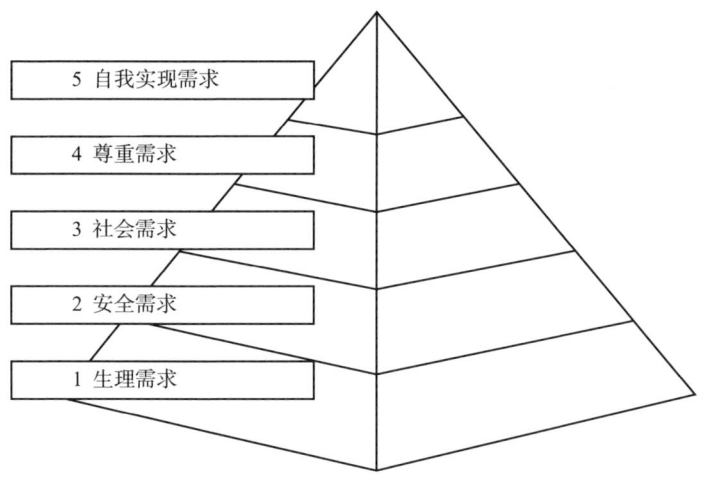

图 2-2　马斯洛的需求层次理论

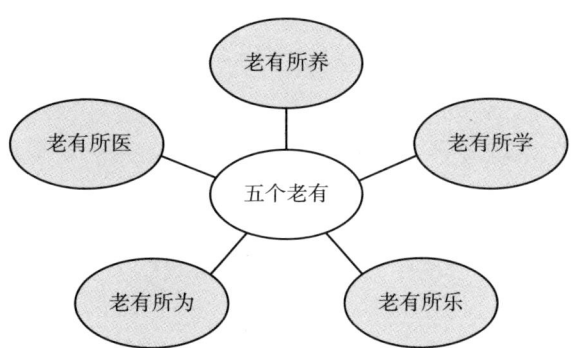

图 2-3 老年人需求概括——五个老有

第 3 章

居家养老服务

3.1 居家养老的社会背景和意义

3.1.1 居家养老服务的社会背景

(1) 我国家庭养老难度日益增强。

家庭养老与社会养老的区别在于养老的分散化。家庭养老既符合我国的历史传统习惯,又能够保持家庭内部良好的互助关系。目前,由于人们的思想认识局限,传统思想的影响依然留存,经济发展水平不高,社会保障制度尚不完善,导致我国城乡大部分老年人仍然依靠家庭养老。但随着社会发展、家庭结构转型、人口流动加快,家庭养老的功能日益受到冲击和挑战,难度日益增加。

(2) 我国机构养老承载的养老服务能力有限。

机构养老是在政府支持和管理下兴办的社会专业养老机构,通过收取一定费用,集中提供养老服务,是典型的社会化养老的形式。养老机构主要包括敬老院、老年公寓等,能够为老年人提供 24 小时专业化的养老服务,同时还能够促进老年人的学习和交流,有利于身心健康发展。但是,机构养老的顺利运行需要政府大量的资本投入,目前我国无法提供充足的政府资金支持,导致机构养老的规模和数量有限,机构养老的服务收费较高,很难满足所有老年人进入养老机构的意愿。总之,政府力量有限,现阶段只能解决一部分老年人机构养老的问题。

(3) 我国居家养老是大势所趋。

居家养老就是老年人不离开家庭居住地,居住在家里接受自己子女和专业人员的共同照顾,具有传统家庭养老和机构养老的双重优势。目前,我国生产力总体水平还比较低,居家养老不仅适应我国当下生产力发展水平,而且可以满足老年人接受专业化养老服务的要求,又没有离开自己熟悉的居住地,使老年人能有亲情的心理慰藉和归属感,是一种最优养老模式。从家庭角度来看,居家养老既满足了老年人的养老需求,又减轻子女的家庭养老成本,减轻了对其他家庭成员日常生活的干扰,很好地维护了整个家庭结构和亲情;从社会角度来看,可以减轻国家和政府对养老财政投入的负担,促进经济的发展。居家养老既不同于家庭养老,也不同于机构养老。居家养老与传统的家庭养老的主要区别在于,居家养老属于社会化养老方式,其资金、服务等都来自政府和社会。居家养老与机构养老的主要区别在于,居家养老具有"点"对"点"的服务优势,依据社区生活的良好基础,利用其大规模、低成本的优势,解决我国现阶段的快速老龄化问题。就我国目前的经济发展、社会环境、文化特点、社区结构来看,居家养老是我国目前养老的必然选择,居家养老大势所趋。①

3.1.2 居家养老服务的意义

(1) 符合老人的心理需求。目前许多老人对传统的家庭养老具有较强的依赖心理,便于和自己的亲人进行感情交流,喜欢自己熟悉

---

① 郝璐. 居家养老服务供给模式研究 [D]. 西安: 西北大学硕士学位论文, 2012: 12.

的家庭环境，获得安全感、归属感较强。与机构养老模式相比较，居家养老模式更容易被大多数老人接受。

（2）减轻机构养老的压力。随着老龄化社会的到来，老年人数量快速增加。由于人口流动加快，家庭结构日益小型化和核心化，传统的家庭养老存在的问题日益凸显，其养老功能不断降低。同时，由于受国家经济发展所限，政府在机构养老方面的投资力度不足，不能满足日益增长的社会养老需求，拓展养老途径势在必行。因此，居家养老成为解决快速老龄化的重要途径之一，可以分流解决绝大部分老年人的养老问题，大大缓解机构养老的压力。

（3）可以充分利用社区的闲置资源。居家养老可以利用社区的有利资源，采用有偿、抵偿和无偿相结合的方式，来帮助老年人解决日常生活中所遇到的各种现实困难。在我国"未富先老"的情况下，居家养老模式不仅能够最大程度缓解人口老龄化对经济社会的冲击，加强社区内各主要组织和部门间的合作，让老年人对社区产生归属感，调动老年人的积极性，使他们成为服务的供给者，积极开展老年人之间的互助帮扶活动，形成良好的社区文化氛围，促进社区文明建设。同时，还能够增加社会就业岗位，达到多赢效果。

（4）能够拓宽养老服务内容。居家养老服务的主要目标是满足老年人各种养老服务需求，日常生活照顾包括专业化的上门服务、日间护理和照料，也可以通过老年人间的沟通、交流、娱乐、文化、教育等方式，丰富老年人的生活内容，消除老年人的年老失落感，重新焕发他们的生活热情和激情，推进互助互动，真正做到老有所养、老有所乐。[①]

3.2 国内居家养老服务典型模式

2006年，《民政部关于开展全国养老服务社会化示范单位创建活

---

① 郝璐. 居家养老服务供给模式研究 [D]. 西安：西北大学硕士学位论文，2012：13–14.

动的通知》首次批准在我国31个省份60个城市的社区进行养老服务基地试点，提出"在居家养老的基础上，不断依托社区提供相关养老服务，同时辅以机构养老为补充"，推进社区居家养老模式的推广和发展。

3.2.1 上海市居家养老服务模式

上海市早在2000年就开始由民政部门在嘉定、静安和黄浦等六区探索富有上海特色的现代化社区居家养老模式，以家庭为基础，社区是依托，养老服务机构为载体，居家养老和机构养老相结合。上海市最先开始探索开展社区居家养老服务模式，立足家庭，依托社区，并通过养老服务组织提供专业化服务，采用上门或日托照料形式，为老人提供以助餐、助洁、助浴、助急、助行、助医等"六助"为主要内容的社区居家养老服务。2003年，上海市又开始完善城市居家养老服务体系，建立起居家养老服务管理组织机构，分为相对独立的市、区、街道三级；建立起崭新的居家养老服务体系，分为政府部门、中介机构组织和服务单位三层，并明确了三者的权责边界，政府负责提供相关的政策支持、制度建设、综合协调各个社会部门和筹措相关资金；中介组织负责对居家养老的单位进行统计和绩效考核；服务单位负责提供专业化的养老服务和进行日常管理。上海还建立了三级居家养老服务中心，依托街道社会救助管理所和社会福利行业协会，为老人提供定期健康调查、经济援助等服务，对养老服务从业者提供专业化的业务技能培训。上海市通过养老服务机构培训志愿者，组建专业服务队，为老年人提供专业化的日托服务，白天集体照顾和护理老人，组织老人一起吃饭和参与娱乐活动，或者为居家老人提供专业化上门养老服务。[①] 上海市在推进社区居家养老服务建设的同时，还建立了养老服务评估与养老服务补贴制度。他们对老年人身体

---

① 郝璐. 居家养老服务供给模式研究［D］. 西安：西北大学硕士学位论文，2012：15-16.

健康状况进行评估,并以评估结果为依据向老年人提供个性化的养老服务,以确保养老服务资源和服务补贴的合理、有效使用。各个区都成立了居家养老服务指导中心,培训专业的养老服务员。政府还将社区居家养老服务补贴经费纳入财政预算,与社区就业服务相联系,政府购买服务的补贴制度建立起来。社区居家养老服务推广到全市范围内,以服务券的形式向经评估经济和生活自理困难的老人提供服务补贴,资金来源中包括市、区两级财政资金和彩票公益金,[①] 对象主要包括"五保"老人、低收入老人、高龄老人和特殊贡献老人。

3.2.2 广州市居家养老服务模式

广州市老城区摸索出一条与众不同的居家养老发展路径,该社区内的所有孤寡和特困老人的基本生活靠领取社区救济金来维持。救济金主要来自街道慈善会募捐或筹资,按照当地低保标准每月发放给老人,同时根据老人家庭困难的不同情况,提供差异化的养老补助费,每月按时发放一定数量的日常生活用品。还通过社区牵头,区和街道领导与孤寡或特困老人建立帮扶对子。建立区卫生合作服务站,社区负责提供场所和装修资金,区卫生局提供医务人员和医疗设备。设立社区群众性组织,专司养老服务有关事项,定期进行慰问、走访和帮助老人。同时,吸纳志愿者参与社区养老服务,并对他们进行业务培训和辅导,采取探访等多种形式,提供洗衣、做饭等生活照料和医疗护理等养老服务;积极组织老年人相互交流和互相帮助。

3.2.3 北京市居家养老服务模式

北京市各城区积极开展老人居家养老服务的探索。西城区富有特

---

① 胡娟. 上海市不同老年群体居家养老服务需求与对策研究 [D]. 上海:上海社会科学院硕士学位论文,2008:35-36.

色的卫生保健站提供医疗保健和护理等完整的一系列相关养老服务。月坛南街社区还率先建立"服务咨询站",为老人和养老服务机构搭建养老服务信息沟通平台,让双方能及时沟通,为老人提供居家养老服务,如家政服务、电话订餐等。东城区在社区开展各种资源共享、优势互补的互助活动,创建学雷锋小组,定期为寡居在家的老人提供实地帮扶、慰问;成立社区互助互帮服务队,建设医疗保健服务站和社区医疗中心,入门入户探望和医治老年病。此外,北京市建设的太阳城国际老年公寓是我国第一个以地产运作来筹集资金,并建设老年公寓的项目。公寓小区配备完善,有医院、超市、家政服务中心,有水景园林、喷泉广场等,周边交通便捷,环境优美,文化氛围好,养老设备齐全,满足了老年人居家养老的要求。[①]

3.2.4 太原市居家养老服务模式

太原市探索了"以家庭养老为基础、社区服务呼叫中心为交流纽带、提供居家照料服务为主要内容"的居家养老服务模式。其显著特征是,社区服务呼叫中心白天为老年人提供日间生活照顾,晚上老年人回家享受亲情照顾,社区生活照料服务与家庭亲情同时兼备。根据老人的不同情况,采用无偿、抵偿、有偿和补贴等多元化服务模式。一是无偿服务,主要服务对象是80岁及以上老人、空巢老人、低保老人和伤残老人,由志愿者或低龄老人提供帮扶服务,每月发放免费的养老服务券;二是低偿服务,根据协议,由社区内的养老服务组织为老人提供低于市场价的养老服务;三是有偿电话预约上门服务;四是发放居家养老补贴。[②]

[①] 郝璐. 居家养老服务供给模式研究 [D]. 西安:西北大学硕士学位论文,2012:16-17.

[②] 郝璐. 居家养老服务供给模式研究 [D]. 西安:西北大学硕士学位论文,2012:17.

3.2.5 杭州市居家养老服务模式

杭州市为社区内失能和半失能老人提供免费养老服务，同时，鼓励社区机构开展专业养老护理培训，保证养老服务的质量，被称为"西湖模式"。最典型的是"灵隐街道"，形成三位一体的综合养老体系，其特点为以家庭养老为基础，依托社区，辅以机构养老为支撑，把"家庭养老"和"街道日间养老服务"结合起来，不断完善制度基础，提供经费保障和专业服务人员，为老人提供舒适、便捷和经济的养老服务。[①]

3.2.6 潍坊市政府购买居家养老服务模式

潍坊市构建"政府购买服务，社会组织运作"的居家养老服务模式，具体包括三种政府向社会组织购买的基本模式。

第一种是"项目申请制"购买。即由全区志愿者组织依据社区居民需求，向街道提出立项申请，经街道审定通过后，以项目运行的方式给予资金援助。志愿者协会不再是单纯的社区服务提供者，而是转变为连接社区与政府部门的桥梁，这是一种介于市场与免费志愿服务之间的准市场运行机制，包括有偿、低偿和无偿三种服务。通过公共财政和社会融资相结合的方式投入专项资金。

第二种是"以社区服务中心为平台的会员制"购买。社区将卫生服务站升级改造为社区服务中心，承担起辖区大众卫生教育、预防等的社区卫生及养老保健工作，中心以家庭为核心，以社区为依托，采取把社区日托与上门服务相结合的服务方式，选择星级会员制作为其承接居家养老服务的基本方式，从一星级至五星级分为五种标准，

---

① 郝璐. 居家养老服务供给模式研究 [D]. 西安：西北大学硕士学位论文，2012：18.

会费不等。服务包括读报、保洁、保健、陪同就医、操办生日等。社区服务中心坚持收费服务和公益服务相结合的原则，形成了居家养老多中心供给模式：一是免费提供福利服务，政府通过全资购买服务的方式给予经济困难老人保障；二是补贴，对有一定经济能力老人采取"政府保障+个人购买服务"的形式，由个人自愿选择和政府给予一定补贴；三是社会公益服务，社会组织、个人通过"义工"的方式提供公益服务，政府为之搭建组织平台。

第三种是"以老年人协会为载体的服务券"购买。政府出钱向街道服务中心购买服务券，然后将其交付老年人协会，由社会组织负责审核申请者的资格和条件，最后再发放到审核通过的老人手中。这种方式服务成本低、形式灵活、覆盖面广，还为下岗失业人员创造了有弹性的就业机会。[①]

3.3 我国城市居家养老服务内容

（1）提供助餐、助浴、助洁、助行、助急、助医等服务，主要是以日常的生活照料服务为主，包括送餐、洗衣、理发、维修、心理咨询、沐浴、维权法律咨询、居家设施改造等20多个项目。

（2）助餐内容：上门做餐、集中就餐、送餐上门、配餐、喂饭。

（3）助洁内容：上门打扫、晨间护理、晚间护理、清理排泄物、协助如厕、洗衣、理发、剪甲、修脚。

（4）助急内容：紧急呼叫服务、家电维修、下水道疏通。

（5）助行内容：代购商品、代缴公用事业费、陪同散步、陪同购物。

（6）助浴内容：上门助浴、擦浴、外陪助浴、洗头。

---

① 王荣达. 网络化治理理论视角下的政府购买居家养老服务问题研究 [D]. 沈阳：辽宁大学硕士学位论文，2012：14-17.

(7) 助医内容：代配药、陪医就诊、按摩机康复指导、测量血压、家庭病床、心理慰藉。①

3.4 居家养老服务产业的运行方式

居家养老服务业主要有福利性和盈利性两种，前者不以营利为目的，由政府、社会组织提供，后者是盈利性的，以产业化形式提供居家养老服务。居家养老服务业应根据老年人的不同身体健康状况、经济能力和居住状况，满足不同老人多样化的养老服务需求，构建多元化的供给主体、多样化的服务方式和多层次服务功能的新型养老服务模式。

3.4.1 非营利性的居家养老服务业运行方式

非营利性的居家养老服务的运行模式主要有以下五种：一是政府购买服务型。政府提供必要的资金支持，为享受居家养老服务的老年人支付服务费用。二是社会服务型。综合发挥社区、基层老年人协会、社区中的企事业单位的作用，共同提供人财物等的支持，以满足老年人的生活需求。三是社会组织运作型。专业性强、工作量大、政府自身做不了也做不好的居家养老服务，由政府委托给民间非营利组织来做。四是邻里互助型。主要依靠左邻右舍退休的低龄老人或下岗失业人员等来照顾社区内的高龄老人和生活困难的老人。五是志愿服务型。根据居民自愿、自治、自助和互助原则，社区居民志愿参与，为老人提供养老服务。②

---

① 鲁萍. 老龄化背景下的上海城市居家养老服务问题研究［D］. 上海：上海师范大学硕士学位论文，2012：22-23.
② 展迪. 多元供给主体下城市居家养老照护服务产业化研究［D］. 上海：华东理工大学硕士学位论文，2011：15-19.

3.4.2 营利性的居家养老服务产业运行方式

营利性的居家养老服务产业,目前主要是家政服务业。空巢老人家庭不断增多,家政养老服务的需求也不断增大,如做饭、保洁、疾病等日常生活照顾,服药、洗浴、功能锻炼等身体护理,空巢老人的聊天、读书读报等精神慰藉,所以,需要一大批具有一定文化水平和老年护理知识的专业照护人员。但目前我国专门为老人提供照护服务的公司很少,只是家政服务公司的一项服务内容来为老人提供服务。

2006 年,国务院办公厅转发全国老龄委办公室和发展改革委等部门《关于加快发展养老服务业的意见》的通知,指出要在产业化、市场化的原则下,发挥政府作用,建立养老服务业准入制度,支持多种公私合作方式,鼓励社会资本进入养老服务产业。上海某家政公司,按照家政服务员的星级标准和是否是会员收取不同的服务费(收费标准见表 3-1)。[①]

表 3-1　　　　某家政公司收费标准　　　　单位:元

岗位	级别	服务费	
		非会员制	会员制
老年人护理员	★	1800	1700
	★★	2000	1800
	★★★	2500	2300
	★★★★	3000	2800
	★★★★★	3500 以上面议	3200 以上面议

上海另一家政服务公司,将家政服务员的等级作为收取费用的标准,其照护老人的收费标准为,初级服务员为 1100~1200 元,中级服务员为 1300~1500 元,高级服务员为 1600~1800 元。

---

① 展迪. 多元供给主体下城市居家养老照护服务产业化研究 [D]. 上海:华东理工大学硕士学位论文,2011:19-21.

3.4.3　居家养老服务产业组织形式

目前，国内家政服务企业的运行主要有三类组织形式：中介型家政服务企业、员工制家政服务企业、会员制家政服务企业。员工制家政服务企业是精品型运行模式，大规模、大设施的投入才能带来高回报。所有服务员都经过统一的培训考核，通过后统一持证上岗。企业把服务人员派遣给雇主，并对服务人员实施全程管理，服务人员与雇主之间不直接发生经济往来，只存在服务与被服务的关系，企业每月获得管理费。会员制家政服务企业是介于中介型和员工制两种家政服务企业之间的一种运行模式。该类型是根据雇主对家政服务员的不同需求，采取市场运作方式，为老年人提供高层次、精细化和个性化的居家养老服务，根据雇主的不同服务需求采用不同的服务管理方法。中介制和会员制这两种家政服务企业都要求企业具有较大规模的投入，能否获得高收益不确定。但员工制家政服务企业投入少、收益较高，具有很好的发展前景。①

---

① 展迪. 多元供给主体下城市居家养老照护服务产业化研究 [D]. 上海：华东理工大学硕士学位论文，2011：21-22.

第 4 章

我国东部地区居家养老服务发展实证分析
——以浙江省桐乡市为例

4.1 浙江省桐乡市乌镇智慧居家养老服务状况

4.1.1 乌镇老龄化现状

乌镇位于浙江省桐乡市北端,东临濮院镇,南壤龙翔街道,西接湖州市南浔区,北界江苏省苏州吴江区,自古以来就是两省三市交错之地,乌镇距离桐乡市区13千米,行政区域面积为67.2平方千米,其中建成区面积为4.5平方千米,全镇辖3个社区和16个行政村,分别是东苑社区、南宫社区、银杏社区、分水墩村、浮澜桥村、横港村、白马墩村、虹桥村、陈庄村、南庄桥村、碓坊桥村、陈家村、彭家村、双塔村、新翁村、颜家村、浙月村、民合村、五星村。截至2016年11月30日,乌镇户籍人口总数约为5.7万人,60岁及以上老年人口数为15705人,80岁以上老年人口数为2127人,百岁老人有4位,纯老年人家庭的老年人有228人,失能老人有279人,半失能老人有365人。其中,银杏社区、南宫社区、东苑社区老龄化比较严重，平均 3 个人中就有 1 位老人①。

据了解，乌镇 2016 年有 1 家敬老院，12 个居家养老服务照料中心，其中，乌镇居家养老服务照料中心是一级中心，覆盖乌镇 3 个社区和 1 个行政村的 4000 多位老人。接下来，乌镇还将陆续依托现有的居家养老中心在行政村建立起 6 个二级中心，实现全镇全覆盖，使全镇 1.57 万老人享受到养老服务。2022 年乌镇拥有 1 家居家养老服务中心，24 家居家养老照料中心，35 名养老护理员实现了乌镇所有村（社区）全覆盖；平台服务拓展到社区文化、照护服务、膳食餐饮、居家上门等 7 大板块 53 项，涉及乌镇全体 2.6 万名老人和 3000 多名残疾人。② 2014 年 11 月 19 日，乌镇成为世界互联网大会永久举办地，浓厚的互联网氛围为智慧养老提供了良好的外部环境，同时，中科院物联网研究发展中心将最新研发的产品和服务优先应用于乌镇，为其智慧养老提供了良好的技术与设备支持。借助于世界互联网大会，"互联网+"医疗助推乌镇的智慧养老，全国首家互联网医院落户乌镇，人们足不出户就可远程就医。互联网医院自建立以来，累计服务 3.5 亿人次，单日问诊服务 3.1 万人次，比一家三甲医院还多。乌镇互联网医院通过互联网技术，连接了全国 2400 多家医院、26 万名副主任以上专家，7200 多组国内顶尖专家团队，在网上开通自己的诊室，实现优质医疗资源下沉，全国的老百姓都可以便捷地享受到专家服务。③ 这对于乌镇的老人来说，更是一大利好。乌镇镇政府与居家和社区智慧养老专业服务商椿熙堂合作，在乌镇养老中引入"智慧养老"，形成智慧居家养老服务模式——乌镇模式。

---

① 资料来源：实地调查整理。
② 周亮. 乌镇老人的智慧养老新生活［J］. 中国社会工作，2022（7）：12.
③ 中国江苏网. http://economy.jschina.com.cn/.

4.1.2 乌镇智慧居家养老服务总体概况

(1) 政府购买智慧养老服务——委托性购买模式。

乌镇智慧居家养老服务属于政府购买服务模式,为委托性购买,这在我国的政府购买行为中较为常见。委托性购买模式又称为公办民营模式,是指民政部门与民间组织签订委托协议,养老服务设施所有权属于民政部门,在此基础上,民政部门委托民间组织进行具体运营、经营管理,提供相应的养老服务。政府根据养老服务的特点,通过项目招标的形式,制定价格、质量标准等指标,邀请民间具有较好资质的民间组织参与投标。一定程度上来说,民间组织之间的竞争,可以实现以较低的成本获得较优质的服务的目的。在委托性购买模式中,政府给予养老服务相应的资金补贴和一定的支持,担任的角色是监督管理者,并不参与智慧居家养老服务平台的具体运作和管理。

乌镇镇政府委托椿熙堂承接乌镇居家养老服务照料中心整体运营工作,椿熙堂推出"智慧养老综合服务平台",利用互联网、物联网、云计算等技术,实现智慧化养老服务运营。椿熙堂运用云平台集中管理,在乌镇辖区内规划了一个一级中心为核心、七个二级站为延伸服务的居家和社区养老服务照料中心的架构,居家养老服务中心与七个二级站点相配合,发挥二级站点区域特色,同时,借助中心综合服务和信息中枢的优势,对二级站点服务进行针对性补充,满足全镇老年人多样化、差异化、个性化的需求,在地理区域、年龄层次、服务内容方面实现全天候、全范围、全过程、全覆盖。

(2) 乌镇智慧养老服务供给概况。

乌镇智慧养老"2+2模式"主要体现在线上与线下结合,注重医养服务。乌镇智慧养老"2+2模式"包括乌镇智慧养老综合服务平台、远程医疗服务平台(线上云平台)和居家养老服务照料中心、社区卫生服务站(线下服务资源),该模式主要是以老年人电子健康档案为核心，通过智能居家照护设备、自动检测终端等，对老人的健康状况进行实时跟踪，经过服务平台的数据处理，为老人制定预防保健、康复治疗、养生计划等医养服务方案。乌镇智慧养老为老年人提供生活照料、膳食餐饮、健康管理、专业照护、社区文化等服务，智慧养老服务一方面体现在为居住在乌镇的老年人提供集中照料，另一方面体现在通过智慧老年服务交互系统将服务延伸到老人家中，使老人不出家门也能享受到智慧化的养老服务。

基于智慧养老服务平台，老人通过"乐享生活卡"，可以享受到常规化和定制化的养老服务。智慧养老服务系统涵盖了会员管理、健康管理、照护、信息交互、服务需求评估、膳食管理等六大板块。通过刷"乐享生活卡"，工作人员可以看到老年人基本的健康信息、所享受到的服务、参加的各项活动记录，通过卡上的积分，老人可以兑换一定的养老服务或者礼品等。

（3）乌镇智慧居家养老服务内容。

乌镇镇政府针对高龄、孤寡、独居及低收入老人，提供应急救助服务。为政府购买服务对象免费安装居家智能照护设备和户外智能设备，居家智能照护设备叫作安护宝，主要包括门磁感应器、生命感应器和具有求救功能的腕带，另外还有测量血压血糖的"家用宝贝机"，户外智能设备是具有定位及求救功能的SOS设备。截至2016年底，乌镇镇政府为全镇享受政府购买服务的老人安装了135套安护宝，其老年生活得到一定保障。乌镇智慧居家养老服务的内容主要包括生活服务、健康服务、安全管理和社区文化，尤其注重医养服务。

生活服务方面，满足老年人的基本生理需求。智慧居家养老服务中心为老人提供修剪指甲、理发、打扫房间、衣物送洗、助浴服务、日托服务、维修、代办服务等。居家养老服务中心的六色养生餐厅，为中心老人提供就餐服务，并为居家老人提供送餐服务。工作人员为洗浴需要帮助的老人提供助浴服务，助浴间设有自动烘干机，方便老人洗浴。

健康服务方面，智慧居家养老服务中心会为老年人提供健康检测、按摩推拿、陪同就医（乌镇范围）等基本服务，居家老人可以通过"家用宝贝机"，测量血压和血糖，这些数据实时共享给控制中心，当数据出现异常，工作人员会建议老人到中心做具体的检查。工镇区、民兴、民合、三里塘社区卫生服务站等开通了"云诊室"，老人可以在医护人员帮助下，通过纳里医生 APP 进行预约，接受免费远程医疗会诊服务，对接乌镇互联网医院、桐乡第一人民医院、浙江大学邵逸夫医院等。

安全管理方面，当老人忘记关门时，门磁感应设备会发出报警，提醒老人关门或者通知中心服务人员；安装在老年人厕所的红外线生命感应器，若在 24 小时内无反应，中心人员会打电话询问老人是否外出，必要时需上门查看，以防老人发生意外；当老人摔倒时，老人可以通过佩戴的腕带发出紧急救助信号，信息中心工作人员会在收到信息的第一时间，打电话确认是否是误按，若是电话无人接听，工作人员会在 5~10 分钟内赶到老人家中进行救助，并通知老人子女。经常外出的老人携带的 SOS 呼叫器，可对老人进行实时定位，并可以发出紧急救助信号，当老人超出镇区范围，呼叫器会自动向服务平台发出警报，并在老人发出求助信号时，及时进行救助。

社区文化方面，居住在附近的身体较健康、能够自理的老年人，每天会到照料中心参与各种活动，丰富自己的生活。老人们自己组成各种社团，如阳阳舞团、逍遥太极社团、康康乒乓社团、咚呛腰鼓社团等，参与社团，与朋友聊天解闷，存在感和幸福感能得到提升。同时服务中心还设有心理疏导咨询室，为老人提供心理支持，每逢节假日，中心会举办各种活动，如集体生日会、亲子烘焙等活动。浙江传媒学院的学生志愿者和附近低龄老人会经常到服务中心提供志愿服务。周一到周六，服务人员还会开设健康讲座、老年电大、电脑、微信课堂等学习活动，提升老人养老知识和"克服银色数字鸿沟"。

另外，在医养服务方面，线上智慧养老综合服务平台、远程医疗服务平台可以为老年人提供身体健康评估、慢性病管理、健康数据动态监测等服务,乌镇医院和微医提供网络医院预约挂号、网上会诊、专家讲座等服务;线下居家养老服务中心为老人提供健康档案建立、康复理疗、上门照护等服务,卫生服务站提供预防保健、开方拿药、全科医疗等服务,除针对患病老人、病后康复老人外,也向健康老人提供健康检查、代办预约、养生建议等服务。医养服务在实现线上线下相结合的同时,及时与医保对接,解决老年人看病拿药的后顾之忧。[①]

4.2 乌镇智慧居家养老服务问卷调查

(1) 调查对象。

为了解老年人对已实行的智慧居家养老服务的感受和看法,本次调查主要是以乌镇镇区接受智慧居家养老服务的60周岁及以上的老年人为调查对象。实地走访社区、居家养老服务照料中心,发放问卷150份,共回收有效问卷145份,有效率为96.7%。

(2) 调查方法与目的。

本次调查研究采用问卷调查、个案访谈、实地走访等调查方法,并向乌镇民政厅等相关部门了解信息。问卷分为两部分,第一部分为被调查者的基本信息,第二部分为被调查者对智慧居家养老服务的接受度、养老需求、满意度。整个调研过程为时半个月,在发放调查问卷时,主要是以居家养老服务照料中心为主要调查地点,利用老年人白天在中心活动的时间随机调查和访问,同时调研人员还作为志愿者借助中心服务人员对老人回访的机会进行调研,以保证调研结果的信度和效度。调研目的是了解乌镇老年人对接受的智慧居家养老服务的真实感受,包括接受度、养老需求及其满意度。

---

① 凌丽. 智慧居家养老服务研究——以乌镇模式为例 [D]. 南昌:南昌大学硕士论文,2017:18-24.

(3) 调查结果与分析。

①老年人基本信息。

从图 4-1 至图 4-7 中可以看出，在接受调查的老人中，男性与女性的比例差不多各占一半；在年龄分布上，65~75 岁的老年人占到调查人数的一半；在文化程度上，以初中学历占比最高，其次是高中或中专、小学及以下学历，大部分老年人整体文化水平都在初中及以上。一半以上的老人可以自理，目前的生活自理能力还可以；从居住状态来看，与配偶同住、独自居住的老人占较大比例，与子女一起居住以及其他居住方式所占比例较小，其中，尤其要注重不与子女同住、独自居住的老人的养老生活。老年人的主要经济来源一半以上是来自退休金、养老金，其次是子女赡养费，这也同所调查的 60% 多老人的年收入主要在 1 万~3 万元有一定的对应关系。

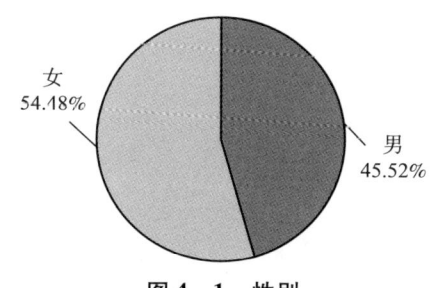

图 4-1 性别

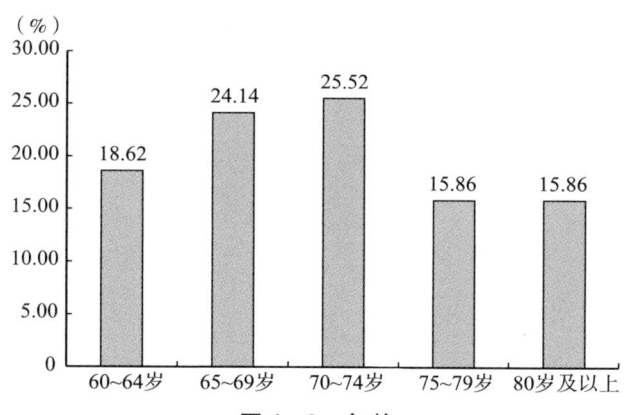

图 4-2 年龄

图 4-3 文化程度

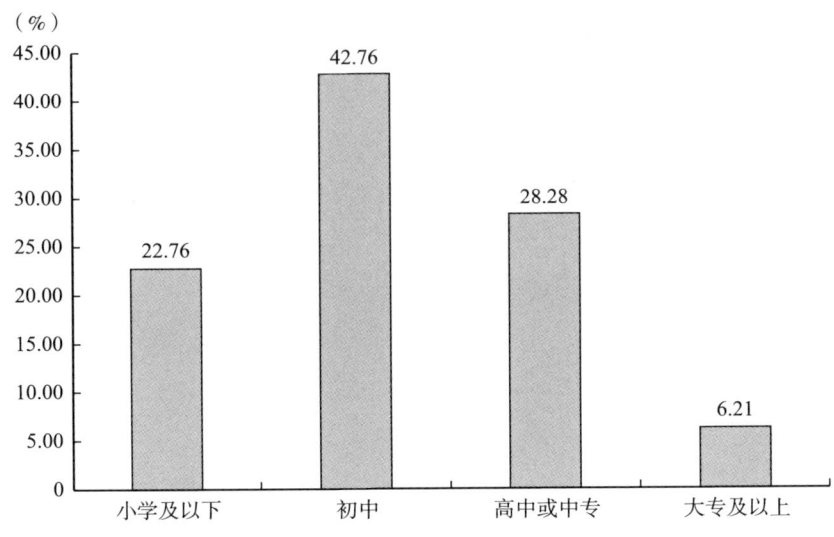

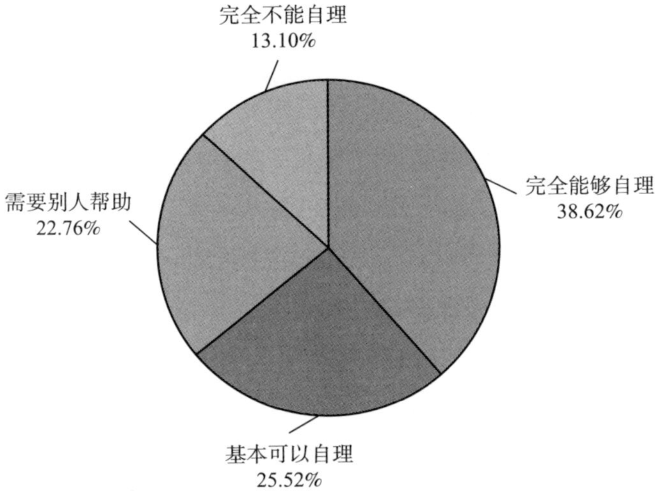

图 4-4 生活自理能力

第 4 章　我国东部地区居家养老服务发展实证分析

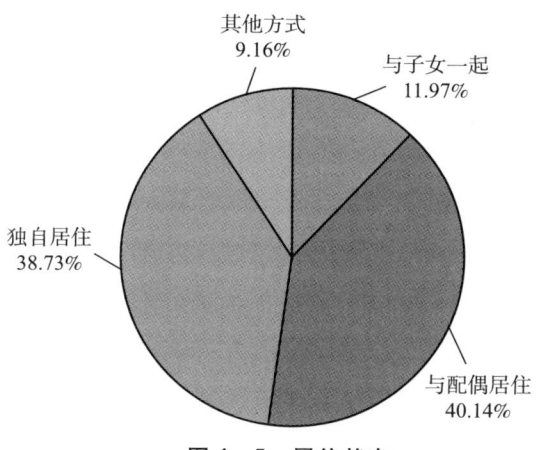

图 4-5　居住状态

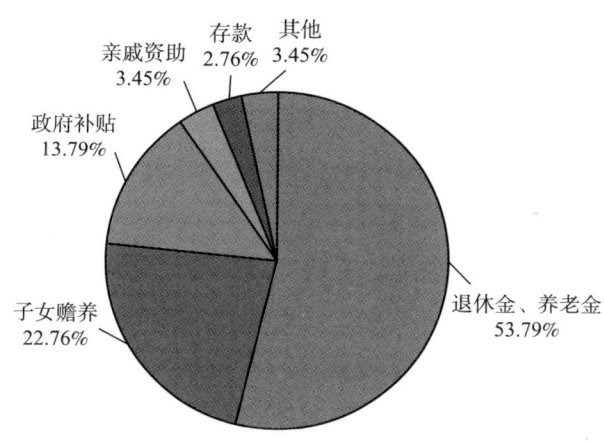

图 4-6　主要经济来源

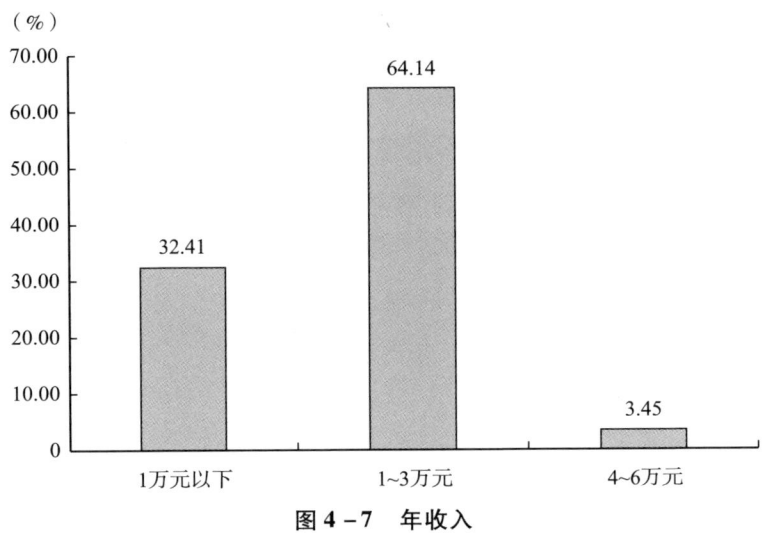

图 4-7 年收入

②老年人对智慧居家养老服务的接受度。

由图 4-8 可以看出，被调查的老人中有一半人对于智慧居家养老服务是听过、有点了解，其次是听过、不了解，听过、很了解的只占极少数，还有 17.93% 的老人并没有听过也并不了解智慧居家养老服务。据访谈发现，有些老人并不知道自己接受的服务属于智慧居家养老服务，没有清晰的了解。可见大部分老人对于智慧居家养老服务的了解与认知只停留在浅层面上，对于具体内涵并不是十分清楚，很了解的只占较小比例，也许由于宣传或其他原因，还有一部分老人并未接触到智慧居家养老服务，在一定程度上来说，智慧居家养老服务的推广还存在盲区。

第4章 我国东部地区居家养老服务发展实证分析

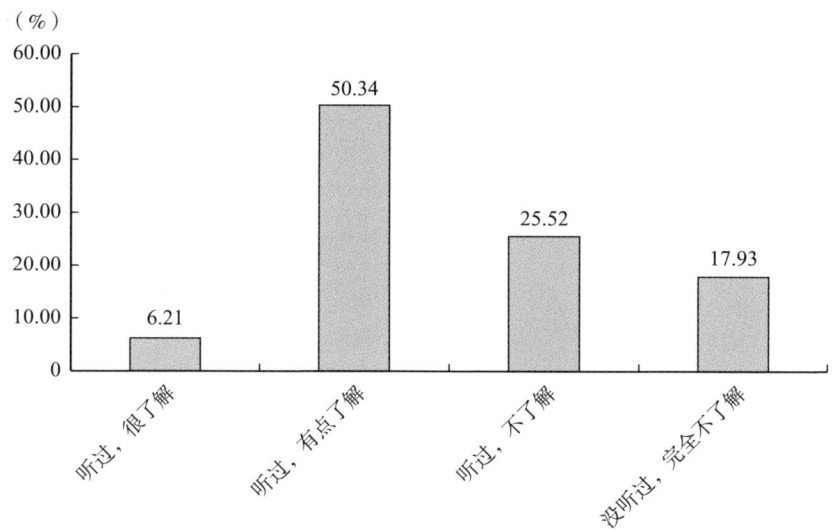

图4-8 听过或了解过"智慧居家养老服务"

目前老人会使用的智能化设备，最多的是 SOS 定位器，其次是安护宝，两者比例占到60%（见图4-9），可见老年人对自身的安全监护比较重视。使用联网电脑和智能手机的老人占到25%左右的比例，对于操作相对复杂一点的电脑和智能手机，老人还存在一定的银色数字鸿沟。在所调查老人中，排除没有使用智能化设备的老人外，目前有一半比例的老人正在使用智能化设备，31.03%的老人目前不再使用智能化设备（见图4-10），在一定程度上反映出老年人对于智慧居家养老服务的接受度较高，智能化设备对于老人生活有一定的帮助作用，老人愿意继续使用，这也可以从一个个案说明。

个案1：邵奶奶，76岁，初中文化水平，与85岁的老伴居住，其生活基本可以自理，患有"三高"。邵奶奶的6个孩子住在桐乡市，会时常来看望他们，由于老两口年纪较大，家里安装了一套安护宝。邵奶奶说："年纪大了，忘记关门是常有的事，当忘记关门时门磁会有警报，提醒我们关门，还有佩戴的腕带，有一次老伴在浴室摔倒了，自己也没有很大力气，于是赶紧按下紧急救助键，中心人员第一时间赶来救助,并在医院做了检查,还好不严重,用了安护宝感到安全有了保障,我们会继续使用。现在,我正在学习电脑,但是老记不住,总得麻烦年轻人指点,还好他们都很有耐心地教我,很开心。"

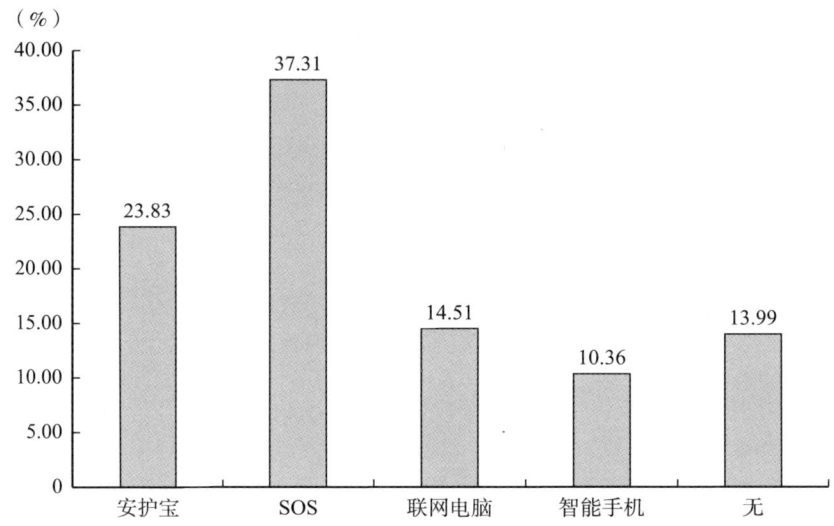

图4-9 老人会使用的智能化设备

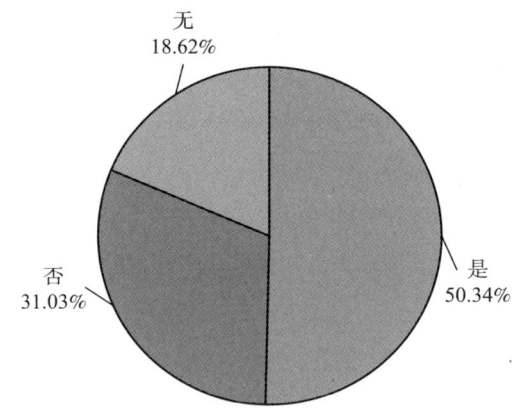

图4-10 目前继续使用的智能化设备

在调查的老年人中,提及是否使用智慧居家养老产品和服务时,首先考虑的是有用性,其次是易用性、价格、隐私信息安全等,见图4-11。这说明,老年人很看重智慧产品对自己的生活是否有用并且比较方便使用,这与老年人认知能力、反应能力、记忆力等身体各项机能下降,导致使用智慧产品存在一定的障碍有一定的关系。

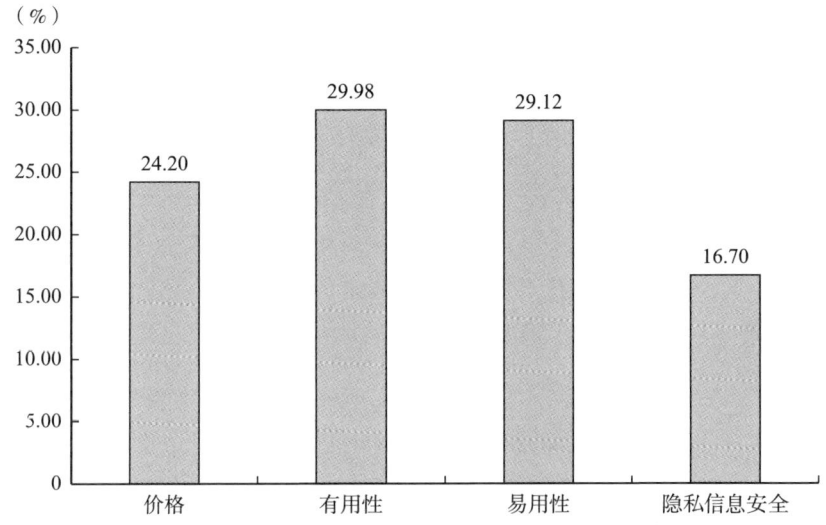

图4-11 老人使用智慧产品会考虑的因素

在问卷调查与访谈中发现,关于政府对于智慧居家养老服务进行收费的问题,64.14%的老人持不愿意的态度,仅有35.86%的老人持愿意的态度,愿意付费的老人大多经济条件较好,大部分老人对于收费的标准集中在100~500元,占75.17%,600~1000元的占24.14%,只有0.69%的老人能接受1000元以上的费用,见图4-12、图4-13。

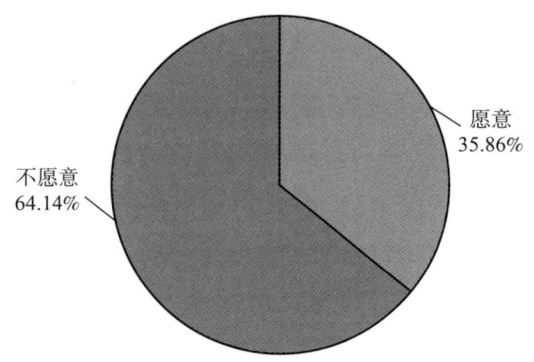

图 4-12 对收费的态度

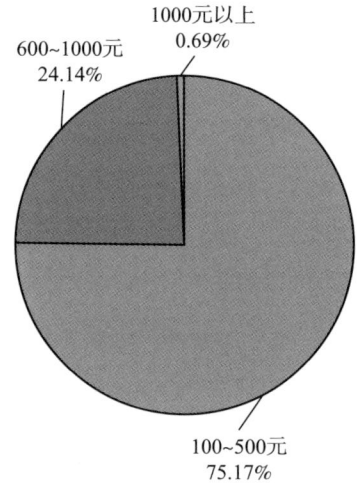

图 4-13 接受的费用

③老年人对智慧居家养老服务的养老需求。

从调查数据来看,目前老年人所接受到的智慧居家养老服务多集中在健康服务和生活照料上,都占到30%以上的比例,精神慰藉占18.44%,安全监护占17.02%(见图4-14),可以看出,老年人在满足日常生活方面的需求外,也比较注重身体健康状况。就老年人对智慧居家养老的服务内容的紧迫程度来看,首先最需要的养老服务是实时监控健康状况，占比是19.49%，其次是订餐、助浴等日常生活照料，占18.52%，再次是及时定位、SOS紧急救助，占16.37%，远程医疗会诊占15.59%，文体娱乐活动占9.55%，室内安装安全监控设备占8.38%，需要电话关怀、聊天解闷的占7.81%，需要远程视频的占4.29%，见图4-15。在调研中，据工作人员透露，老年人每个月都需要1~2次的健康检测，可见老人对健康服务的需求增加，其健康意识增强，这从个案中可以证明。

个案2：归爷爷，73岁，小学文化水平，因小时候患脊髓灰质炎导致腿脚不灵便，没有结婚，独自居住，外甥女偶尔来看望他，身体还算健康，政府免费为他安装了一套安护宝。归爷爷的生活基本可以自理，平常需要订餐服务，自己在家比较无聊，所以一般每周二、周五由工作人员接到中心，工作人员陪他聊天解闷，并做健康检测。

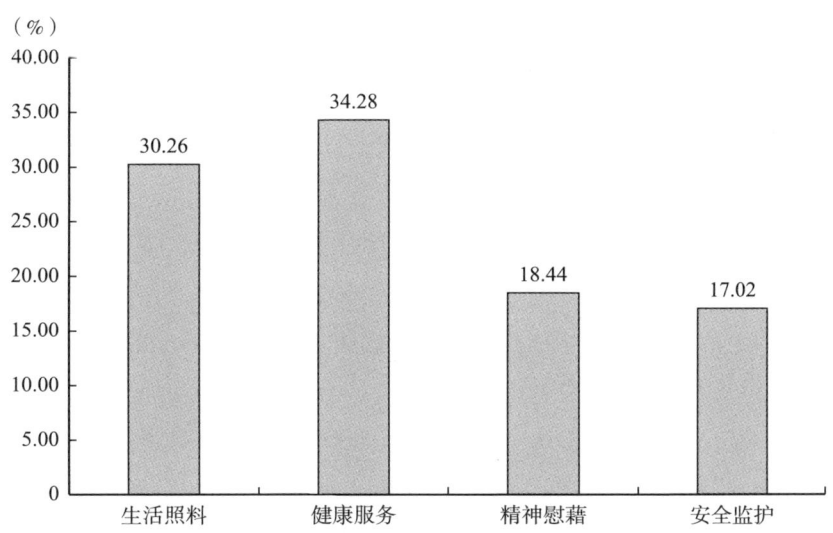

图4-14 老人接受的智慧居家养老服务项目

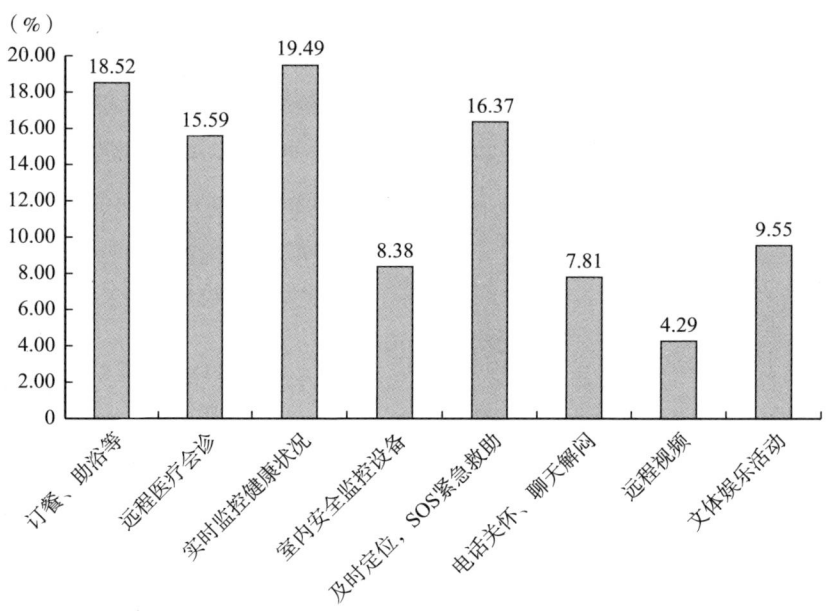

图 4-15 老人最需要的智慧居家养老服务

④老年人对智慧居家养老服务的满意度。

数据显示，54.48%的老年人认为智慧居家养老服务对自己的生活有帮助，30.34%的老年人认为比较有帮助，还有15.17%的老年人不了解，见图4-16。总体看来，80%多的老年人认为智慧居家养老服务对生活有一定的帮助。对于智慧居家养老服务给自己的生活带来哪些便利，24.95%的老人认为可以让自己和家人更好地了解自己的健康状况，22.97%的认为让自己享受到优质的服务，20.07%认为丰富了自己的养老生活，18.81%的认为其减轻了子女的负担，9.22%的认为解决了自己做起来有困难的事情，还有3.98%的不了解，见图4-17。可见，智慧居家养老服务对于老人的健康和养老生活质量的提高起到一定的积极作用。

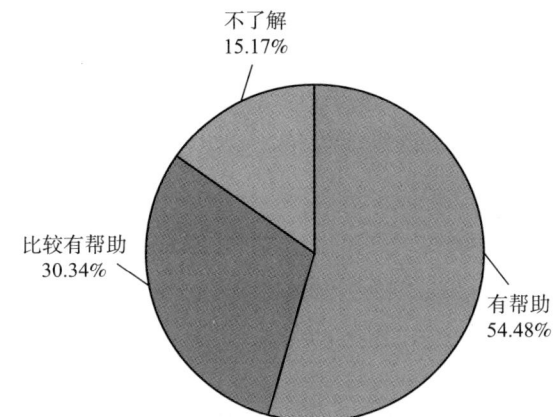

图 4-16 老人是否认为智慧居家养老服务对生活有帮助

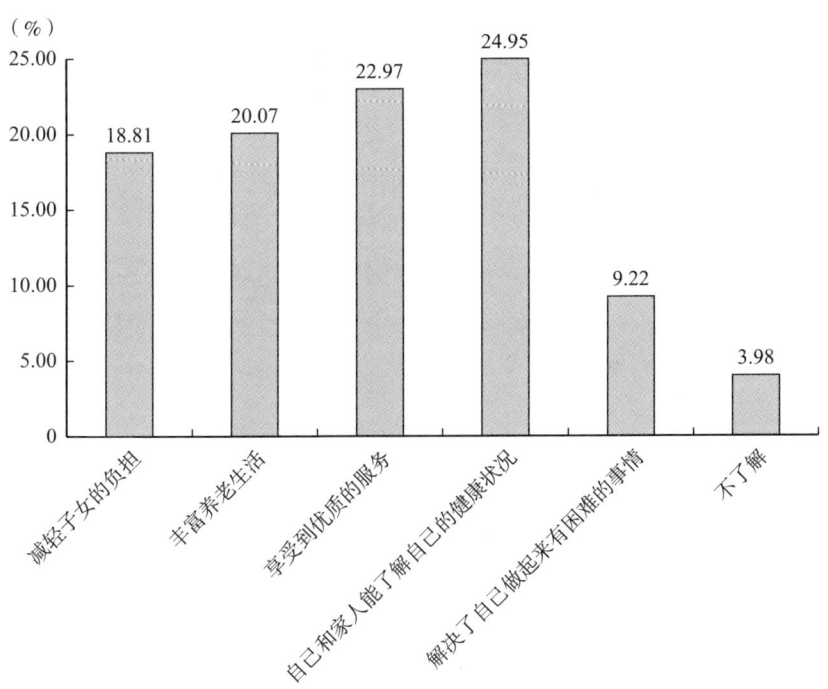

图 4-17 智慧居家养老服务对老人生活的帮助

结合问卷调查和访谈结果发现，已接受智慧居家养老服务的老年人对于该服务总体比较满意，但是有15.17%的老人并不了解智慧居家养老服务的内涵，因而无法做出满意度评价，见图4-18。对于服务不满意的原因，服务内容占36.36%，智能设备问题占27.27%，服务效率占18.18%，服务态度和服务质量各占9.09%，见图4-19。在与工作人员交谈中了解到一些具体情况，比如服务中心的电脑只有6台，老人学习电脑是按照人数进行期数安排，不可能老人每一次学习都有电脑，这就需要政府加强基础设施建设。对于智能设备问题，有些老人年纪大了，忘记给设备充电或者长时间不用忘记怎样操作，这就涉及智慧养老产品和服务想学习和培训。问卷数据显示，关于老人参加智慧居家养老服务的学习与培训情况，51.72%的老人没有参加过，参加过的只有48.28%，见图4-20，这需要鼓励老人多参加智慧养老产品和服务的学习和培训，普及智慧居家养老服务方面的相关知识。

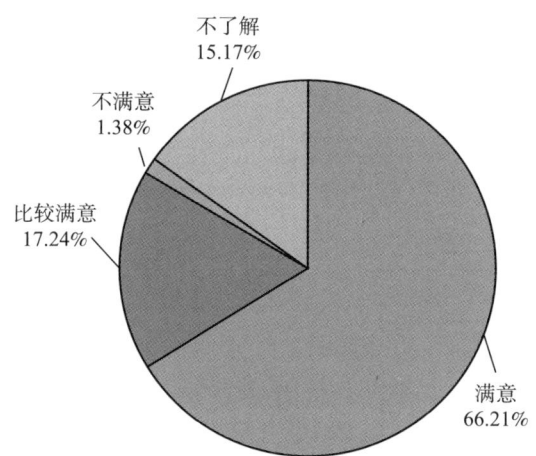

图4-18　老人对智慧居家养老服务的整体满意度

第4章 我国东部地区居家养老服务发展实证分析

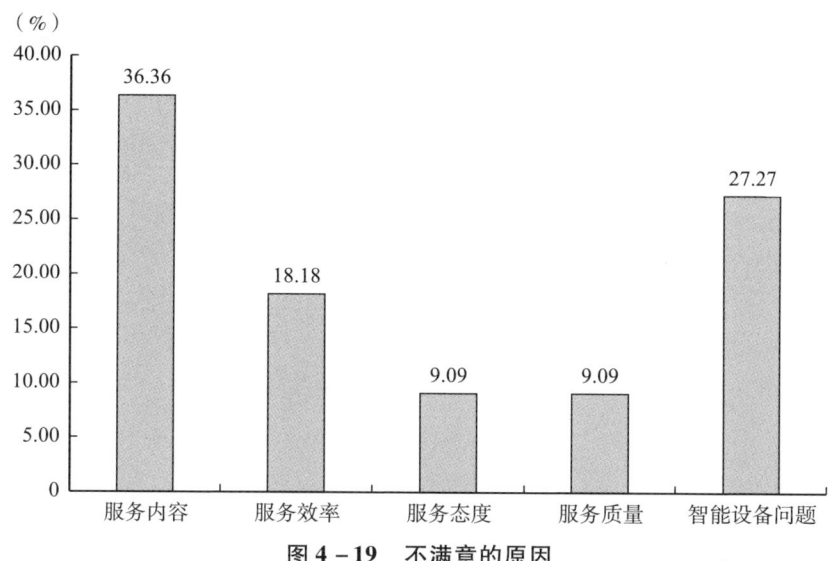

图 4-19 不满意的原因

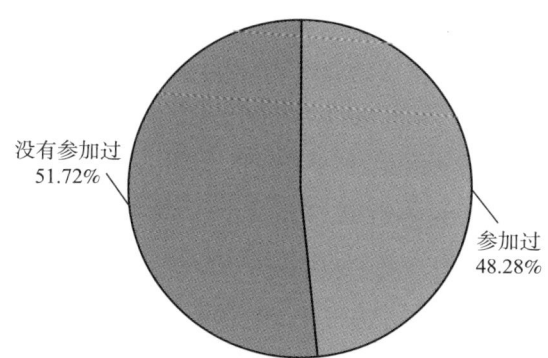

图 4-20 参加智慧产品和服务的学习与培训情况

（4）调查总结。

①在调查的老人中，占较大比例的低龄老人，文化程度集中在初中水平，大部分老人生活基本可以自理，多与配偶居住和独居，对智慧居家养老服务的满意度整体较高。

②大部分老人对于智慧居家养老服务的接受度较高，对收费持不支持的态度。一部分老人没有听过或者了解过情况，甚至不知道自己

接受的某些服务就是智慧居家养老服务的内容，认知有限，对于智慧产品存在一定的数字鸿沟问题。

③健康服务和生活照料服务是老人接受最多的服务，目前比较急需的服务项目是实时健康监测、订餐助浴等生活服务，SOS定位紧急救助服务等，老人的健康意识渐渐增强[①]。

4.3 浙江省桐乡市乌镇智慧居家养老服务存在的问题

智慧居家养老服务是一种创新型的养老服务方式，对老年人的居家养老产生重要影响。世界互联网大会助推乌镇的智慧养老，其智慧居家养老服务的模式走在嘉兴乃至全国的前列，但是在其实践发展中也碰到了一些问题。

(1)"银色数字鸿沟"问题凸显。

"银色数字鸿沟"是指老年人因为年龄的问题，对信息技术的接触和了解比较缺乏，导致在数字认知方面存在障碍。能否跨越"银色数字鸿沟"是老年人能否获得智慧居家养老服务的关键因素。主要表现在两个方面：第一，思想上，老年人能否接受智慧居家养老服务。由于传统文化、社会习俗、生活观念不同，老年人思想相对比较保守，不愿意相信甚至排斥科技设备和技术，对陌生或者不了解的事物存在戒备心理和恐惧心理，尤其是戒备心很重，老人一般不愿让陌生人或者志愿者入户服务，反而比较相信社区的居家养老服务中心的工作人员，愿意接受相应的服务。部分老人还存在"养儿防老"的思想，不太愿意接受居家养老服务。第二，行动上，老年人能否使用好"智慧"设备。随着年龄增大，老年人的认知程度、学习能力、

---

① 凌丽. 智慧居家养老服务研究——以乌镇模式为例[D]. 南昌：南昌大学硕士论文，2017：25-32.

反应能力以及记忆力都有明显的下降现象,上了年纪的老年人不愿意学习新事物,尤其是科技产品,学习比较费脑筋,使用比较复杂,经常是学完记不住,没有太多耐心和信心持续性地学习。大部分老年人不会主动购买智慧产品,有些老人使用的智能手机是子女淘汰的,其并不符合老年人的使用习惯,导致老年人远离网络,远离智慧产品。接受过良好教育,有学习热情愿意使用智慧产品和设备的老年人,可以接受智慧居家养老服务所提供的多样化、个性化、专业化、智能化的养老服务。不会使用或者自己不能使用智能化设备的老年人,不能享受科技惠老的成果,无法通过网络获取所需的养老服务。"银色数字鸿沟"的存在,使得老年人对智慧养老产品的认知和接受方面存在一定的障碍。所以,要想老人接受智慧居家养老服务首先要解决"银色数字鸿沟"问题。

(2)"智慧产品"有限。

目前,我国的智慧居家养老服务尚处于试点探索阶段,其服务的提供需要以现代科学技术作为支撑,同时,智慧居家养老服务的发展离不开养老服务产业的发展,但是养老服务产业尚处于发展阶段,对智慧居家养老服务的助力有限。首先,老年产品和服务相对较少,存在信息安全问题。虽然社会各界对养老越来越关注,有的企业将业务发展延伸至养老服务产业,但是大多数企业还处于资本观望的状态,使得老年人产品和服务相对较少,且创新不够。同时处于监控状态下的老人,面临着个人隐私、信息泄露的问题。其次,科技成果转化率较低、智能化水平有限。虽然有些企业综合多领域先进技术,创新研发老年产品,但是有些产品存在对老人来说使用较为复杂、相关产品服务跟不上等问题,难以获得老年人的青睐,使部分产品难以投入到老人的养老服务中去。智慧养老的信息化和智能化水平较低,对于信息数据的挖掘与应用还处于较低层次,难以满足养老需求。最后,科研成本较高。一般情况下,高科技产品初期成本较高,而且老年产品需要根据老年人的特性进行设计,在产品功能、外观结构上比较讲究，一般需要便携、体积小且搭载电子芯片具备相应的功能的产品，还不能形成规模效应，导致其成本较高。因此，促进老年产品的创新研发，提高实用性和智能化水平，获得老年人的喜爱是落实智慧居家养老服务的基础。

（3）养老服务供需信息共享有限。

智慧居家养老服务不仅涉及老年人，还有家政、社区、医院等各部分资源，其服务的提供需要多方信息共享、共同协作。一方面，虽然智慧居家养老服务中心通过线上与线下服务平台，为居家老年人提供多样化、个性化、多层次的养老服务，但是，养老服务大多满足了老人的低层次需求，对于高层次需求的服务覆盖范围有限，在空巢、独居、孤寡、高龄老人的医疗护理、安全监护方面还要做很多努力。另一方面，社区、医疗机构、服务企业等服务供给主体之间缺乏有效的信息共享，对老人的信息数据挖掘不够，智慧居家养老服务比较被动。为老服务的多方供给主体各自建立相应的养老服务系统，在运行过程中存在"信息孤岛"的现象，各方数据不能有效联通共享，导致养老服务的提供呈现碎片化。智慧居家养老服务信息平台对老人的远程监测数据，如健康状况、活动状况等信息，不能进行有效的整合、分析、挖掘，其智慧居家养老服务平台的功能局限于对老年人的需求做出被动响应，缺乏对远程监测数据的深度挖掘，进而分析老年人的需求主动提供各种养老服务。

（4）缺乏智慧养老复合型人才。

智慧居家养老服务的重点在于服务创新，但是服务的提供离不开专业型、复合型人才的努力。智慧居家养老服务的提供，首先，需要技术人员负责智能化设备安装、维修与维护，智慧养老服务平台的设计、完善；其次，需要具有高素质的管理人员、服务人员来维持平台的正常运转和良好的服务；最后，最需要的是既具备医疗护理、心理咨询、膳食营养等专业知识，又具有处理信息数据能力的复合型人才。但是，就目前来看，养老服务人员大多数是非专业性人员，为老年人提供的养老服务品质难以得到保证,同时,社会对养老服务人员的社会地位持有偏见,把服务人员笼统看作家政服务人员,缺乏足够的尊重,又加上服务人员薪酬待遇不高,大多数人不愿意从事这份工作,其人才队伍稳定性差,专业知识有限,提供的服务质量参差不齐,影响了老年人对智慧居家养老服务的认可和满意度。缓解人力资源不足,提升服务人员素质和专业化知识,培养复合型人才是智慧居家养老服务必不可少的一环。①

4.4 浙江省桐乡市乌镇完善智慧居家养老服务的对策建议

目前,智慧居家养老服务尚处于试点探索的发展初期,乌镇智慧居家养老服务在发展中仍然面临一些问题,为不断促进乌镇智慧居家养老服务的发展,本研究尝试提出相关的对策建议。

(1) 完善智慧居家养老服务制度,制定相关扶持政策。

智慧居家养老服务的推进和发展离不开政府的引领,立法先行,有良好的制度环境,智慧养老的运行才有法可依,有规可循。完善智慧居家养老服务制度,同时,要制定相关的扶持政策。

①完善智慧居家养老服务制度。

政府要做好智慧养老的顶层设计,完善智慧居家养老服务制度。一方面,从国家层面出台关于智慧居家养老服务的法律法规,明确家庭、社区、各相关部门在智慧居家养老服务方面的责任和义务。同时,应做好服务监督与评估、服务平台管理方面的配套机制,出台服务评估方法,建立独立专业的第三方评估体系。另一方面,制定智慧养老的行业制度,统一行业服务标准,政府应该科学制定智慧居家养

---

① 凌丽. 智慧居家养老服务研究——以乌镇模式为例 [D]. 南昌:南昌大学硕士论文,2017:26-35.

老服务规划，对服务群体、服务平台、服务内容、信息化设施建设、智慧技术标准等方面进行科学、合理的设计，推动智慧居家养老服务的健康、稳定、协调发展。

②制定相关扶持政策。

智慧养老服务产业作为朝阳产业，其发展离不开政府的鼓励和相关政策的支持。一方面，政府要加大财政支持力度，对将信息科学技术应用到养老服务产业中去的个人、企业、非营利组织，给予其在服务用地、设施、人才等方面相应的优惠政策，如财政补贴、税收减免、信贷优惠等，放宽市场准入门槛，简化行政审批手续，通过设立智慧养老产业投资基金等方式，积极鼓励和引导民间资本进入智慧养老服务产业。另一方面，政府可以向一些"龙头企业"有一定的倾斜，重点扶持，逐渐整合中小企业，形成规模效应，在一定程度上降低企业的成本。政府可以通过政企合作、政社合作等方式，购买智慧养老产品和服务，选择部分老年群体进行试点，带动相关市场发展。除此之外，政府要加大对智慧养老项目的资金支持，通过政府购买服务为居家养老困难老人的生活兜底，对符合补贴条件的空巢、独居、高龄、孤寡老人等给予一定的智慧居家养老服务补贴，并鼓励有条件的老年人通过自费形式购买所需要的较高层次的养老服务。

（2）加大对智慧居家养老服务的宣传，克服"银色数字鸿沟"。

目前，由于各种原因的存在，老年人对智慧居家养老服务的认知度较低，享受养老服务的老年人只占小部分比例，大部分老年人处于望而止步的状态，甚至是排斥的心态，存在"银色数字鸿沟"，这就需要政府加大相关宣传，改变老人对科技助老的看法，提升智慧养老的体验。

①营造智慧居家养老服务的良好氛围。

政府应该加大对智慧居家养老服务的宣传，改变子女和老年人的养老观念，使老人慢慢接受智慧居家养老服务，切身享受到科技助老的成果。可以借助电视、报纸、社区宣传栏、居家养老服务照料中心电子屏幕循环播放相关宣传视频,加上老年朋友间的口碑的直接宣传,影响老年人对智慧居家养老服务的认知、接受和使用能力。同时,积极利用新兴媒体,如微信朋友圈、微博、新闻网络等各种途径,加强对智慧居家养老服务的宣传,尤其是浓郁的互联网创新氛围里,借助每届世界互联网大会的召开,通过智慧乌镇的建设,提高智慧养老信息和实践的曝光率,营造良好的智慧养老氛围。

②提升老人智慧养老体验。

加强老年人对智慧居家养老服务的体验和培训可以从以下两个方面入手:第一,社区居委会或者居家养老服务照料中心应当借助情感上的优势,为老年人活动提供一定的场所和设施,通过组织特色活动等方式参与到智慧居家养老服务中来。政府及社区要重视信息基础设施的建设,通过在居家养老服务中心免费开设电脑网络、智能手机及其他智能设备使用的培训班,或者上门指导的方法,普及智慧养老的知识,提高老年人上网及运用信息化设备的能力。第二,还可以让老年人参加智慧养老产品的会议,给予老年人发言权,提高老年人的参与度。对于智能化设备,可以先让老年人试用,试用后再购买,增强老年人对智慧产品和服务的真实体验,并做好后续的产品维护与升级工作,化解老年人因银色数字鸿沟而对智慧居家养老服务产生的不良适应现象。

(3)注重供需动态匹配,完善养老服务内容。

智慧居家养老服务的完善是一个养老服务资源与各种养老需求不断动态匹配的过程,以老人真实需求为出发点,主动提供养老服务,整合养老资源,丰富养老服务内容,提高老人的生活品质和生活幸福感。

①注重养老服务供需的动态匹配。

养老服务的提供要遵循人本思想,以老年人的实际需求为出发点。首先,在提供智慧居家养老服务的前期,做好老年人的养老需求调研,了解不同类型的老年人目前最需要、最希望得到的服务,根据受众的数量、需求紧急程度，做好相关的服务计划，有针对性地提供相应的生活照顾、医疗护理、精神慰藉、安全监护等方面的服务。其次，将智慧养老服务平台真正投入使用，有效使用慢性病管理系统，整合养老服务资源，通过对居家老人健康数据的监测，为其主动提供养老服务，改被动服务为主动服务。

②完善养老服务内容。

目前，乌镇的养老服务多集中在生活照料、健康服务方面，要更加注重老人的精神慰藉服务，维护好安全监护工作，要更加积极回应老人多样化、个性化的养老需求，丰富具体的养老服务项目。在为大多数老人提供统一服务内容的同时注重特殊条件的老年人，有针对性地提供个性化高质量的养老服务。如针对孤寡、空巢老人，居家养老服务照料中心工作人员或者志愿者尽量到居家老人家里陪同聊天解闷。另外，居家养老服务照料中心要对养老服务工作做出相应的反馈，包括服务效果、老人的满意度以及需要改进的地方，及时对服务平台和服务工作做出调整和完善，逐渐提高养老服务的效率和质量，提升老年人的生活质量和满意度。

③有效整合养老服务资源。

构建统一的智慧居家养老服务信息平台，实现智慧养老数据共享，是推进智慧居家养老服务发展，满足老年人养老需求的重要内容。一方面，借助各种智能终端，通过智慧居家养老服务平台，对老年人的健康、安全等相关要素的信息进行收集、存储、整合、分析、挖掘，通过服务平台将人、家庭、社区、家政、医院等各机构联系起来，实现数据共享，主动为老年人提供养老服务。另一方面，继续完善远程医疗服务，充分发挥乌镇互联网医院的作用，对接更多医院、专家，为老人提供充足的医疗资源。同时，积极落实医养结合政策，加强医养结合在智慧养老中的实施和应用，规范医疗服务项目、内容、标准、价格，并纳入医保，促进医疗机构与居家养老服务中心的对接，签约家庭医生，为居家养老的老人提供医疗、护理、养老等服务。

(4) 培养智慧养老复合型人才,加强养老服务人员的队伍建设。

智慧居家养老服务的重点在于服务创新,服务创新的重点在于养老服务人员的服务品质,这将直接影响老年人对智慧居家养老服务的感受和满意度。注重复合型人才的培养,鼓励低龄老人和志愿者加入养老服务的队伍中来。

①注重人才培养。

智慧养老重在服务,养老服务又是一种有专业技术要求的工作,尤其是在强调"医养结合"的情况下,更加离不开有专业化素质和知识技能的养老服务人员。加强对养老服务人员的培养,可以从以下几点入手:首先,政府要鼓励高校开设养老相关专业,可参照"免费师范生"的培养模式,对人才进行系统的养老服务教育,逐渐完善养老服务职业教育的培训体系,为养老服务业的发展培养和输送高素质人才。平常注重学生在信息、医学、护理等方面综合知识的学习,使得学生在精于一门课程的基础上,综合学习其他课程,在提高专业化、标准化程度的同时,扩大知识面,塑造复合型人才。其次,针对下岗工人或者投身养老服务的有志之士,进行专业化培训,政府可以录制专业化、规范化、标准化的服务视频,上传到网站,服务人员可以通过学习提高自身的技能和素质。最后,鼓励养老服务人员学习信息技术、医疗护理、心理健康、膳食营养等方面的综合知识,朝向复合型人才发展,为我国的智慧养老服务做出贡献。

②完善养老服务人员的队伍建设。

养老服务是一种直接对人的个性化服务,无法实现技术对人力的替代,所以养老服务必须依靠专业的养老服务人员队伍。第一,要留住人才。政府需要引领社会正确认识养老服务人员的社会地位和职业形象,通过新闻报道等展现养老服务人员的人性化、现代化的新面貌,提升其职业形象和社会认同感,增强自身的职业自豪感。同时,通过市场化手段吸引更多年轻优秀的人才加入智慧养老服务中来,建立公平的人才考核晋升制度,对于表现优秀的人才给予物质和精神奖励，畅通人才晋升通道，逐渐提高智慧养老服务人员的薪酬福利待遇，留住极度缺乏的智慧养老的复合型人才。第二，要壮大养老服务人员的队伍。通过"时间储蓄银行"等互助的形式，鼓励低龄老人加入对高龄老人的照顾中来，充分发挥低龄老人的余热，在低龄老人成为高龄老人后，能够享受到之前"储蓄时间"的免费照顾服务。除此之外，建立志愿者服务登记制度，鼓励和引导公益慈善组织和志愿者积极开展志愿服务活动。第三，针对老年人隐私安全问题，涉老企业或组织要制定隐私条例，建立养老工作人员保密管理制度，与工作人员签订保密协议，并对其进行有关隐私的法律法规的培训，明确所承担的保密工作的权利和义务。[①]

[①] 凌丽. 智慧居家养老服务研究——以乌镇模式为例 [D]. 南昌：南昌大学硕士论文，2017：36-40.

第 5 章

我国中部地区城市居家养老服务发展实证分析
——以江西省南昌市为例

5.1 江西省城市住宅区适老改造需求意愿的调查

5.1.1 问卷基本情况

本书自行设计问卷"老年人居住需求及改造意愿调查表",包括基本情况(性别、年龄、受教育状况、经济收入4个问题)、居住环境(居住类型、居住户型、建造年代等)、适老改造的意愿(改造承受的最大经济支出和施工期,改造的阻力,对卧室、起居室、厨房、卫生间等功能空间的改造意愿)。问卷在南昌、新余、乐平三地共发放354份,收回有效问卷323份,有效回收率为91.24%。并利用Excel进行数据录入与统计,进行描述性统计分析。

5.1.2 被调查者基本情况

(1)年龄、性别、最高学历、固定收入。

在被调查的老年人中,男性比女性多,老人中一半是低龄老人,且最高学历大多数是小学及以下，整体受教育水平不高，收入在1000～2000元的人数最多。数据显示，年龄在55～64岁的老年人占39.5%，65～74岁的占16.2%，75～84岁的占38.2%，85岁及以上只占6.1%（见图5-1）。58.7%的男性，41.3%的女性（见图5-2）。最高学历为小学及以下的占43.0%，初中占38.6%，高中占12.1%，大专占4.7%，本科及以上只占1.6%（见图5-3），整体受教育水平不高。整体收入有限，1000～2000元的占56.3%，2000～3000元的占33.1%，3000～4000元的占8.3%，4000元以上的占2.3%（见图5-4）。

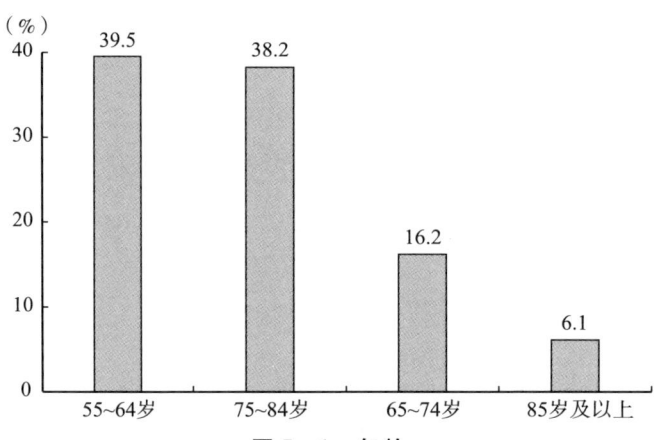

图5-1　年龄

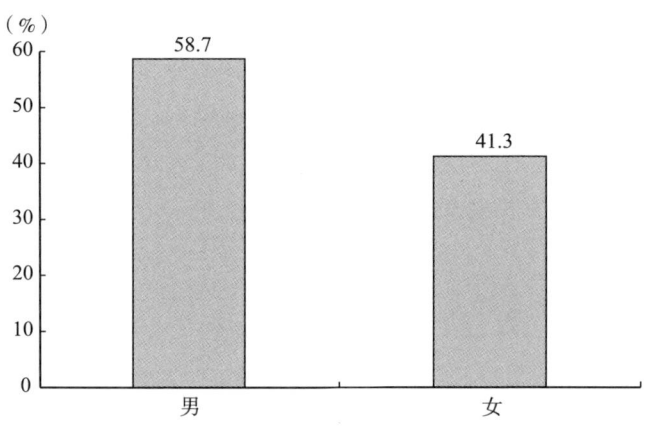

图5-2　性别

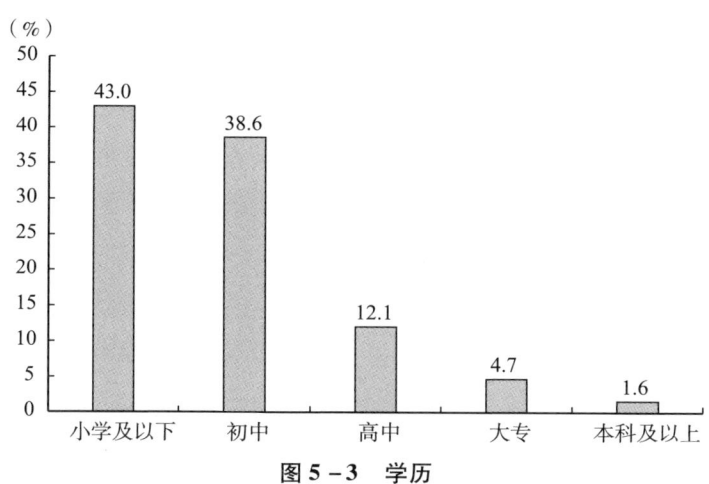

图 5-3 学历

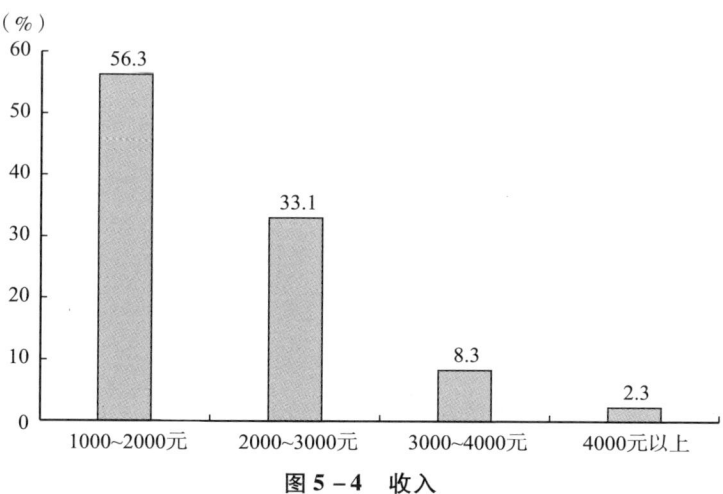

图 5-4 收入

(2) 住宅总体情况。

调查显示,大多数住宅建于 20 世纪 90 年代及以前,多为多层小户型住宅,老年人未来比较倾向于大户型住宅。由于当时的住宅多为健康的中青年所建,难免存在不适应老年人尤其是失能老人的居住需求的问题,为了不让老人望楼兴叹、望梯止步,适老改造势在必行。

①住宅建设时间。

就住宅建造时间来说，建于20世纪90年代的最多，所占百分比为27.1%，其次是2000年以后的占20.8%，20世纪80年代的占19.2%，20世纪60年代的占14.2%，20世纪70年代的占12.6%，20世纪50年代及以前的占6.1%，见图5-5。大部分住宅为老式住宅，最初的设计是为年轻人设计的，未考虑老年人居住需求，如今，入住者从起初的年轻人已变为老年人，其住宅构造已经不能满足老年人的现实需求，是时候对其进行适老化改造了。

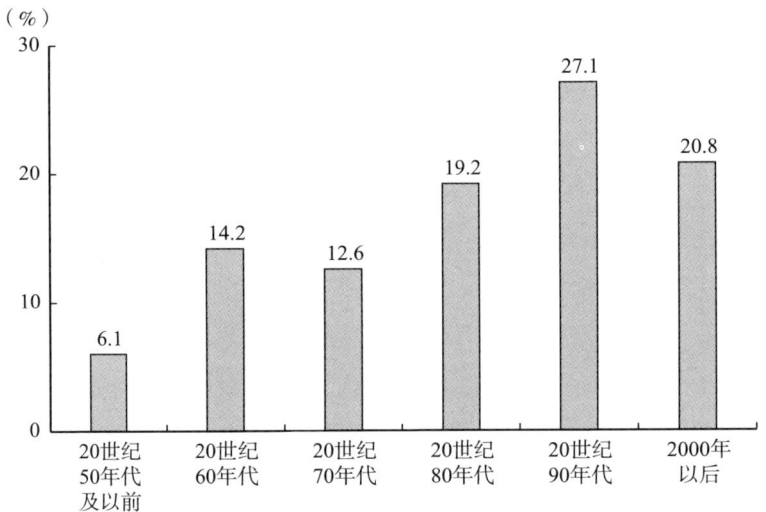

图5-5 住宅建设时间

②住宅居住类型、户型及面积。

被调查者目前的住宅居住类型，多层住宅占56.6%，其他为32.5%，大部分住宅还没规划建小区，大部分是自己建的房子，联立式住宅为9.9%，别墅仅有1.0%（见图5-6）。而对于希望居住的类型，多层住宅最受欢迎，占44.08%，其次是别墅24.73%，其他16.85%，联立式住宅14.34%（见图5-7）。居住最多的前四种户型依次是二室一厅 26.3%、一室一厅 23.8%、三室二厅 15.6%、三室一厅 11.1%（见图 5-8），未来希望入住的前四种户型为三室二厅 28.53%、四室及以上 16.99%、二室一厅 16.67%、三室一厅 15.38%（见图 5-9）。

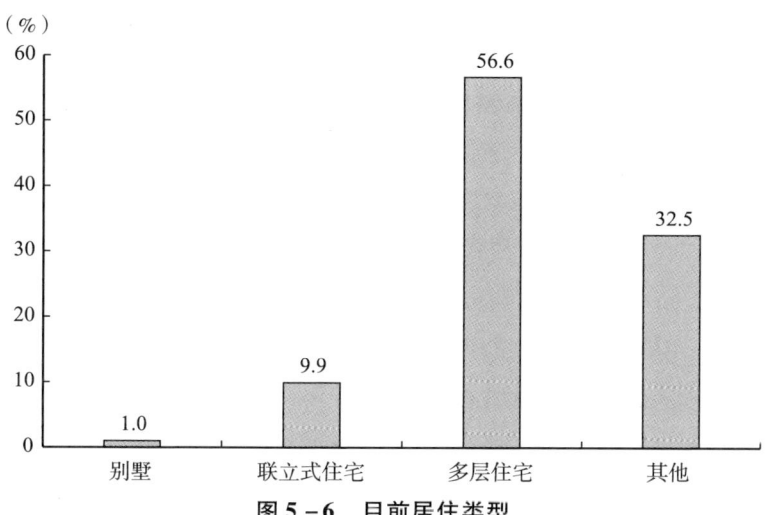

图 5-6　目前居住类型

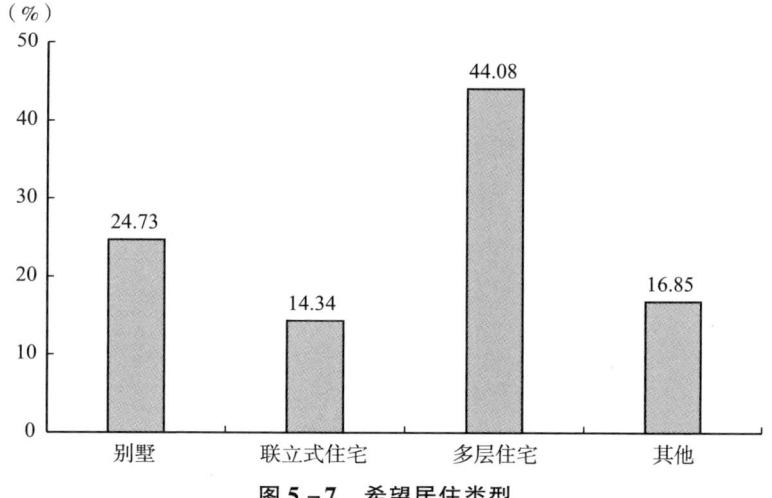

图 5-7　希望居住类型

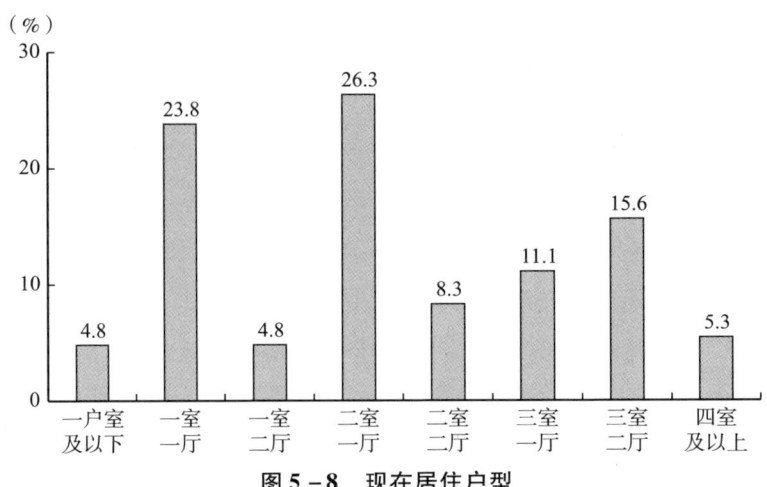

图 5-8 现在居住户型

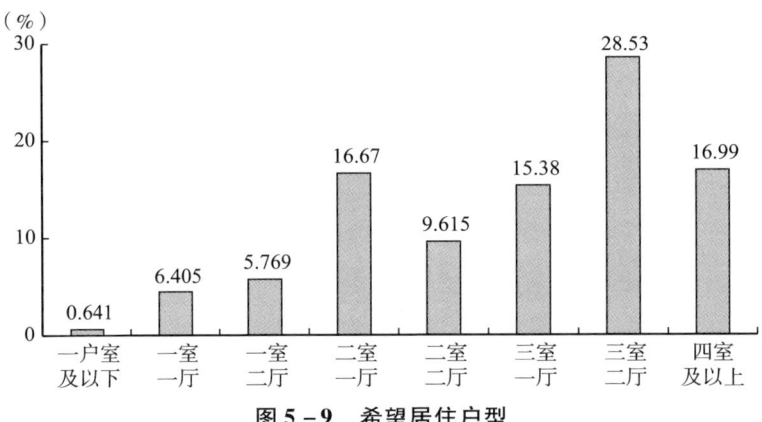

图 5-9 希望居住户型

调查显示,住宅建筑面积排名前四的依次为 71~90 平方米占 20.3%、51~70 平方米占 19.9%、25~50 平方米占 19.3%、91~110 平方米占 13.9%,25 平方米及以下和 151 平方米及以上占最小比例(见图 5-10)。而大部分老人希望的住宅面积是 91~110 平方米占 23.5%、131~150 平方米占 18.7%、111~130 平方米占 17.4%、151 平方米及以上占 14.8%,比较青睐于大平方住宅(见图 5-11)。

第5章 我国中部地区城市居家养老服务发展实证分析

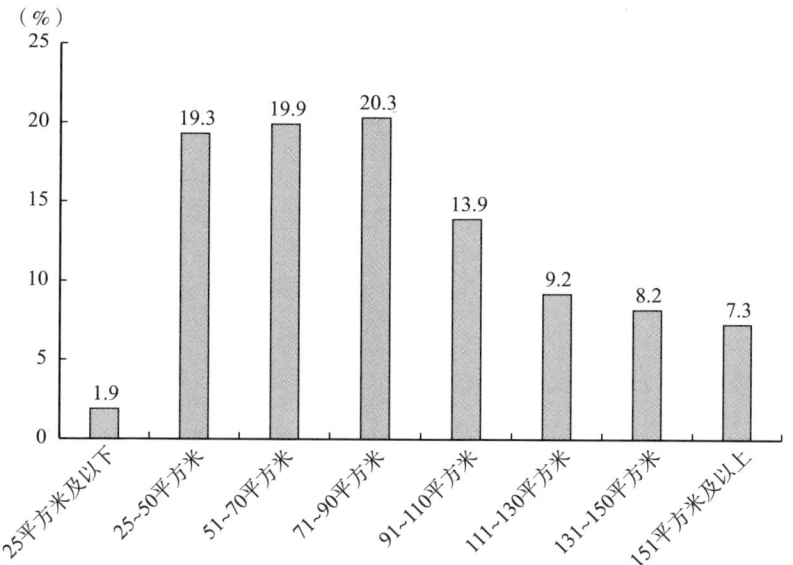

图 5-10 现在住宅面积

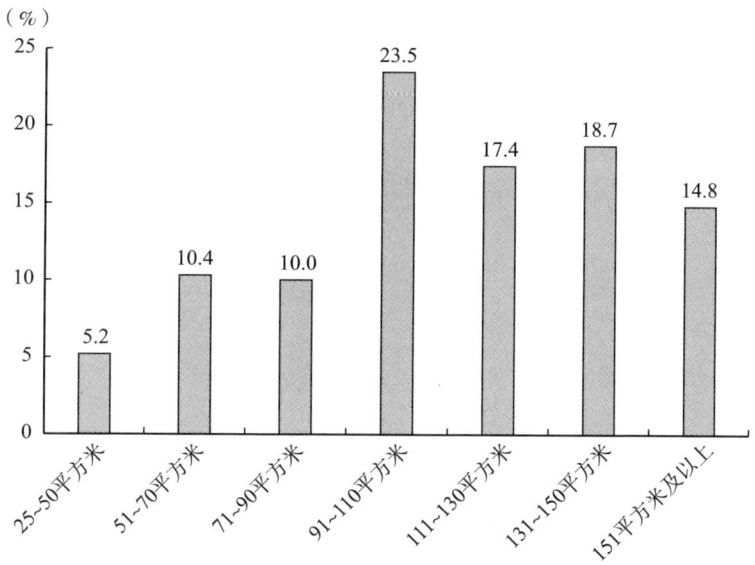

图 5-11 希望住宅面积

5.1.3 适老改造意愿分析

(1) 改造意愿。

①总体意愿。

对于住宅区的适老化改造,超过一半的老年人认为有适老改造的必要。其中,25%的老年人认为进行适老改造很有必要,38.2%认为有必要,11.5%认为没有必要,还有25.3%的老年人对于适老改造保持中立态度,自己也说不清楚是否有必要进行适老改造(见图5-12)。

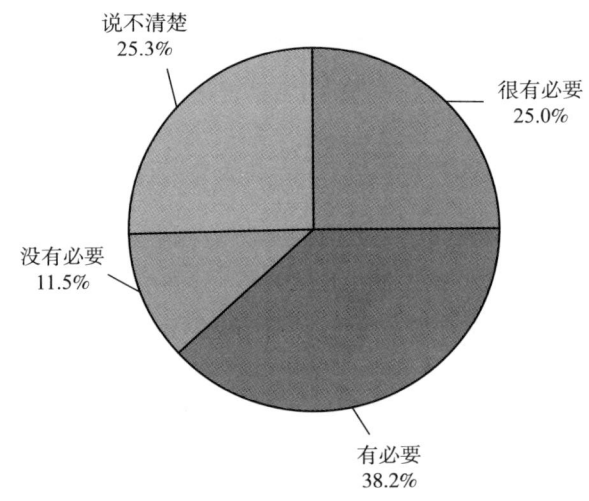

图5-12 改造的必要性

②改造的主要阻力。

适老改造是一个大工程,实施起来面临各种压力,资金问题、起居问题、各方的利益博弈等。问卷调查得到的数据显示,36.7%的老年人觉得改造的主要阻力是资金问题,其次23.2%选择的是施工期间的起居问题，17.2%觉得是施工质量的问题，选择其他阻力的有9.2%，房屋结构问题的占8.9%，至于子女不同意的比例只有4.8%（见图5-13），说到适老改造，资金是大问题，涉及各方的利益博弈，谁都不愿意多出钱。改造费用完全由政府承担是不现实的，政府除了补贴一部分，给予改造企业一些优惠政策，社区也承担一部分，但是主要由业主承担。

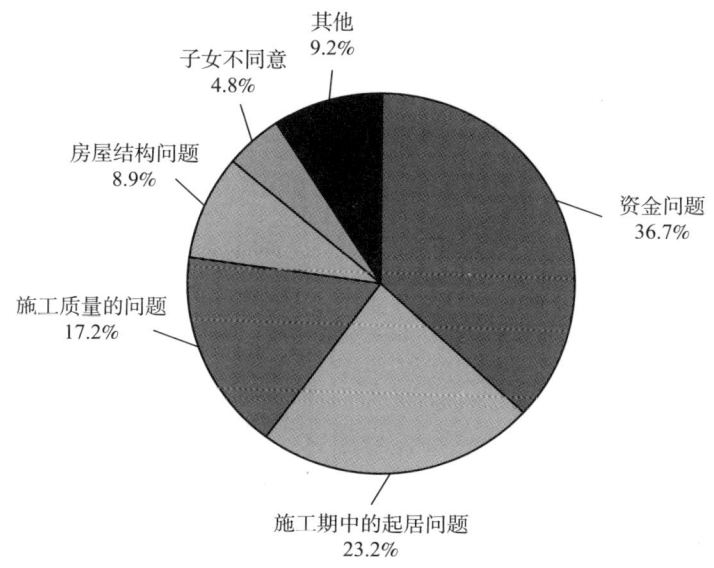

图5-13　改造的主要阻力

③是否需要可变性住宅。

老年人随着年龄的增大，自理能力也逐渐降低，各种疾病随时都可能出现，根据老年人所处的年龄段所产生的各种需求，可以为其提供可变性住宅。调查结果显示，50.2%的老年人需要可变性住宅，另外有49.8%的老年人觉得可有可无（见图5-14）。

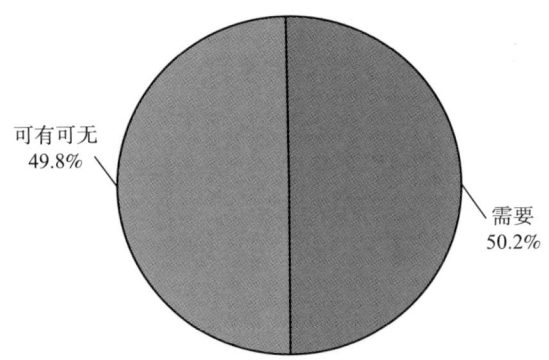

图 5-14 是否需要可变性住宅

④改造所能承受的最大经济支出。

对于老年人来说，经济来源有子女供养、退休金、自己劳动所得或者困难家庭从政府获得补助。住宅适老改造需要一定的改造费用，除了政府会有一部分补贴之外，大部分改造费用还是要自己承担。由于经济能力有限，老年人会考虑到自身经济状况来选择是否愿意改造。调查显示，23.3%的老年人能接受的最大经济支出为0.5万~1万元，能接受0.5万元以下的占23.0%，1万~1.5万元的占16.0%，1.5万~2万元的占6.0%，2万~2.5万元的占12.9%，2.5万~3万元的占11.3%，3万元及以上的占7.5%（见图5-15）。

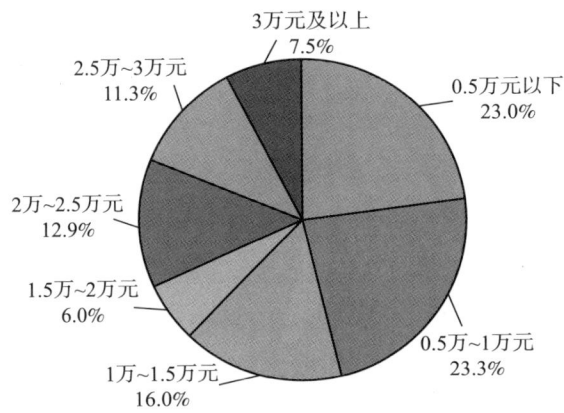

图 5-15 改造所能承受的最大经济支出

第5章 我国中部地区城市居家养老服务发展实证分析

⑤改造承受的最长施工期限。

改造费用会影响老年人的改造意愿，改造期间的住宿问题也会影响改造意愿。据调查得知，老年人能接受的最长施工期限整体较短，接受1~2个月的人数最多，占33.3%，其次是1个月以下的占25.3%，2~3个月的占17.9%，5~6个月的占13.1%，半年以上的占5.4%，4~5个月的占2.6%，3~4个月的占2.2%（见图5-16）。整体来说，实际改建所需要的时间与业主的理想时间有所差异。

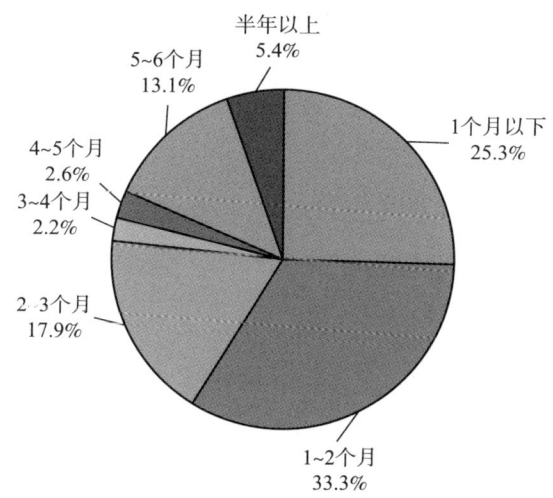

图5-16 改造所能承受的最长施工期限

⑥是否接受社区服务。

居家养老是目前最主要的养老方式。为了方便老年人的晚年生活，不仅需要对住宅进行改造，其居住的社区也需要提供配套的社区服务，使得养老的"软硬件"同时具备。就是否接受社区服务方面，62.6%的老年人可接受社区服务，20.4%抱着试试看的态度，5.3%不可接受，11.6%的选择其他，见图5-17。

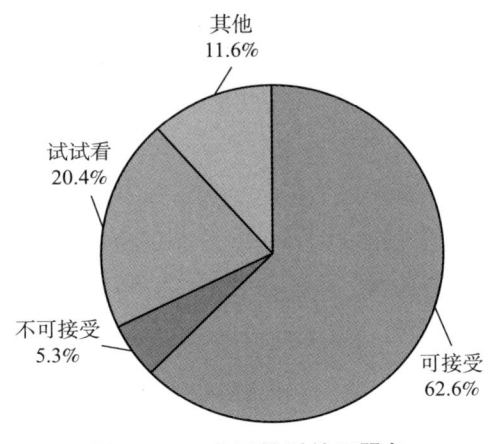

图 5-17 是否接受社区服务

总体来讲，老年人对住宅进行适老改造表现出较为强烈的意愿，但是同时面临着三大阻力，即资金问题、起居问题以及施工质量问题。总的来说，老年人改造所能承受的最大经济支出及所能承受的最长施工期限与现实情况不相适应。

（2）居住环境需求。

住宅适老改造需要遵循因人制宜、逐步进行的原则。就调研结果来看，住宅亟待改善的项目很多，按照迫切程度排序，需改善的项目依次是对卫生间改造、安装电梯、出入口增加照明、内部公共通道需要增加防寒措施、厨房间改造、楼梯间增加扶手、出入口安装坡道、卧室安装紧急呼叫系统、增加相关标识（见图 5-18）。其中，最急切的需求是以下三种。

①对室内卫生间进行改造。

在住宅最亟待改善的项目中，对卫生间进行改造的呼声最高，所占比例是 27.8%。由于老年人身体机能下降，甚至会出现不同程度的不能自理的情况，为了使老年人洗澡、洗漱、如厕更方便，需要对卫生间进行一定的改造，最希望得到改造的是改用防滑地面、安装紧

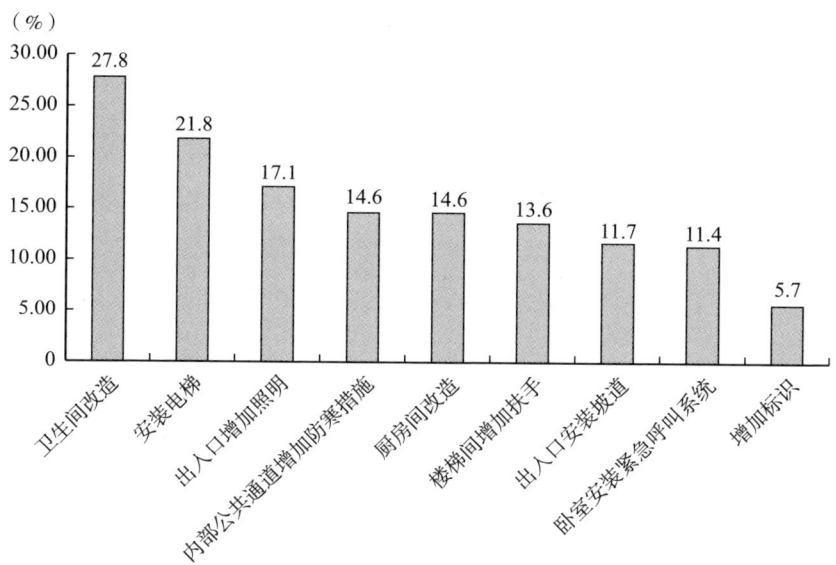

图 5-18 住宅最亟待改造的项目

急呼叫装置、洗脸台下留出空间以及卫生间门改为移动门，同时，浴室墙壁需要安装防滑扶手。

②安装电梯。

其次要改造的是给多层住宅安装电梯，占 21.8%。住在老住宅区多层楼房的老年人希望安装电梯，方便上下楼，也缓解子女要背活动不便的老年人上下楼梯的压力。

③出入口增加照明。

部分老人的视力可能会出现问题，比如老花眼。因此公共出入口的照明非常重要，避免因光线照明的问题使老年人摔跤出现意外，尤其是光线不好的时候。

以上三项是最亟待改造的项目，需求比较迫切。另外，还有很多项目跟老年人的日常生活息息相关，都需要进行适老改造。比如大部分老年人需要自己做饭，但是由于身体活动不方便，需要对厨房进行改造。比如，改用防滑地面，增加报警装置，改用感应式龙头，降低操作台上部橱柜高度,这样可以避免操作费力或者碰撞到身体。另外,内部公共通道需要增加防寒措施、楼梯间增加扶手、出入口安装坡道、卧室安装紧急呼叫系统、增加相关标识。

(3)住宅内部改造需求情况。

①卧室和起居室改造方面。

最希望消除地面高度差,这样会更方便腿脚不灵活的老人行动,其次是卧床旁增设综合报警装置、卧室改用带有灯光闪烁功能的生活信息传感装置、改用轻质平推或推拉门、降低家具高度、床头柜增设双回路电器控制面板、改换两个单人床、卧室增设夜灯、卧床上部安装吊环或滑轨(见表5-1)。

表5-1 卧室和起居室改造方面

		响应		个案百分比
		N	百分比	
卧室和起居室改造方面	消除地面高度差	107	25.5%	34.2%
	改换两个单人床	43	10.3%	13.7%
	改用轻质平推或推拉门	46	11.0%	14.7%
	降低家具高度	44	10.5%	14.1%
	卧室改用带有灯光闪烁功能的生活信息传感装置	46	11.0%	14.7%
	卧床旁增设综合报警装置	54	12.9%	17.3%
	床头柜增设双回路电器控制面板	45	10.7%	14.4%
	卧室增设夜灯	22	5.3%	7.0%
	卧床上部安装吊环或滑轨	12	2.9%	3.8%
总计		419		100.0%

②厨房改造方面。

最希望改用防滑地面,由于厨房地面会容易沾有水或油,加上老人腿脚挪动范围有限,所以最好改用防滑地面,避免老人摔倒甚至摔伤。还需要增加报警装置、改用感应式龙头、降低操作台上部橱柜高度、厨房内增加小餐桌、改用带有滑轨的抽屉、厨房操作台下留出空间(见表5-2)。

表 5-2　　　　　　　　　厨房改造方面

		响应		个案百分比
		N	百分比	
厨房改造方面	改用防滑地面	170	41.8%	53.6%
	增加报警装置	71	17.4%	22.4%
	改用感应式龙头	50	12.3%	15.8%
	改用带有滑轨的抽屉	23	5.7%	7.3%
	降低操作台上部橱柜高度	39	9.6%	12.3%
	厨房操作台下留出空间	22	5.4%	6.9%
	厨房内增加小餐桌	32	7.9%	10.1%
总计		407	100.0%	128.4%

③卫生间改造方面。

最希望改用防滑地面,其次是安装紧急呼叫装置,再者是卫生间门改为移动门、改用智能坐便器、安装助力扶手及预埋件、安装免提式电话、改用淋浴、洗脸台下留出空间。现在不仅要注重养老方式,更要学会智慧养老,进一步提高老人的晚年生活质量。尤其是当家里没有家人,老人发生意外时,智能感应装置就显得尤为重要,可以及时发现求救信息,迅速行动(见表5-3)。

表 5-3 　　　　　　　　卫生间改造方面

		响应		个案百分比
		N	百分比	
卫生间改造方面	改用防滑地面	159	36.6%	50.3%
	安装紧急呼叫装置	66	15.2%	20.9%
	改用淋浴	19	4.4%	6.0%
	改用智能坐便器	32	7.4%	10.1%
	安装助力扶手及预埋件	31	7.1%	9.8%
	安装免提式电话	32	7.4%	10.1%
	卫生间门改为移动门	35	8.1%	11.1%
	洗脸台下留出空间	10	2.3%	3.2%
	其他	50	11.5%	15.8%
	总计	434	100.0%	137.3%

④阳台改造方面。

需要改造的依次是改用防滑地面、改为升降晒衣架、将洗衣机移至阳台、其他方面（见表5-4）。

表 5-4 　　　　　　　　阳台改造方面

		响应		个案百分比
		N	百分比	
阳台改造方面	改为升降晒衣架	113	31.8%	36.5%
	改用防滑地面	125	35.2%	40.3%
	将洗衣机移至阳台	74	20.8%	23.9%
	其他	43	12.1%	13.9%
	总计	355	100.0%	114.5%

第5章 我国中部地区城市居家养老服务发展实证分析

(4) 住宅公共部分改造需求情况。

①住宅楼梯、电梯间。

需要改造的首先是在住宅楼梯、电梯间增设安全监控设施,其次是四层以上设电梯,之后是设双侧扶手、在楼梯脚踏面增设醒目标志、增设脚踏面防滑设施、增设保温设施、增设防雨设施、增加楼层标识、增设紧急呼救设施、增加平均光照亮度(见表5-5)。

表5-5 住宅楼梯及电梯间亟待改造方面

		响应		个案百分比
		N	百分比	
住宅楼梯及电梯间亟待改造方面	四层以上设电梯	61	13.2%	19.2%
	设双侧扶手	50	10.8%	15.8%
	增设脚踏面防滑设施	44	9.5%	13.9%
	在楼梯脚踏面增设醒目标志	50	10.8%	15.8%
	增加楼层标识	31	6.7%	9.8%
	增加平均光照亮度	22	4.8%	6.9%
	增设保温设施	42	9.1%	13.2%
	增设防雨设施	33	7.2%	10.4%
	增设安全监控设施	69	15.0%	21.8%
	增设紧急呼救设施	29	6.3%	9.1%
	其他	30	6.5%	9.5%
总计		461	100.0%	145.4%

②公共走道方面。

公共走道需要改造的重点依次是增设安全监控设施、增设走道防滑设施、增加光照亮度、增设防雨设施、增设紧急呼叫系统、增设醒目标志、增设两侧扶手、增设保温设施(见表5-6)。

表 5-6　　住宅公共走道改造方面

		响应		个案百分比
		N	百分比	
住宅公共走道亟待改造方面	增设走道防滑设施	103	22.0%	32.4%
	增加光照亮度	81	17.3%	25.5%
	增设保温设施	12	2.6%	3.8%
	增设防雨设施	51	10.9%	16.0%
	增设安全监控设施	112	23.9%	35.2%
	增设紧急呼叫系统	51	10.9%	16.0%
	增设两侧扶手	25	5.3%	7.9%
	增设醒目标志	34	7.2%	10.7%
总计		469	100.0%	147.5%

③公共出入口方面。

需改造的是增设休息椅，增设安全监控设施，改善防寒设施，防滑，增设紧急呼叫系统，改善公共出入，增加光照亮度，降低信箱、报箱高度，改善门牌标识，降低电子门禁高度，增加坡道和入口平台（见表 5-7）。

表 5-7　　公共出入口方面

		响应		个案百分比
		N	百分比	
公共出入口亟待解决方面	增设休息椅	120	25.0%	39.0%
	改善防寒设施	56	11.7%	18.2%
	改善公共出入	30	6.3%	9.7%
	增加光照亮度	28	5.8%	9.1%
	降低电子门禁高度	20	4.2%	6.5%
	降低信箱、报箱高度	22	4.6%	7.1%

第5章　我国中部地区城市居家养老服务发展实证分析

续表

		响应		个案百分比
		N	百分比	
公共出入口亟待解决方面	防滑	54	11.3%	17.5%
	增加坡道和入口平台	9	1.9%	2.9%
	改善门牌标识	22	4.6%	7.1%
	增设紧急呼叫系统	41	8.5%	13.3%
	增设安全监控设施	62	12.9%	20.1%
	其他	16	3.3%	5.2%
总计		480	100.0%	155.8%

（5）其他方面改造需求情况。

①电器改造方面。

对于电器，首先要改造各类插座高度，增加插座数量，其次是增加防盗警报器、改用大型翘板开关，最后是增加平均光照亮度和局部光照亮度（见表5-8）。

表5-8　　　　　　　　电器改造方面

		响应		个案百分比
		N	百分比	
电器改造方面	改造各类插座高度，增加插座数量	113	30.8%	36.6%
	改用大型翘板开关	50	13.6%	16.2%
	增加平均光照亮度和局部光照亮度	34	9.3%	11.0%
	增加防盗警报器	107	29.2%	34.6%
	其他	63	17.2%	20.4%
总计		367	100.0%	118.8%

②社区规划方面。

大多数老人选择在生活多年的小区里养老。对于养老，社会各方面都需要做出相关努力，与老人生活息息相关的社区更是如此。在社区规划服务方面，老人最希望社区做的前三项是24小时监控、意外事件干预、疾病干预，而作息管理、日程表管理、服药管理、购物管理、三餐管理这些日常事务需求相对较低（见表5-9）。

表5-9　　　　　　　　　　社区规划方面

		响应		个案百分比
		N	百分比	
社区规划方面	作息管理	49	11.7%	16.1%
	日程表管理	46	11.0%	15.1%
	服药管理	39	9.3%	12.8%
	购物管理	19	4.5%	6.3%
	三餐管理	16	3.8%	5.3%
	疾病干预	62	14.8%	20.4%
	意外事件干预	63	15.1%	20.7%
	24小时监控	75	17.9%	24.7%
	其他	49	11.7%	16.1%
总计		418	100.0%	137.5%

对于室内空间调整方面，老年人最希望增加主要卧室、起居室面积，其次是将南向阳台纳入卧室或起居室、增加厨房面积及门宽、增加卫生间面积及门宽、南向阳台改为日光间。老人，腿脚不方便活动，所以适当增加卧室、起居室活动面积更人性化，也方便坐轮椅的老人活动。在住宅公共部分，增设安全监控设施、防滑设施以及增设紧急呼叫系统的需求较高。

5.1.4　结果讨论

（1）被调查的老人多数是低龄老人，他们的健康状况和活动能力相比较高龄老人还能在外界辅助下独立生活,因此,他们是选择居家养老的主体。调查也证明低龄老人有很强烈的对住宅进行适老改造的意愿,63.2%的老人认为有必要对住宅区进行适老改造。

(2) 受访的老人大多居住在建于20世纪90年代以前的多层小户型住宅里,二室一厅和一室一厅的户型占主体,住宅面积多低于90平方米。老人们多希望有更大的户型和住宅面积。住宅最急需改造的项目依次是卫生间、安装电梯和出入口增加照明。这表明20世纪90年代以前设计建造住宅时,对住宅的适老性考虑不足,没有把无障碍设计和潜伏性设计融入住宅里,缺乏前瞻性。另外,我们要对老年人的住房福利给予更多关注,以往多着力于生活照料、医疗保健、物质供养等方面,其实老人对改善居住条件也很期待。

(3) 调查表明,住宅区适老改造最大的阻力是资金问题。现在的老人作为劳动力主力军的年代工资很低,本身并没有多少积蓄,整体经济收入水平不高。调查数据也验证了这一结论,收入在1000~2000元的老人占56.3%,62.3%的老人所能承受的最大改造支出在15000元以下。适老改造的支出资金如何筹措,支出责任如何分担是重点问题。

(4) 老年人对适老改造的需求多是出于对安全保障的考虑。消除地面高度差、采用防滑地面、安装监控设施等改造内容都是着眼于老人的安全保障,表明居家养老的老人的安全需求比较强烈。[①]

5.1.5 构建城市住宅区适老改造的路径

(1) 完善适老改造的法规政策体系。要促进住宅建设的适老意识,政府作为制度供给者,要完善适老改造的法规政策体系,提供规

---

① 王剑锋. 居家养老模式下的城市住宅区适老改造研究——以江西省为例 [D]. 南昌:南昌大学硕士论文,2016:31-44.

则，制定标准。要出台适用于普通住宅、公共空间的适老设计规范和法规，关注老人的养老需求，提高公共服务设施的适老性，这些都需要政府的制度设计。

（2）推进城镇社区适老改造的市场化和产业化。养老产业在我国的发展还处于初期，适老改造还是一个新鲜事物。通过市场来提供公共服务是现代政府的通常做法，适老改造完全可以市场化方式运作。政府要积极促进这个崭新产业的发展，随着我国老龄化的不断加深，适老改造的市场前景广阔。不但有利于经济发展，也方便老年人居家养老。

（3）加大财政扶持力度，并开辟多种融资渠道。从调查结果来看，62.3%的老年人能够承担的改造费用在1.5万元以下，经济能力有限。养老服务业本应是政府提供的公共服务的一部分，公共财政应该为适老改造提供支持，特别是在适老改造市场还不成熟的时期。当然公共财政也不可能负担全部改造费用，还要积极开辟其他资金来源，比如加大福彩公益金的投入，建立老年基金会资金，还可以鼓励民间投资与捐赠，并对相关企业给予一定的优惠政策。

（4）完善居住区配套老年服务项目。适老改造只是改善了老年人居住的物理环境，要真正发挥适老改造对居家养老的促进作用，还要做好软件工程——完善居住区配套老年服务项目。老年人由于身体机能的退化，在许多方面都需要照顾，完善的社区服务必不可少，这样才能让老人放心地居家养老，而无后顾之忧。

（5）政府积极与民间社会组织合作。民间社会组织在公共事务中发挥着越来越重要的作用。政府向民间社会组织购买服务是公共服务提供方式的创新，有利于转变政府职能，政府要与民间组织展开多种形式的合作，借此增强公众的参与意识，激发社会活力，整合更多的资源来增加公共服务供给，同时也能提高公共服务的供给水平和效率。但前提是要有数量众多、运行规范、组织健全、积极活跃的民间社会组织。政府要为民间社会组织的发展壮大提供良好的制度环境，加强监管的同时减少不必要的限制,大力弘扬志愿者精神。

(6) 老年人宜居应纳入城镇规划。我国的老龄化速度大大超过了人们的预期,使得整个社会对白发浪潮缺乏足够的准备,表现之一就是城市规划中没有考虑到老年人宜居因素。从公共空间到新建住宅区都是为年轻人设计建造的,忽视了老年人的养老需求。后期的适老改造是无奈之举,如果在设计规划时就吸纳老年人宜居问题,就会节省后期的改造费用和避免资源浪费。比如可以把普通住宅和老年人社区规划成相邻,让老人更好融入社会生活而不孤独。①

5.2 江西省南昌市城市社区居家养老服务满意度及影响因素

居家养老服务是指政府和社会力量依托社区,为居家老人提供生活照料、家政管理、康复护理、精神慰藉、信息咨询、法律援助、文体娱乐、老年教育等方面服务的一种养老形式。随着我国人口"老龄化""高龄化"的日渐加深,居家养老的老年人数量正在日益增多。

我国的居家养老服务一直处于探索之中,南昌市作为我国中部省会城市,自2000年试点以来,逐渐拓展试点范围,不断增加新的养老服务项目,提升服务质量,提高服务人员素质,逐步完善居家养老服务体系制度建设。南昌市居家养老服务发展取得了较好的发展。本书选取南昌市作为居家养老服务的调查点,了解南昌市老年人居家养老服务的满意度,进而探讨满意度的主、客观影响因素,具有一定的现实意义和参考价值。

---

① 王剑锋. 居家养老模式下的城市住宅区适老改造研究——以江西省为例 [D]. 南昌: 南昌大学硕士论文, 2016: 47-48.

5.2.1 文献回顾

长期以来，国内外对养老满意度问题进行了丰富的调查及研究，主要研究方向是从老年人的健康状况、经济收入、住房、家庭和社会关系、医疗与日常活动等视角出发，构建评价指标体系并对养老满意度进行分级测评。在已有文献中，其影响因素主要包括经济状况、健康指标、受教育水平、代际关系、邻里交往、日常生活方便程度、婚姻状况、心理状况等，且大多数分析均采用个人特征变量作为生活满意度的影响因素。曾有学者对居家养老服务的内涵进行了分析，认为居家养老服务应包括生活照料、志愿者服务、信息咨询、家政服务等几个维度，并借助抽样调查的数据，分析结果认为目前的居家养老服务有较大的提升空间。还有学者研究表明，良好的身体与精神状况、经济地位、家庭支持、积极的社会生活等是老年人生活满意度的主要影响因子。目前国内关于居家养老服务的研究多为定性研究，集中在居家养老服务概念的界定、发展背景、体系和制度建设、存在的问题和对策建议等方面，这些研究多数是从家庭养老、机构养老面临的困境出发，阐述居家养老的可行性和优越性。而关于居家养老服务的定量研究不多。居家养老服务是一项实践性很强的工作，居家养老服务效果的定量研究对于提升居家养老服务的质量有着重要意义。而老年人对居家养老服务的满意度是衡量居家养老服务质量最为重要的指标。因此，有必要从老年人的需求与满意度的角度出发，对居家养老服务做进一步的分析与研究，以提高新型居家养老服务的效能。

由于我国的居家养老服务尚处于起步阶段，体制建立还处于探索期，相关实证研究成果比较少，本文在借鉴众多学者研究成果的基础上，以南昌市为样本点，以实地调研为切入点，通过分层抽样调查，利用 SPSS15.0 软件，通过因子分析方法，研究南昌市居家养老服务满意度的主、客观影响因素，拟为居家养老服务结构模型提供有效的构思证据,并据此提出改善和提高居家养老服务质量的管理和政策建议。

5.2.2 调查方法与样本特征

(1) 调查方法。

本课题利用自行设计的"南昌市老年人居家养老服务满意度"调查问卷,对南昌市开展居家养老服务具有代表性的 8 个社区的 60 岁以上老年人进行随机抽样调查。为了使调研结果更具有说服力,样本点分布于南昌市 4 个区,保证了抽中单位总体的均匀分布和代表性。

问卷主要内容包括性别、年龄、婚姻状况、子女个数、文化程度、退休前职业、经济收入、居住方式、健康状况、兴趣爱好、养老观念等。本次调查共发放问卷 500 份,回收问卷 460 份,回收率为 92%,其中有效问卷 431 份,有效率为 93.7%。

(2) 样本特征。

本研究样本基本特征如下:男性占 46.9%,女性占 53.1%;年龄状况,60 岁以下、60~70 岁、70~80 岁分别占 29.2%、32.2%、21.3%;文化状况,小学及以下、初中、高中、大专、本科及以上分别为 35.9%、25%、15.3%、10.2%、13.7%;婚姻状况,已婚且配偶健在、未婚、丧偶、离婚、分居分别为 64.9%、6.3%、23.1%、5.1%、0.7%;居住状况,与子女生活、与配偶生活、与亲戚朋友同住、独自生活、有保姆分别为 40.5%、43.3%、4.2%、10.6%、1.4%;家庭常住人口 1 人、2 人、3 人、4 人及以上为 16.7%、42.1%、22.2%、19%;房屋产权归属状况,自己、子女、租赁、借住、其他为 73.2%、14.4%、8.1%、1.6%、2.8%;生活自理能力状况,正常、轻度依赖、中度依赖、重度依赖为 69%、23.4%、6.0%、1.6%;老人家庭支持情况,亲属提供足够的物质和感情支持、亲属提供较少的物质和感情支持、亲属只提供感情上的支持、很少看望且没有物质和感情支持为53.5%、23.6%、13.9%；儿女看望频次状况（老人与儿女不住同一社区），一两天、一周、半月、一月、两个月以上分别为17.9%、29.5%、18.2%、15.7%、18.7%；老人参与社区活动的情况，经常参加社区活动、较少到社区走动或参加活动、偶尔到社区走动或参加活动、从不参加社区活动为21.1%、30.6%、11.6%、36.8%；经济状况，无固定收入、500元以下、501~1000元、1001~1500元、1501~2000元、2001~2500元、2501~3000元、3001~4000元、4001元~5000元、5001元以上为17.8%、3.7%、13.7%、13.9%、13.4%、13.7%、8.8%、3.9%、7.2%、3.9%。

5.2.3 数据分析方法

本研究采用SPSS 15.0软件，对所获得的老年人对居家养老服务满意度的数据进行描述性统计分析和主成分分析，探讨影响南昌市老年人对居家养老服务项目满意度的主、客观因素。

（1）变量赋值。

本研究将南昌市老年人对居家养老服务的满意度分为5个等级，按"非常不满意、不满意、一般、满意、非常满意"的顺序分别赋值1~5分，得分越低代表老年人对该居家养老服务项目的满意度越高。各自变量的赋值如下：性别、文化程度、婚姻状况、居住方式、房屋产权5个变量采取虚拟变量形式，其参照变量分别为"男性""小学及以下""已婚且配偶健在""与子女生活""自己"。为了分析方便，我们将儿女看望频度、家庭常住人口、生活自理能力、家庭支持情况、参与社区活动的情况、经济收入6个变量设为定距变量，分别按程度由低至高赋值1~10分。

儿女看望频度，按照"一两天""一周""两周""一月""两月"

"一季度""G 半年""H 一年及以上",由低到高分别赋值 1~8 分。

家庭常住人口,按照"1 人""2 人""3 人""4 人及以上",由低到高分别赋值 1~4 分。

生活自理能力,按照"正常""轻度依赖""中度依赖""重度依赖",由低到高分别赋值 1~4 分。

家庭支持情况,按照"亲属提供足够的物质和感情支持""亲属提供较少的物质和感情支持""亲属只提供感情上的支持""很少看望,没有物质和感情支持",由低到高分别赋值 1~4 分。

参与社区活动,按照"经常参加社区活动""较少到社区走动或参加活动""偶尔到社区走动或参加活动""从不参加社区活动",由低到高分别赋值 1~4 分。

经济收入,按照个人月收入"无固定收入""500 元以下""501~1000 元""1001~1500 元""1501~2000 元""2001~2500 元""2501~3000 元""3001~4000 元""4001 元~5000 元""5001 元以上",由低到高分别赋值 1~10 分。

(2)满意度的描述性总体评价。

在被调查的 431 位老人中,7.9% 的人对目前居家养老服务感到"非常满意","满意"的为 30.6%,两项之和超过总样本的 38.5%,有 42% 的老年人评价"一般",还有 12.6% 和 6.9% 的老年人对目前的居家养老服务感到"不满意"和"非常不满意"。总体来说,超过 1/3 的老年人对当前居家养老服务的整体评价是满意的,超过 2/5 的老年人当前居家养老服务的整体评价一般。在服务项目综合评价打分时,其满意度平均得分为 3.20。该项目得分越高,表示满意度越高,所以 3.20 分可视为总体满意度超过"一般",但与"满意"标准还有一定差距。这说明南昌市已经初步完成了居家养老服务体系建设,老年人的养老需求在一定程度上得到了满足,家庭、社区、社会等为老年人的物质享受和精神文化需求提供了较好的条件,但与达到满意的要求还有一定的距离(如表 5-10 所示)。

表 5-10　　居家养老服务满意度　　单位：%

项目	非常不满意	不满意	一般	满意	非常满意	合计
A1 提供的饭菜卫生情况良好	9.1	16.0	45.0	23.6	6.3	100
A2 提供饭菜的味道，质量符合您的要求	9.0	16.3	44.9	23.1	6.7	100
A3 助餐服务员态度和蔼，有耐心	8.3	12.3	43.7	30.6	5.1	100
A4 助餐能够保证每天准时供应，您总是能及时吃到饭菜	10.0	13.4	37.7	32.9	6.0	100
A5 助餐的价格是根据老年人情况而进行定价的	8.3	19.0	34.9	32.2	5.6	100
A6 您对助餐的总体感觉	8.3	12.0	42.2	32.4	5.1	100
A7 您对服务员为您提供的生活护理服务感到放心，并信任服务员	7.9	12.5	42.8	29.4	7.4	100
A8 当您有护理需求时，能及时获得护理服务	6.3	14.6	43.0	28.5	7.6	100
A9 服务员是经过培训的，提供的护理服务具有专业性	6.3	14.8	38.6	32.2	8.1	100
A10 服务人员态度和蔼，耐心，在提供服务时能够考虑到您的感受	6.7	15.3	38.4	31.7	7.9	100
A11 您对生活护理的总体感觉	6.0	11.1	45.0	29.6	8.3	100
A12 您对服务员提供的清洁服务放心，对服务员感到信任	8.1	12.5	44.0	30.1	5.3	100
A13 服务员提供的服务质量好	8.8	10.9	41.4	31.5	7.4	100
A14 服务人员无论多忙，态度一直和蔼并且有耐心	8.6	18.8	40.0	25.2	7.4	100
A15 服务员提供清洁工作有效率，工作勤快	7.6	17.4	41.4	26.2	7.4	100
A16 服务内容是根据您的实际情况制定的	9.3	15.6	37.4	29.4	8.3	100
A17 您对助洁的总体感觉	8.3	18.8	36.8	28.9	7.2	100

第5章　我国中部地区城市居家养老服务发展实证分析

续表

项目	非常不满意	不满意	一般	满意	非常满意	合计
A18 你对服务员提供的助浴服务感到安心，并信任服务员	11.8	17.6	40.1	24.5	6.0	100
A19 在您想洗澡时，能及时得到助浴的服务	11.8	15.3	39.8	26.6	6.5	100
A20 服务员能帮您洗得干净，让您感到舒适	11.6	16.0	41.4	22.9	8.1	100
A21 服务人员对您关心体贴，洗澡时能够考虑到您的感受	12.2	14.8	42.0	23.4	7.6	100
A22 助浴服务是根据您的实际情况进行提供的	13.2	13.7	41.8	25.0	6.3	100
A23 您对助浴的总体感觉	13.7	14.4	39.2	24.8	1.9	100
A24 您能够安心地让服务员带您出门，对服务员感到信任	4.4	9.5	52.5	26.9	6.7	100
A25 助行服务的时间合理，在您有需要时能够及时得到帮助	5.6	12.3	44.6	31.5	6.0	100
A26 服务人员有专业水准，能够及时帮助您解决问题	5.3	8.8	49.8	30.1	6.0	100
A27 服务员在提供服务中对您关心体贴，能够照顾到您的情绪	5.6	10.9	44.2	31.2	8.1	100
A28 助行的内容是根据您的情况制定的	4.6	11.8	49.8	26.6	7.2	100
A29 您对助行的总体感觉是	7.2	7.2	44.6	33.1	7.9	100
A30 您能方便地申请并获得助急服务	3.5	10.4	51.4	28.7	6.0	100
A31 你对服务员为你代理代办感到安心，并信任服务员	6.5	10.2	46.9	27.1	9.3	100
A32 服务人员比较能干，能够及时帮助您解决问题	5.1	13.9	40.5	31.0	9.5	100

续表

项目	非常不满意	不满意	一般	满意	非常满意	合计
A33 服务人员态度和蔼并且很有耐心	5.8	11.8	46.1	27.3	9.0	100
A34 服务社对于您的助急需求是进行过相应询问或了解的	6.0	11.8	40.7	34.3	7.2	100
A35 您对助急总体的感觉	5.8	9.5	44.0	30.1	10.6	100
A36 您信任服务员，能安心地接受康乐服务	3.5	11.1	49.1	25.9	7.4	100
A37 当您需要康乐服务时，服务员能及时为您提供服务	3.7	10.6	46.3	30.8	8.6	100
A38 服务员都是经过培训的，所提供的康乐服务起到一定的积极效果	6.3	9.0	41.8	31.9	10.0	100
A39 服务员在为您提供服务时，态度和蔼并且有耐心，能够考虑到您的感受	4.2	9.5	47.6	31.5	7.2	100
A40 康乐服务是根据您实际情况安排的，能够满足您的需求	3.5	10.2	46.3	31.0	9.0	100
A41 您对康乐服务的总体感觉	2.8	7.4	49.1	31.9	8.8	100
A42 社区卫生服务中心离您家很近，您能方便到达	2.5	10.2	51.0	28.7	7.6	100
A43 助医服务的时间安排合理，在您需要时能及时享受到服务	3.5	9.3	45.1	33.8	8.3	100
A44 助医服务人员具有专业水准，能够及时帮助您解决问题	3.2	5.1	46.6	37.0	8.1	100
A45 提供助医的服务人员态度和蔼，耐心	1.4	6.7	48.3	33.6	10.0	100
A46 助医是根据老年人的实际情况进行定价的	1.6	6.9	48.6	33.6	9.3	100
A47 您对助医的总体感觉	2.3	6.7	46.8	33.8	10.4	100

（3）基于主成分法的因子分析。

为了更好地探讨南昌市老年人对居家养老服务满意度的影响因素，在本研究中，项目组成员通过47个项目来测度南昌市老年人对居家养老服务的满意现状。主要包括助餐服务方面服务的态度，饭菜的卫生、质量、味道、价格等；生活护理服务方面，护理及时、专业护理、态度和蔼耐心等；助洁服务方面，服务质量、态度、效率、信任度等；助浴服务方面，服务态度、舒适、及时、体贴等；助行服务方面，服务的时间合理、信任度、专业性、体贴、质量等；助急服务方面，服务态度和蔼耐心、信任度、专业性、及时、质量等；康乐服务方面，及时、专业性、效果、信任度、质量等；助医服务方面，方便、及时、专业性、态度、价格等。并运用主成分分析法对以上47个变量进行因子分析。

经过最大方差法旋转，将47个变量抽取为5个因子，根据因子负载，分别将这些因子命名为助浴助洁助行服务、助医康乐服务、助餐服务、护理服务、助急服务。5个新因子特征值分别为12.840、11.296、5.502、4.250、1.661，总解释量为75.634%。其中，因子信度均大于0.9（如表5-11所示）。

表5-11　　　　　　　居家养老服务项目的因子分析

分类标准	Component					共量
	F1 助浴助洁助行服务	F2 助医康乐服务	F3 助餐服务	F4 护理服务	F5 助急服务	
A24 您能够安心地让服务员带您出门，对服务员信任	0.848	0.250	0.069	0.180	-0.101	0.830
A26 服务人员有专业水准，能够及时帮助您解决问题	0.844	0.212	0.072	0.230	-0.159	0.841
A25 助行服务的时间合理，在您有需要时能够及时得到帮助	0.840	0.256	0.044	0.191	-0.184	0.844

续表

分类标准	Component					共量
	F1 助浴助洁助行服务	F2 助医康乐服务	F3 助餐服务	F4 护理服务	F5 助急服务	
A28 助行的内容是根据您的情况进行制定的	0.837	0.243	0.028	0.187	-0.157	0.819
A29 您对助行的总体感觉是	0.826	0.222	0.004	0.187	-0.154	0.790
C15 服务员提供清洁工作有效率，工作勤快	0.825	0.168	0.190	0.128	0.178	0.793
A27 服务员在提供服务中对您关心体贴，能够照顾到您的情绪	0.812	0.224	0.019	0.228	-0.149	0.785
A21 服务人员对您关心体贴，洗澡时能够考虑到您的心情	0.804	0.175	0.347	0.068	0.166	0.829
A19 在您想洗澡时，能及时得到助浴的服务	0.800	0.188	0.306	0.074	0.208	0.818
A20 服务员能帮您洗得很干净，让您感到舒适	0.796	0.197	0.307	0.061	0.163	0.798
A16 服务内容是根据您的实际情况制定的	0.795	0.196	0.205	0.082	0.217	0.766
A18 你对服务员提供助浴服务感到安心，并信任服务员	0.791	0.167	0.342	0.069	0.209	0.819
A22 助浴服务是根据您的实际情况进行提供的	0.791	0.210	0.318	0.058	0.181	0.807
A14 服务人员无论多忙，态度一直和蔼并且很有耐心	0.787	0.175	0.221	0.106	0.216	0.757
A17 您对助洁的总体感觉	0.784	0.211	0.186	0.113	0.196	0.745
A23 您对助浴的总体感觉	0.777	0.195	0.301	0.088	0.140	0.760
A30 您能方便地申请并获得助急服务	0.746	0.301	0.055	0.222	-0.110	0.712

第5章 我国中部地区城市居家养老服务发展实证分析

续表

分类标准	Component					共量
	F1 助浴助洁 助行服务	F2 助医康乐 服务	F3 助餐服务	F4 护理服务	F5 助急服务	
A12 您对服务员提供的清洁服务放心，对服务员信任	0.431	0.296	0.407	0.273	0.281	0.593
A42 社区卫生服务中心离您家很近，您能方便到达	0.241	0.809	0.208	0.080	-0.191	0.798
A44 助医服务人员具有专业水准，能够及时帮助您解决问题	0.179	0.807	0.251	0.084	-0.153	0.777
A46 助医是根据老年人的实际情况而进行定价的	0.186	0.794	0.282	0.073	-0.115	0.764
A37 当您需要康乐服务时，服务员能及时提供服务	0.230	0.793	0.182	0.151	0.140	0.758
A41 您对康乐服务的总体感觉	0.251	0.787	0.193	0.120	0.135	0.752
A47 您对助医总体感觉	0.195	0.786	0.247	0.049	-0.124	0.798
A36 您信任服务员，您也能安心地接受康乐服务	0.220	0.785	0.206	0.079	0.145	0.735
43 助医服务的时间安排合理，在您有需要时能及时接受到服务	0.182	0.779	0.186	0.133	-0.184	0.727
A39 服务员在为您提供服务时，态度和蔼并且很有耐心，能够考虑到您的感受	0.239	0.772	0.220	0.155	0.114	0.738
A38 服务员都是经过培训的，提供的康乐服务起到一定积极效果	0.221	0.771	0.210	0.093	0.156	0.720
A45 提供助医的服务人员态度和蔼，耐心	0.193	0.759	0.305	0.103	-0.103	0.728

续表

分类标准	Component					共量
	F1 助浴助洁助行服务	F2 助医康乐服务	F3 助餐服务	F4 护理服务	F5 助急服务	
A40 康乐服务是根据您实际情况安排的，能够满足您的需求	0.241	0.755	0.168	0.191	0.057	0.697
A35 您对助急总体感觉	0.197	0.696	0.003	0.369	0.310	0.755
A32 服务人员比较能干，能够及时帮助您解决问题	0.226	0.682	0.033	0.330	0.378	0.769
A33 服务人员态度和蔼并且有耐心	0.213	0.671	0.042	0.307	0.404	0.755
A34 服务社对于您的助急需求是进行过相应询问或了解的	0.193	0.665	0.048	0.372	0.390	0.773
A31 您对服务员为您代理代办感到安心，并信任服务员	0.283	0.637	0.039	0.309	0.381	0.728
A5 助餐的价格是根据老年人情况而进行定价的	0.171	0.256	0.754	0.282	0.006	0.744
A3 助餐服务员态度和蔼，有耐心	0.216	0.291	0.753	0.254	0.046	0.765
A6 您对助餐的总体感觉	0.245	0.263	0.735	0.254	0.023	0.735
A2 提供饭菜的味道，质量符合您的要求	0.270	0.282	0.732	0.241	-0.009	0.747
A4 助餐能够保证每天准时供应，您总是能及时吃到饭菜	0.213	0.296	0.728	0.241	-0.051	0.724
A1 提供的饭菜卫生情况良好	0.261	0.290	0.639	0.189	0.067	0.601
A13 服务员提供的服务质量好	0.414	0.206	0.419	0.270	0.345	0.581
A9 服务员是经过培训的，提供的护理服务具有专业性	0.246	0.239	0.335	0.762	0.060	0.814
A8 在您有护理需求时，能及时获得护理服务	0.263	0.245	0.343	0.738	0.055	0.795

续表

分类标准	Component					共量
	F1 助浴助洁 助行服务	F2 助医康乐 服务	F3 助餐服务	F4 护理服务	F5 助急服务	
A10 服务人员态度和蔼，耐心，在提供服务时能够考虑到您的感受	0.226	0.190	0.389	0.737	0.020	0.783
A11 您对生活护理的总体感觉	0.199	0.245	0.335	0.704	0.066	0.711
A7 您对服务员为您提供的生活护理服务感到放心，并信任服务员	0.256	0.300	0.326	0.688	0.025	0.735
特征根	12.840	11.296	5.502	4.250	1.661	35.549
方差的%	27.318	24.033	11.707	9.042	3.534	75.634
信度系数	0.978	0.959	0.924	0.929	0.943	

Extraction Method: Principal Component Analysis.
Rotation Method: Varimax with Kaiser Normalization.
a Rotation converged in 8 iterations.

5.2.4 老年人对居家养老服务满意度现状

南昌市老年人对居家养老服务项目满意度达到40%以上（满意与非常满意两项之和）的有助医的及时、专业、态度、价格；专业护理服务；助行感觉；满足助洁需求；提供康乐服务及时和效果等，其中非常满意的超过10%，有康乐服务效果、助急的感觉、助医服务的感觉和态度。值得注意的是，有一些服务项目老年人表示"不满意"（不满意与非常不满意之和大于25%），主要有饭菜的卫生、味道和价格；服务人员和蔼且有耐心；助洁人员勤快和总体感觉；助浴的及时、体贴和舒适；其中，非常不满意的超过10%，有助餐供应准时、助浴服务的及时、体贴和舒适（见表5-10）。

5.2.5 满意度的影响因素分析

（1）建立多元回归模型。

因变量是上文的5个因子。自变量包括：性别、文化程度、婚姻状况、儿女看望频度、家庭常住人口、房屋产权、生活自理能力、家庭支持情况、老人参与社区活动的情况。从模型的拟合效果看，5个模型均在一定程度上可以被研究变量的方差解释（见表5-12）。其中3个模型的样本在0.001水平上具有统计显著性，1个模型在0.01水平上具有统计显著性（除了模型4没有达到统计显著性要求）。这说明，本书所构建的模型对南昌市老年人居家养老服务评价具有一定的解释力。

表5-12　　老年人对居家养老服务满意度影响因素分析

分类标准		F1 助浴助洁助行服务	F2 助医康乐服务	F3 助餐服务	F4 护理服务	F5 助急服务
a 性别	男	-0.753****	-0.301**	-0.005	0.314**	0.391**
	女	-0.600****	0.031	0.066	0.347**	0.312**
b 文化程度	小学及以下	-1.065**	-0.180	0.254	0.096	0.333
	初中	-1.070**	0.024	0.245	-0.087	0.280
	高中	-0.107**	-0.220	-0.001	0.104	0.403
	专科	-0.778	-0.146	-0.128	-0.174	0.971*
	本科及以上	-0.859*	-0.045	0.380	0.130	0.516
c 经济状况	无固定收入	-0.467*	-0.186	-0.302	0.260	0.364
	500元以下	-0.085	0.160	-0.310	0.617*	0.239
	501~1000元	-0.713**	-0.157	-0.249	0.407	0.413
	1001~1500元	-0.540*	-0.104	-0.166	0.292	0.395
	1501~2000元	-0.568**	-0.104	-0.416	0.227	0.348
	2001~2500元	-0.463*	0.158*	-0.408	0.437	0.168

续表

分类标准		F1 助浴助洁助行服务	F2 助医康乐服务	F3 助餐服务	F4 护理服务	F5 助急服务
c 经济状况	2501~3000 元	-0.663**	-0.377	-0.230	0.385	0.341
	3001~4000 元	-0.672*	0.234	-0.570	0.414	0.375
	4001 元~5000 元	-0.685**	-0.401	-0.514*	0.377	0.346
	5001 元以上	-0.972***	-0.331	-0.590*	0.010	0.115
d 婚姻状况	已婚且配偶健在	-0.192	0.282	-0.898****	0.067	-0.566***
	未婚	-0.012	0.294	-0.779***	0.322	-0.780***
	丧偶	0.262	0.216	-0.580***	0.122	-0.286
	离婚	0.530*	-0.070	0.269	0.334	-0.459
	分居	1.019*	-0.193	-0.568	-0.350	-0.873
e 请问如果您和儿女不在同一社区，儿女一般多长时间来看望您一次	一两天	-0.329**	0.329*	-0.203	-0.528***	-0.807****
	一周	-0.360****	0.360**	-0.404***	-0.500****	-0.595****
	两周	-0.352***	0.352**	-0.182	-0.541***	-0.848****
	一月	-0.613	0.613****	-0.362**	-0.340*	-0.785****
	两月	-0.354	0.353	-0.629***	-0.234	-0.495**
	一季度	0.020	0.020	0.578*	0.504	-1.244****
	半年	-0.259**	0.259	-0.060	-0.464*	-0.482*
	一年及以上	-0.474	0.474*	0.182	0.397	-0.566**
f 家庭常住人口	1 人	-0.361****	-0.642	-0.521	-0.505**	0.258
	2 人	-0.696***	-1.012**	-0.410	-0.556*	0.062
	3 人	-0.337***	-1.309***	-0.321	-0.629***	0.083
	4 人及以上	-0.707**	-0.995**	-0.284	-0.563	0.292
g 房屋产权属于	自己	-0.622**	0.784***	-0.796***	-0.190	-0.439
	子女	-0.469	0.002****	-0.792**	-0.178	-0.643**
	租赁	-0.590*	0.976***	-1.030***	-0.166	-0.926***
	借住	-0.948**	0.585	-0.872*	-0.373	-0.665
	其他	-1.183***	0.295	-0.815**	-0.002	-0.819**

续表

分类标准		F1 助浴助洁助行服务	F2 助医康乐服务	F3 助餐服务	F4 护理服务	F5 助急服务
h 生活自理能力	正常	-0.229	-0.105	-0.929 ***	0.049	0.129
	轻度依赖	-0.225	0.025	-1.078 ****	0.115	-0.100
	中度依赖	-0.220	0.109	-0.742 **	0.016	-0.275
	重度依赖	0.297 ***	-0.336	-1.283 ***	-0.451	-0.383
i 老人家庭支持情况	亲属提供足够的物质和感情支持	-0.956 ****	0.063	-0.310	0.594 **	0.079
	亲属提供较少的物质和感情支持	-0.805 ***	0.199	-0.330	0.553 *	-0.157
	亲属只提供感情上的支持	-0.847 ***	0.137	-0.382	0.846 ***	-0.057
	很少看望,没有物质和感情支持	-0.534 *	0.485	-0.435	0.377	0.252
j 老人参与社区活动的情况	经常参加社区活动	-0.516	-1.063 *	-0.365	-0.822	0.322
	较少到社区走动或参加活动	-0.406	-0.877	-0.275	-0.550	0.415
	偶尔到社区走动或参加活动	-0.422	-0.900	-0.039	-0.379	0.285
	从不参加社区活动	0.235	-0.868	0.023	-0.477	0.807
	N	431	431	431	431	431
	R^2	0.134	0.052	0.069	0.026	0.119
	F	7.239 ****	2.572 ***	3.475 ****	1.235	6.326 ****

说明: * $P \leq 0.1$; ** $P \leq 0.05$; *** $P \leq 0.01$; **** $P \leq 0.001$。

（2）性别对满意度的影响。

老年人的性别在模型1、模型2、模型4、模型5中都有显著影响。

在模型1中，女性老人对助浴助洁助行服务满意度高于男性老人，这可能是因为女性护理员比较多，由于性别相同，女性老人感觉有些服务（例如助浴等服务）更方便、更习惯。

在模型2中，女性老人对助医康乐服务满意度高于男性老人，这可能是因为女性护理员比较多，由于性别相同，更能得到同性的理解，服务更周到、更合适、更习惯。

在模型4中，男性老人对护理服务满意度高于女性老人，这可能是因为女性护理员比较多，由于性别差异，且女性护理比较细致，更加耐心，护理的效果就比较好。

在模型5中，男性老人对助急服务满意度高于女性老人，这可能是因为男性的性格一般比女性急，助急在解决比较急迫问题时，更符合男性的心理和需求。

（3）文化程度对满意度的影响。

老年人的文化程度在模型1中都有显著影响。

在模型1中，随着学历层次提高，老人对助浴助洁助行服务的满意度提高，这可能是因为随着学历层次的提高，高学历的老人个人修养比较高，更能理解护理员的劳动和辛苦；另外，随着学历层次的提高，高学历老人的收入水平和经济条件比较好，可以接受比较好的助浴助洁助行服务，效果也更好。

（4）婚姻状况对满意度的影响。

老年人的婚姻状况在模型3和模型5中都有显著影响。

在模型3中，丧偶、未婚的老人对助餐服务的满意度比已婚且配偶健在的老人高，这可能是因为已婚且配偶健在的老人一般在力所能及的条件下，他们会自己做饭，对助餐的需求没有丧偶和未婚的老人那么急迫。

在模型5中，未婚的老人对助急服务的满意度比已婚且配偶健在的老人低，这可能是因为未婚老人比较孤单，从心理上对助急的依赖性比较强，对助急要求比较高，因此满意度较低。

(5) 经济状况对满意度的影响。

老年人的经济状况在模型1中有显著影响。

在模型1中，无固定收入的老人对助浴、助洁、助行服务的满意度比有固定收入的老人高，高收入的老人对助浴、助洁、助行服务的满意度比低收入的老人高，随着收入的提高，老人对助浴、助洁、助行服务的满意度在降低。这可能是因为无固定收入的老人受到经济条件的限制，导致他们对助浴、助洁、助行服务需求较低，一般的服务就能够接受，对服务满意度较高。高收入的老人可以获得较高水平的助浴、助洁、助行服务，而低收入的老人只能获得低水平的服务，因此高收入老人的满意度比低收入老人高。一般情况下，收入水平处于中间阶段，随着收入水平提高，老人对助浴、助洁、助行服务需求提高，导致服务满意度降低。

(6) 儿女看望频度对满意度的影响。

儿女看望的频度在模型1、模型2、模型3、模型4、模型5中都有显著影响。

在模型1中，儿女一两天看望一次的老人对助浴、助洁、助行服务的满意度高于儿女一两周看望一次的老人，这可能是因为子女看望越频繁的老人对助浴、助洁、助行服务的需求比较小，因此容易满足。

在模型2中，儿女一个月看望一次的老人对助医、康乐服务的满意度高于儿女一两天看望一次的老人，这可能是因为子女较长时间看望一次老人助医康乐服务只能寄希望于服务员，依赖服务员程度较高，所以满意度较高。

在模型3中，儿女一周看望一次的老人对助餐服务的满意度高于儿女两个月看望一次的老人，这可能是因为儿女一周看望一次的老人能够定期改善餐饮,饮食内容和方式更加丰富,因此,对助餐会更满意。

在模型4中,儿女一两天看望一次的老人对护理服务的满意度高于儿女两周看望一次的老人,这可能是因为儿女一两天看望一次的老人主要依靠子女的护理,对护理服务需求小、要求比较低,容易满意。

在模型5中,儿女一季度看望一次的老人对助急服务明显不满意,这可能是因为儿女一个季度看望一次的老人基本不指望子女的帮助,对助急服务非常依赖,要求高、期望值高,容易不满意。

(7) 家庭常住人口对满意度的影响。

家庭常住人口在模型1、模型2、中都有显著影响。

在模型1中,家庭常住人口多的老人对助浴、助洁、助行服务满意度低于家庭常住人口少的老人,这可能是因为家庭常住人口多的老人对服务员提供的助浴、助洁、助行服务的需求比较小,一般情况下家人可以帮助解决沐浴、清洁、出行问题,老人更喜欢家人提供的助浴、助洁、助行服务。

在模型2中,家庭常住人口多的老人对助医、康乐服务满意度低于家庭常住人口少的老人,这可能是因为家庭常住人口多,大多数老人还是喜欢过着子孙绕膝、天伦之乐的生活,喜欢家人提供助医、康乐服务,通常老人会更依赖家人的帮助。

在模型4中,家庭常住人口多的老人对护理服务满意度低于家庭常住人口少的老人,这可能是因为老人对家人提供的护理服务更放心、更依赖。

(8) 房屋产权对满意度的影响。

房屋产权在模型1、模型2、模型3、模型5中都有显著影响。

在模型1中,房屋产权属于自己的老人对助浴、助洁、助行服务的满意度高于房屋产权不属于自己的老人,这可能是因为有房屋产权的老人,通常经济条件比较好,并且心理上比较放松和安定,可以获得一定水平的助浴、助洁、助行服务。

在模型 2 中，房屋产权属于子女的老人对助医、康乐服务满意度低于房屋产权属于自己或租赁的老人，这可能是因为房屋产权属于子女的老人通常对子女的依赖度比较高，总希望子女给自己提供助医、康乐服务，不太喜欢服务员提供的服务，而房屋产权属于自己或租赁的老人主要依靠服务员提供的服务，因此，房屋产权属于子女的老人对助医、康乐服务满意度较低。

在模型 3 中，房屋产权属于租赁的老人对助餐服务满意度比较低，这可能是因为房屋产权租赁的老人通常经济条件会差一些，流动性会强一些，因此对助餐的要求会高，因此满意度比较低。

在模型 5 中，房屋产权属于子女的老人对助急服务满意度比较高，这可能是因为房屋产权属于子女的老人，如果需要急助时，首先会告知子女，子女会全力以赴帮助，还会督促助急服务，后顾之忧会减少。

（9）生活自理能力对满意度的影响。

生活自理能力在模型 1、模型 3 中都有显著影响。

在模型 1 中，生活自理能力为重度依赖的老人对助浴、助洁、助行服务满意度比较高，这可能是因为生活自理能力为重度依赖的老人对助浴、助洁、助行服务需求比较大，对这些老人来说助浴、助洁、助行服务必不可少，针对性强，因此比较满意。

在模型 3 中，生活自理能力为重度依赖的老人对助餐服务满意度比较低，这可能是因为生活自理能力为重度依赖的老人对助餐的要求会高一些；轻度依赖的老人对助餐服务满意度比正常的老年人低，这是因为轻度依赖的老人对助餐比正常的老人要求会高一些。

（10）家庭支持情况对满意度的影响。

家庭支持情况在模型 1、模型 4 中都有显著影响。

在模型 1 中，"很少看望，没有物质和感情支持"的老人对助浴、助洁、助行服务的满意度比较高；"亲属提供足够的物质和感情支持"的老人对助浴、助洁、助行服务的满意度比较低；"亲属只提供感情上的支持"的老人对助浴、助洁、助行服务的满意度低于"亲属提供较少的物质和感情支持"的老人,这可能是因为"很少看望,没有物质和感情支持"的老人把助浴、助洁、助行服务的提供寄希望于服务员,没有其他过高的要求;"亲属提供足够的物质和感情支持"的老人把助浴、助洁、助行服务的提供寄希望于子女,不太喜欢服务员提供服务;"亲属只提供感情上的支持"的老人对助浴、助洁、助行服务的满意度低于"亲属提供较少的物质和感情支持"的老人,说明就助浴、助洁、助行服务而言,亲属是老人的依靠和后盾,提供相应的物质支持比较重要。

在模型 4 中,"亲属只提供感情上的支持"的老人对护理服务的满意度比较高,"亲属提供足够的物质和感情支持"的老人对护理服务的满意度高于"亲属提供较少的物质和感情支持"的老人,这可能是因为对护理服务来说,精神支持比物质支持更重要,老人通常比较孤单寂寞,在提高物质生活的同时,丰富其精神生活也不能缺少。

(11) 老人参与社区活动的情况对满意度的影响。

老人参与社区活动在模型 2 中有弱显著影响。

在模型 2 中,经常参加社区活动的老人对助医、康乐服务的满意度比较低,这可能是因为经常参加社区活动的老人了解的知识和情况比较多,对助医和康乐的要求标准会提高,因此这些老人对助医康乐服务的满意度比较低。

5.2.6 结论与建议

(1) 主要结论。

通过对南昌市 8 个社区 431 位老年人对居家养老服务满意度的实证分析,我们得出以下结论:

①南昌市居家养老服务经过十多年的探索和发展已经步入了规范化发展的轨道,目前以政府购买服务为主要方式,以社区服务组织为

主体提供服务，基本实现了服务供给能力的稳定性。从助餐、助洁、助医等基本需求服务来看，老年人对服务质量的评价处于中等偏上的水平。从调研数据来看，有38.5%的老年人对目前南昌市的居家养老服务感到"满意"或"比较满意"，有42%的老年人对目前南昌市的居家养老服务感到"一般"。因此，需要继续推进居家养老服务质量的提高，提高老年人对居家养老服务的满意度。

②研究结果表明，影响南昌市老年人对居家养老服务满意度的影响因素主要有性别、文化程度、婚姻状况、居住方式、房屋产权、儿女看望频度、家庭常住人口、生活自理能力、家庭支持情况、参与社区活动的情况、经济收入。其中，性别的差异直接影响居家养老服务满意度，男性对助急、护理的满意度高，女性对助浴、助洁、助行、助医、康乐的满意度高。文化程度的影响主要表现在随着学历层次的提高，老人对助浴、助洁、助行服务的满意度提高。婚姻状况的影响主要是丧偶、未婚的老人对助餐服务的满意度比已婚且配偶健在的老人高，未婚的老人对助急服务的满意度比已婚且配偶健在的老人低。经济收入的影响主要是无固定收入的老人对助浴、助洁、助行服务的满意度比有固定收入的老人高，随着收入的提高老人对助浴、助洁、助行服务的满意度在降低。居住方式的影响主要表现为家庭常住人口多的老人对助浴、助洁、助行服务满意度低于家庭常住人口少的老人，家庭常住人口多的老人对护理服务满意度低于家庭常住人口少的老人。房屋产权的影响表现在房屋产权属于自己的老人对助浴、助洁、助行服务的满意度高于房屋产权不属于自己的老人，房屋产权属于子女的老人对助医、康乐服务满意度低于房屋产权属于自己或租赁的老人，房屋产权属于子女的老人对助急服务满意度比较高。儿女看望频度的影响为儿女一两天看望一次的老人对助浴、助洁、助行服务的满意度高于儿女一两周看望一次的老人，儿女一个月看望一次的老人对助医、康乐服务的满意度高于儿女一两天看望一次的老人，儿女一周看望一次的老人对助餐服务的满意度高于儿女两个月看望一次

的老人，儿女一两天看望一次的老人对护理服务的满意度高于儿女两周看望一次的老人，儿女一季度看望一次的老人对助急服务明显不满意。家庭常住人口的影响主要为家庭常住人口多的老人对助浴助洁助行服务的满意度低于家庭常住人口少的老人，家庭常住人口多的老人对助医、康乐服务的满意度低于家庭常住人口少的老人，家庭常住人口多的老人对护理服务的满意度低于家庭常住人口少的老人。生活自理能力的影响为生活自理能力为重度依赖的老人对助浴助洁助行服务满意度比较高，生活自理能力为重度依赖的老人对助餐服务满意度比较低，轻度依赖的老人对助餐服务满意度比正常的老人低。家庭支持情况的影响为家庭支持差的老人对助浴、助洁、助行服务的满意度比较高；家庭提供足够物质和精神支持的老人对护理服务的满意度比较高。参与社区活动的影响为经常参加社区活动的老人对助医康乐服务的满意度比较低。

（2）建议。

南昌市的居家养老服务实施过程中还存在许多不足之处。根据本书研究结果，拟提出以下建议：

①继续坚持以人为本的服务理念。居家养老服务作为一项公共政策，涉及多元参与主体，具体包括各级政府、社区、社会、家庭、老年人自身等，在居家养老服务体系的建设过程中，各项政策的制定、执行、评估都要以老年人的需求为核心，真正做好这项利民、惠民工程。

②重视尊老、敬老、乐老服务。重点关照生活自理能力差和独居、空巢的老年人。创新弘扬孝道文化，引导全社会关心、关爱、尊重老年人，在给予他们日常物质生活照料外，更应关注他们的精神需求。重视老人的家庭支持，家属的物质和精神的支持是老人生活的重要依赖，子女要经常回家看看，提高老人的归属感和安全感。加强社区医疗卫生服务质量，提高老年人在社区就医的方便程度。

③重视护理服务。加强居家养老服务的人力资源开发与管理。可

以说，服务人员的数量和素质问题，是当前阻碍居家养老服务发展的最大瓶颈。因此，应重点发展专业的社区工作者培训机构，同时积极引导专业医生、护士进入社区服务，打造一支专业素质高、服务质量好、管理体制健全的服务人员队伍。

④重视助急服务。加强养老服务信息化建设，这在南昌市的居家养老服务体系建设中还处在起步阶段，在今后的发展过程中，要加强技术和资金支持力度，实现全部居家老人"一键通电话"服务模式以及社区信息资源共享系统全覆盖。将物联网技术植入养老服务过程中，提高助急服务效率。

⑤重视助餐、助浴、助洁、助行服务。政府应该加强养老助老的硬件设施和软件设施的投入，加大财政支持的力度，为养老助老的快速发展打好基础。改革现有的助老养老的运行机制，引入市场竞争机制，政府可以采取多元化的运行管理方式，如公办民助、公办民营、民办公助、民营等。同时，政府应加强养老助老运行的管理力度，完善相关法律法规，为养老助老事业健康发展提供保障。

5.3　江西省南昌市养老护理员队伍建设现状调查

据南昌市 2020 年第七次人口普查数据显示，南昌市总人口为 625.007 万人，65 岁及以上的老年人口为 659536 人，占总人口的 10.54%[①]。南昌市的人口已经到了老年型阶段，人口老龄化已成趋势。随着年龄增加，老人各项机能下降，部分老人丧失生活自理能力，养老机构中养老护理队伍的整体素质直接影响老人生活质量，为保证老年人的生活水平，使其安享晚年，建立一支专业化、高素质的护理员队伍，愈发成为迫在眉睫的事情。本研究旨在了解南昌市养

---

① 南昌市统计局. 南昌市第七次全国人口普查公报（第三号）[Z]. 2021 年 6 月 2 日.

老护理员队伍建设的现状,为更好地培养符合市场需求的实用型养老护理人才提供参考。在相关政府部门和养老机构的大力支持及配合下,本研究对南昌市 221 名养老护理员进行问卷调查,调查报告如下。

5.3.1 对象与方法

(1) 对象。

以南昌市养老机构(包括养老院、敬老院、福利院、老年公寓等)的养老护理员为调查对象,其中公办养老院 4 所,民营养老院 6 所。

(2) 方法。

①研究工具。

自行设计养老护理员队伍建设调查问卷,包括基本情况(性别、年龄、婚姻状况、文化程度、户口类型、工作单位性质 6 个问题)、工作压力与工作强度(包括日工作时间、工作年限、照顾的老人数量及自理能力程度、养老工作内容、是否被投诉过及应具备的素质、遇困难找谁帮忙、自评工作强度)、培训需求与满意度(包括对护理工作的了解程度、接受培训的必要性、经历及满意度)、职业待遇、职业态度与职业规划(包括月平均收入、是否签订劳动合同及购买保险、从事养老护理与不愿做护理员的原因、自己和家人对护理工作的态度与是否会换工作)四部分。

②调查方法。

由统一培训的调查员对 221 名养老护理员进行现场匿名问卷调查。调查前向调查对象说明调查目的、调查内容及填写方法,由被调查者自主完成问卷填写,若被调查者由于文化程度低等因素不能自主完成时,则由调查员采用"一问一答"式代为填写。调查结束后问卷当场收回,由调查员核对。共发放问卷 240 份,收回有效问卷 221

份，有效回收率为92.1%。

③统计学方法。

利用Excel进行数据录入与统计，进行描述性统计分析。

5.3.2 结果

（1）养老护理员基本情况。

数据显示，在被调查者中，男性27人（12.2%），女性194人（87.8%）；年龄在36~55岁157人（71.0%），21~35岁40人（18.1%），56岁以上17人（7.7%），20岁以下7人（3.2%）；已婚208人（94.1%），未婚13人（5.9%）；文化程度是小学及以下107人（48.4%），初中68人（30.8%），高中或中专23人（10.4%），大专及以上23人（10.4%）；户口类型：农业户口142人（64.3%），非农业户口79人（35.7%）；所在工作单位是公立养老机构127人（57.5%），民营养老机构80人（36.2%），养老服务公司10人（4.5%），个人2人（0.9%），其他2人（0.9%）（见表5-13）。

表5-13　　　　　养老护理员基本情况（n=221）

项目		人数	比例（%）
性别	男	27	12.2
	女	194	87.8
年龄	20岁以下	7	3.2
	21~35岁	40	18.1
	36~55岁	157	71.0
	56岁以上	17	7.7
婚姻状况	已婚	208	94.1
	未婚	13	5.9

第5章　我国中部地区城市居家养老服务发展实证分析

续表

项目		人数	比例（%）
文化程度	小学及以下	107	48.4
	初中	68	30.8
	高中或中专	23	10.4
	大专及以上	23	10.4
户口类型	农业	142	64.3
	非农业	79	35.7
工作单位	养老服务公司	10	4.5
	民营养老机构	80	36.2
	公立养老机构	127	57.5
	个人	2	0.9
	其他	2	0.9

（2）养老护理员工作压力与工作强度。

养老护理工作是一项繁杂的工作，数据显示，护理员每天工作10~12小时的有68人（30.8%），12小时以上的有62人（28.1%），8小时以下的有61人（27.6%），8~9小时的有30人（13.6%），每天平均工作时间为10小时；从事养老护理工作5年以上的有55人（24.9%），3~5年的有54人（24.4%），2~3年的有55人（24.9%），1~2年的有45人（20.4%），不到1年的有12人（5.4%），平均工作年限为3年；每个人所照顾的老人数量为6~7个的人数最多，占39.8%，其次是8个以上，有78人（35.3%），照顾数量为4~5个的有42人（19.0%），3个以下的有13人（5.9%），平均照顾数量为6~7个；所面对的老人情况是部分具备自理能力的有95人（43.0%），基本具有自理能力的有54人（24.4%），完全没有自理能力的有70人（31.7%），其他情况的有2人（0.9%）；护理工作主要内容最多的是聊天，有157人（71.0%），其次是喂饭喂药，有152人（68.8%），然后是洗澡，有131人（59.3%），散步及游戏的有129人（58.4%），其他的有14人（6.3%）；认为得到老人认可应具备的素质首先是要真心对待老人的护理员有179人（81.0%），勤快肯干的有56人（25.3%），多与老人交流的有52人（23.5%），诚实守信的有30人（13.6%），摆正位置，注意细节的有22人（10.0%）；被投诉过的有5人（2.3%），有216人没有被投诉过（97.7%）；护理员自认为工作强度很大的有120人（54.3%），工作强度适中的有93人（42.1%），工作强度很低的有8人（3.6%）；在遇到困难时找朋友帮忙的有82人（37.1%），找家人帮忙的有70人（31.7%），找养老院帮忙的有59人（26.7%），找其他人帮忙的有10人（4.5%）（见表5-14）。

表5-14　养老护理员工作压力与工作强度（n=221）

项目		人数	比例（%）
每天工作时间	8小时以下	61	27.6
	8~9小时	30	13.6
	10~12小时	68	30.8
	12小时以上	62	28.1
从事养老护理时间	不到1年	12	5.4
	1~2年	45	20.4
	2~3年	55	24.9
	3~5年	54	24.4
	5年以上	55	24.9
照顾老人的数量	3个以下	13	5.9
	4~5个	42	19.0
	6~7个	88	39.8
	8个以上	78	35.3

第5章 我国中部地区城市居家养老服务发展实证分析

续表

项目		人数	比例（%）
所面对的老人情况	基本具备自理能力	54	24.4
	部分具备自理能力	95	43.0
	完全没有自理能力	70	31.7
	其他	2	0.9
护理工作主要内容*	喂药喂饭	152	68.8
	洗澡	131	59.3
	聊天	157	71.0
	散步及游戏	129	58.4
	其他	14	6.3
受到老人肯定应具备的素质*	真心对待老人	179	81.0
	诚实守信	30	13.6
	勤快肯干	56	25.3
	多与老人交流	52	23.5
	摆正位置，注意细节	22	10.0
是否被投诉	无	216	97.7
	有	5	2.3
自认为护理员的工作强度如何	很大	120	54.3
	适中	93	42.1
	很低	8	3.6
遇到困难找谁帮忙	养老院	59	26.7
	朋友	82	37.1
	家人	70	31.7
	其他	10	4.5

注：*为多项选择题。

（3）养老护理员培训经历及满意度。

在所调查的护理员中，有180人（81.4%）对所照顾的老人的情况很了解，不太了解的有35人（15.8%），不了解也不想了解的有

6人（2.7%）；对护理工作略知理论、工作熟练的有100人（45.2%），既懂理论又能实践的有66人（29.9%），不懂理论、比较熟练的有30人（13.6%），认为照顾老人不需要理论的有25人（11.3%）；觉得有必要接受专业培训的有145人（65.6%），认为很有必要的有62人（28.1%），认为没有必要的有14人（6.3%）；比较渴望通过培训提高工作技能的有84人（38.0%），无所谓的有68人（30.8%），渴望通过培训提高工作技能的有67人（30.3%），不希望的有2人（0.9%）；接受过正规的技能培训的有125人（56.6%），没有接受过正规技能培训的有96人（43.4%）；培训的费用支出由单位出的有130人（58.8%），免费学习的有73人（33.0%），单位和个人分担的有15人（6.8%），由个人出资的有3人（1.4%）；护理员对专业培训的评价比较满意的有141人（63.8%），十分满意的有39人（17.6%），不太满意的有36人（16.3%），不满意的有5人（2.3%）；对培训满意的原因是能学到为老人服务技能的有91人（41.2%），能学到养老护理知识的有77人（34.8%），能提高竞争力和工资待遇的有53人（24.0%）；对培训不满意的原因认为是时间较短的有110人（49.8%），费用过高的有46人（20.8%），影响挣钱的有41人（18.6%），作用不大的有24人（10.9%）（见表5-15）。

表5-15　　　养老护理员培训经历及满意度（n=221）

项目		人数	比例（%）
对所照顾老人情况的了解程度	很了解	180	81.4
	不太了解	35	15.8
	不了解也不想了解	6	2.7
对护理工作了解的程度	既懂理论又能实践	66	29.9
	略知理论，工作熟练	100	45.2
	不懂理论，比较熟练	30	13.6
	照顾老人不需要理论	25	11.3

第5章 我国中部地区城市居家养老服务发展实证分析

续表

项目		人数	比例（%）
接受专业培训的必要性	很有必要	62	28.1
	有必要	145	65.6
	没必要	14	6.3
是否渴望通过培训提高工作技能	渴望	67	30.3
	比较渴望	84	38.0
	无所谓	68	30.8
	不希望	2	0.9
是否接受过正规的技能培训	有	125	56.6
	没有	96	43.4
培训的费用支出	免费学	73	33.0
	单位出	130	58.8
	个人出	3	1.4
	单位和个人分担	15	6.8
对专业培训的评价	十分满意	39	17.6
	比较满意	141	63.8
	不太满意	36	16.3
	不满意	5	2.3
对培训满意的原因	能学到养老护理知识	77	34.8
	能学到为老人服务的技能	91	41.2
	能提高竞争力和工资待遇	53	24.0
对培训不满意的原因	作用不大	24	10.9
	费用过高	46	20.8
	时间较短	110	49.8
	影响挣钱	41	18.6

（4）养老护理员的职业待遇、态度及职业规划。

调查显示，养老护理员月平均收入为1501～2500元的有126人

（57.0%），501～1500元的有49人（22.2%），2501～3500元的有43人（19.5%），3501～4500元的有2人（0.9%），500元以下的有1人（0.5%），每人平均收入不到2000元；与单位签订劳动合同的护理员有190人（86.0%），有24人（10.9%）没有与单位签订劳动合同，还有7人（3.2%）不知道是否与单位签订了劳动合同；认为购买保险很有必要的有162人（73.3%），有点必要的有30人（13.6%），觉得无所谓的有24人（10.9%），觉得没必要的有5人（2.3%）；单位为其购买的保险中，养老保险最多有140人（63.3%），医疗保险有84人（38.0%），工伤保险有63人（28.5%），失业保险有18人（8.1%），生育保险有9人（4.1%），没有买保险的护理员有60人（27.1%），对单位是否为其购买保险不知道的有21人（9.5%）；对于从事护理工作的原因，有103人（46.6%）认为是收入比较稳定，其次是暂时没有找到更好的工作，有65人（29.4%），原因是为老人服务很开心的只有37人（16.7%），想在城市工作的有22人（10.0%），而为了学到老年护理知识与技能的有12人（5.4%），为了得到好评与尊重的有6人（2.7%）；护理员自认为收入较低的有165人（74.7%），只有27人（12.2%）认为收入合适，认为很低的有20人（9.0%），认为有些高的有5人（2.3%），4人（1.8%）认为收入严重偏高；护理员自身对护理工作的态度一般的有110人（49.8%），比较热爱的有75人（33.9%），持热爱态度的只有26人（11.8%），不热爱的有10人（4.5%）；家人对护理员工作的支持一般的有120人（54.3%），比较支持的有48人（21.7%），态度是非常支持的有33人（14.9%），不支持其工作的有20人（9.0%）；不愿做护理员的主要原因，181人（81.9%）认为工资待遇低，认为是社会地位低的有157人（71.0%），认为原因是劳动强度大的有86人（38.9%），认为是风险责任大的有61人（27.6%），认为是职业没有前途的有30人（13.6%），认为是技能要求高的有19人（8.6%）；如果有机会做其他工作，护理员会转行的有80人

（36.2%），不会转行的只有 39 人（17.6%），有 102 人（46.2%）持不好说的态度，不一定会转行，要视情况而定（见表 5-16）。

表 5-16　养老护理员职业待遇、态度及规划（n=221）

项目		人数	比例（%）
月平均收入	500 元以下	1	0.5
	501~1500 元	49	22.2
	1501~2500 元	126	57.0
	2501~3500 元	43	19.5
	3501~4500 元	2	0.9
	4501 元以上	0	0
是否与单位签订劳动合同	是	190	86.0
	否	24	10.9
	不知道	7	3.2
单位购买的保险*	养老保险	140	63.3
	医疗保险	84	38.0
	工伤保险	63	28.5
	失业保险	18	8.1
	生育保险	9	4.1
	没买保险	60	27.1
	不知道	21	9.5
买保险是否有必要	很有必要	162	73.3
	有点必要	30	13.6
	无所谓	24	10.9
	没必要	5	2.3
从事护理工作的原因*	暂时没有更好的工作	65	29.4
	收入比较稳定	103	46.6
	想在城市工作	22	10

续表

项目		人数	比例（%）
从事护理工作的原因*	为老人服务很开心	37	16.7
	能够学到老年护理知识与技能	12	5.4
	得到好评与尊重	6	2.7
	其他	0	0
自认为护理员收入是否合适	严重偏高	4	1.8
	有些高	5	2.3
	合适	27	12.2
	较低	165	74.7
	很低	20	9.0
对护理工作的态度	热爱	26	11.8
	比较热爱	75	33.9
	一般	110	49.8
	不热爱	10	4.5
家人对工作的支持	非常支持	33	14.9
	比较支持	48	21.7
	一般	120	54.3
	不支持	20	9.0
很多人不愿做护理员的主要原因*	工资待遇低	181	81.9
	劳动强度大	86	38.9
	社会地位低	157	71.0
	风险责任大	61	27.6
	技能要求高	19	8.6
	职业无前途	30	13.6
	其他	0	0
是否会转行	会	80	36.2
	不会	39	17.6
	不好说	102	46.2

注：*为多项选择题。

5.3.3 讨论

（1）现状和问题。

①护理员工作强度大，工作责任压力大。

就调查内容来看，护理员每天的工作时间平均为10小时，工作时间较长，护理工作内容除了基本的喂饭喂药、洗澡基本生理需求之外，还要陪老人聊天、散步及游戏，满足老人的精神需求。护理员基本上没有节假日和8小时工作时长之分，自己休闲娱乐时间有限。每人照顾老人的数量较多，大多为6~7个，且老人大部分为部分或完全没有自理能力，从而使得工作强度加大。54.3%的护理员认为工作强度很大，并且为了得到老人认可还要具备良好的素质，真心对待老人，勤快肯干，多与老人交流，诚实守信，摆正位置，注意细节，如果工作不到位可能还要面临被投诉的风险。针对失能老人和情绪异常的老人要给予特殊照顾，避免意外的发生，还要承担因老人意外而与家属发生矛盾的压力。而在遇到困难时，大部分护理员会寻找朋友、家人帮忙，找养老院的人很少，养老院不能很好解决护理员的困难。总的来讲，养老护理员工作强度很大，也有很多工作压力。

②专业知识欠缺，培训经历少、时间短。

护理员以女性为主，大部分为"4050大嫂"，整体文化程度不高，其专业知识与技能水平有限。但在调查对象中，对护理工作既懂理论又能实践的只有29.9%，大部分人不太懂相关理论和熟练程度不高，专业知识欠缺。90%的人觉得很有必要接受专业培训，大部分人培训意愿较强，而接受过正规的技能培训的人只有56.6%，还有43.4%的人没有接受过正规的技能培训。针对培训费用支出，58.8%的人费用是由单位出。80%的人对专业培训的评价还算满意，满意的原因主要是能学到为老人服务的技能、能学到养老护理知识，而对培训不满意的原因主要是时间较短。总体来说，培训效果明显，值得继续推广。

③职业待遇较低，社会地位低，留不住人才。

养老护理员的工作整体工资水平不高，还有部分护理员并没有与工作单位签订劳动合同，虽然工作单位为63.3%的护理员购买了养老保险，但是仍有一部分人不知道是否购买了保险甚至是没有保险，其他保险覆盖率太低，社会相关保障制度不到位。大部分从事护理工作的原因是收入比较稳定、暂时没有更好的工作，只是为了缓一时之需，养老护老的意识不强，接近一半的人对护理工作的态度一般，热爱程度不深，同时，一半的家人对其护理工作持一般的支持态度，还有9.0%的人其家人不支持其工作。很多人不愿做护理员的主要原因是工资待遇低、社会地位低，其次是劳动强度大、风险责任大，因种种影响因素的存在，46.2%的护理员存在转行的可能性。总体来讲，养老护理员职业待遇较低，社会地位不高，职业人才流失的可能性较大，这些都会直接影响养老护理队伍的稳定与发展。

（2）结论。

①关注护理员精神健康。

养老护理工作是一项繁杂的工作，护理员不仅面临工作强度大的问题，而且还会面临各种工作和精神上的压力。护理员普遍工作时间长，没有太多的休假和休闲娱乐时间，政府及养老机构需要对其实施一定的补偿性措施。建立养老护理员的职业晋升制度，对优秀护理员进行职位提升，使其得到一定的工作成就感。实施护理员节日轮休的制度，并发放一定的日常生活用品或津贴予以慰问。开展心理咨询和休闲娱乐活动，对护理员进行心理疏导，缓解心理压力，丰富精神生活。同时养老机构领导要多与护理员谈心，关心其工作、生活、生理和心理健康，缓解工作和生活上的压力，尽量解决护理员遇到的困难，让他们无后顾之忧专心投身到养老护理事业中去。

②推进养老护理员专业化建设。

养老服务业的发展离不开一支专业的护理队伍，因此政府要对护理员加强专业知识与技能的教育与培训。一是各护理院校可以增设老年护理方向的专业,开展包括专科、本科、硕士、博士教育等多层次老年护理教育,建立老年护理人才体系。可效仿培养师范生的做法,出台针对护理专业学生的优惠政策;二是持有资格证书者在上岗前要接受培训,规定一定的培训学习时长,并且针对所照护老人的情况进行定期的针对性培训,使护理员掌握照顾不同自理能力老人的技能;三是监督护理员的工作,对违背养老行业职业道德与规范的工作人员进行惩处,对轻者进行批评教育,对重者要将其逐出行业。专业化的养老护理员供求不足,要加强养老护理员的队伍建设,建立并完善具有中国特色的长期照护服务体系。

③提高养老护理员的职业荣誉感。

在人口老龄化日益严重,养老服务需求日益加大的背景下,政府、社会及个人都需要转变对护理员的思想,重建社会价值观。政府部门应该大力倡导敬老爱老的传统美德,营造尊敬老人、尊敬养老护理员的社会氛围,逐渐消除职业贵贱的观念,转变人们对护理员职业地位低下的偏见。政府要宣传表彰有突出贡献的优秀养老护理员,从而让人们了解到护理工作是一份高尚神圣的职业,提高人们对护理员工作的认可度,也增强护理员及其养老机构的职业荣誉感和归属感,进而提高其工作积极性。

④建立工作激励机制。

职业待遇较低,社会地位低等各种原因导致养老机构难招人、留不住人,为改变这种状况,要切实提高养老护理员的待遇,建立工作激励机制。政府相关部门要进一步完善养老护理政策,结合经济发展状况设立老年护理专项资金,同时要建立老年护理队伍资质、岗位认证标准,保障养老护理员的权益,提高其社会地位,改善工资待遇,吸引更多高素质人员投身于养老护理事业。政府定期评选先进养老机构,养老机构评选优秀护理员,给予物质和精神激励,例如给予护理员一定的补贴和加班费用。要使养老护理员的工资收入适当高于最低工资标准,而经过认证的养老护理员的薪酬要更高一些,在收养老人失能失智等级划分标准的基础上,按不同等级标准为养老护理员发放相应数量的职业津贴。养老机构要与符合条件的护理员签订劳动合同,按法律规定为护理员购买相应的保险,让护理员无后顾之忧。①

---

① 凌丽. 南昌市养老护理员队伍建设现状调查分析 [J]. 老区建设,2017 (2):47-49.

第 6 章

我国西部地区城市居家养老服务发展实证分析

6.1 贵州省贵阳市城市居家养老服务发展调查

6.1.1 研究背景

贵阳市 2006 年正式步入人口老龄化社会,根据贵阳市老龄办统计资料显示,截至 2017 年底,贵阳市 60 周岁及以上人口达到 66.02 万人,占贵阳市总人口的 16.24%,比国际老龄化标准高出 6.24 个百分点。2020 年贵阳市常住人口为 598.7018 万人,60 岁以上人口为 79.6225 万人,占总人口的 13.3%,其中 65 岁以上人口为 56.6932 万人,占总人口的 9.47%,[①] 总体呈现出老龄化进程速度快、老年人口中高龄化严重的特点(见图 6-1);其中空巢老人、独居老人、失能老人和独生子女家庭老人总数达到 14.3 万人,占贵阳市全体老年人口数的 21.7%。

[①] 贵阳市统计局. 贵阳市第七次全国人口普查公报(第四号)[Z],2021 年 5 月 31 日。

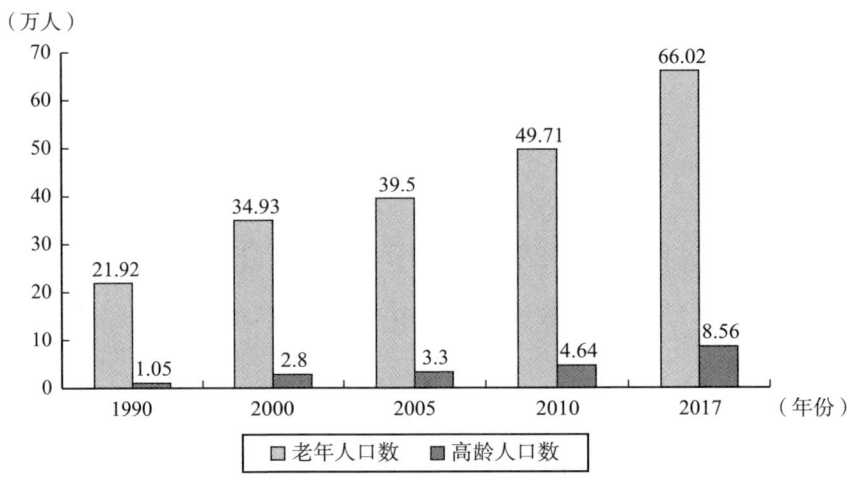

图 6-1 贵阳市老年人口状况

资料来源：贵阳市老龄办统计资料。

贵阳市经济发展相对滞后，政府资源和条件受限，养老基础设施缺乏，政府养老投入不足，对外开放的程度相对较低，传统观念较为浓厚，再加上贵阳市属于少数民族聚居地，易受传统民族习俗的影响，绝大多数老年人都不愿离开居住地，选择在家里安度晚年。2017年国务院印发的《"十三五"国家老龄事业发展和养老体系建设规划》中提出要"不断健全完善以居家为基础、社区为依托、机构为补充、医养相结合的养老服务体系，改善老龄事业发展和养老体系建设支撑条件，确保全体老年人实现老有所养、共享全面建成小康社会新成果"。这就需要以社区为基础来整合社会资源，合理配置有限的养老资源，尽可能多地满足老年人养老服务的需求。

6.1.2 贵阳市社区居家养老服务供需现状

6.1.2.1 贵阳市社区居家养老服务需求状况

为了更加了解老年人对养老服务的需求状况，本研究在贵阳市各

第6章　我国西部地区城市居家养老服务发展实证分析

社区进行问卷调查，调查对象为60周岁及以上的老年人，调查内容包括调查对象基本情况、物质保障情况、生活照料情况、精神需求情况和医疗需求情况五个方面，总共发放问卷210份，其中有效问卷181份，问卷有效率为86.2%。

（1）样本基本情况。

①基本特征。见表6-1。

表6-1　　　　　　　　老年人基本特征

性别分布（%）	年龄分布（%）	文化程度分布（%）
男　49.2 女　50.8	小于60岁　5.5 60~70岁　42.6 70~80岁　26.0 80~90岁　21.5 大于90岁　4.4	小学及以下　14.4 初中　21.5 高中　11.0 专科　18.8 本科及以上　34.3

性别结构：在调查样本中男性占49.2%，女性占50.8%，男女比例大体适中。

年龄结构：60岁以下和90岁以上的老年人数占比较少，分别为5.5%和4.4%；70~80岁这个年龄阶段占26%，80~90岁的占21.5%，60~70岁这个阶段的老年人口占比最大，为42.6%。

文化构成：本科及以上的老年人占比较大，为34.3%；其次是初中，为21.5%；高中、专科占比分别为11%、18.8%；小学及以下为14.4%。

②婚姻与居住状况。见表6-2。

在接受调查且数据有效的181位老年人中，已婚且配偶健在的占55.8%，未婚的占2.2%，配偶去世的老人占33.2%，8.8%的老人与配偶离异。有45.9%的老人与配偶共同生活，而与子女一同生活的占33.7%，他们的日常生活照料有较为稳定的保障，老年生活有人陪伴；与亲戚朋友同住所占的比例较低，为2.2%；还有18.2%的老人独自生活，这部分老人缺少家人的照料与陪伴。

表6-2　　　　　　　　　老年人婚姻与居住状况

婚姻状况分布（%）	居住状况分布（%）
已婚且配偶健在　55.8	与子女生活　33.7
未婚　2.2	与配偶生活　45.9
丧偶　33.2	与亲戚朋友同住　2.2
离婚　8.8	独自生活　18.2
分居　0	有保姆　0

③能力状况。见表6-3。

表6-3　　　　　　　　　老年人能力状况

生活自理能力分布（%）	认知能力分布（%）	情绪行为分布（%）	视觉能力分布（%）
正常　82.3	正常　91.2	正常　90.1	正常　82.3
轻度依赖　11.1	轻度缺失　5.5	轻度异常　7.7	中度障碍　16.0
中度依赖　4.4	中度缺失　3.3	中度异常　2.2	重度障碍　1.7
重度依赖　2.2	重度缺失　0	重度异常　0	

调查显示，绝大部分老年人在生活自理能力、认知能力、情绪行为和视觉能力方面状况正常，重度依赖、缺失、异常和障碍的极少，甚至没有。

④养老方式的选择。

本次调查的养老方式分为居家养老、机构养老和社区养老。调查数据显示，老年人愿意选择居家养老方式的占调查样本的96%，选择机构养老方式的比例为4%，选择社区养老方式的为0，见图6-2。大部分老年人选择居家养老主要是受家庭、故土等传统观念的影响，居家养老更符合中华民族的传统观念，相对于社区养老和机构养老而言，更受到老年大众的欢迎。

第6章 我国西部地区城市居家养老服务发展实证分析

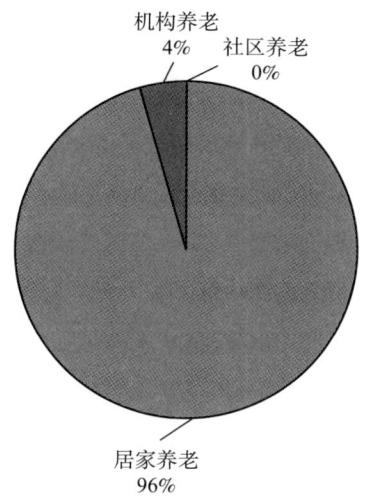

图6-2 老年人养老方式的选择

（2）物质保障情况。

经济收入是物质保障的基础，是老年人实现老有所养的前提条件。调查结果显示，大部分老年人经济收入普遍偏低。认为自己经济状况相当充裕而有富余的仅占23.2%，另外54.7%的老年人认为自己的收入大致够用，但仍存在6.1%无固定收入的老年人，见图6-3。

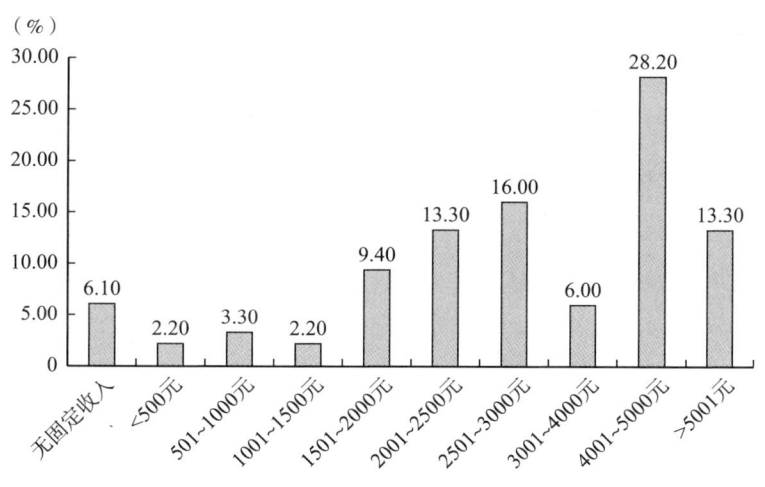

图6-3 老年人收入状况

随着物价的上涨，低收入限制了部分老年人老年生活的丰富和满意程度，大部分老年人希望经济状况得到改善。

就收入来源构成而言，老年人生活费的最主要来源是自己的离退休金，所占比例高达90.10%，见图6-4，可见在城市地区离退休金在老年人的经济生活中仍然起着最重要的作用。在调查过程中了解到，大部分老年人的子女有能力赡养他们，但是这些老年人不想增加子女的负担，所以基本生活主要还是依靠自身的离退休金。

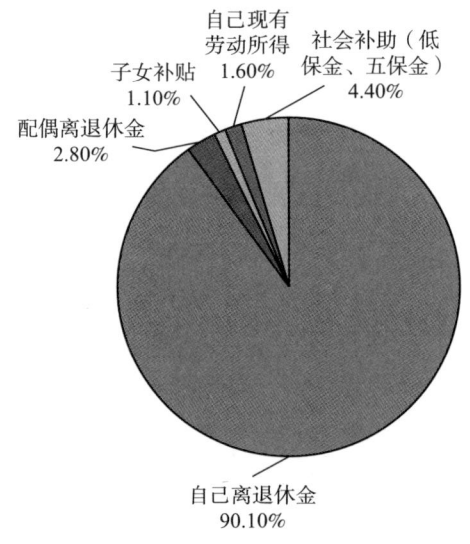

图6-4 老年人收入来源

就支出构成来看，老年人的日常开销的84.50%集中在饮食方面，医疗护理占6.10%，住房占4.40%，见图6-5。老年人没有足够的经济条件，除了必要的生活开销外，用于社会服务等其他方面的消费少之又少。

第6章　我国西部地区城市居家养老服务发展实证分析

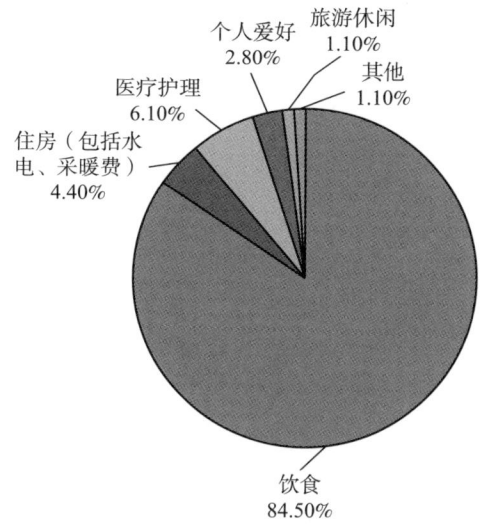

图6-5　老年人支出构成

(3) 生活照料情况。

照料是老年人最基本的需求之一,也是老年生活中最为重要的需求之一。调查结果显示,有75.10%的老年人认为自己的日常生活不需要别人照料,能够自己解决;有14.40%的老年人的日常生活需要有人照料;日常生活不需要别人照料但实际有人照料的老年人占3.90%;仍然有6.60%的老年人对日常生活照料有实际需求,但是没有得到有效的满足,见图6-6。

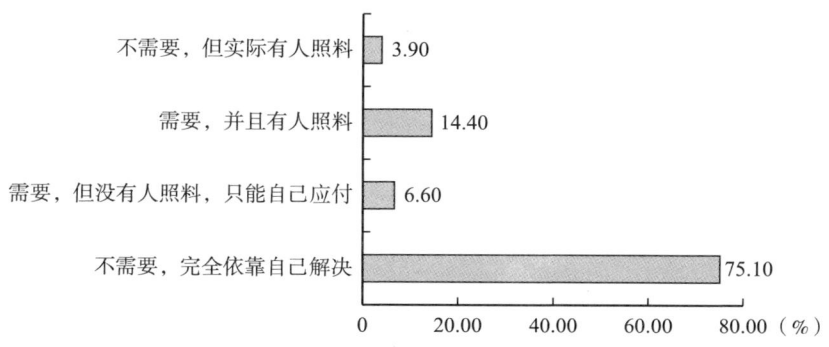

图6-6　老年人生活照料需求自评

本次调查将养老中的生活需求分为生活照料、医疗护理和精神需求三类，根据调查数据得知，有80.1%的老人最需要的是生活照料，其次是医疗护理，占比为13.8%，精神需求的占比仅为6.1%。另外，调查结果显示，老年人对上门生活照料的需求排在前三位的分别是打扫卫生、洗衣做饭和买菜购物三个方面。总的来说，这体现了老年人对上门服务需求的多样化，要想满足老年人的需求，居家养老服务需要不断优化上门服务。

（4）精神需求情况。

精神活动在老年人的晚年生活中处于极为重要的地位，它不仅关系到老年人晚年生活丰富与否，还直接影响晚年生活的质量。调查显示，在日常生活中经常或者偶尔感到孤独的老年人所占比例合计达36%，他们需要精神活动来丰富老年生活，驱赶孤独，也需要心理咨询或者心理治疗来疏导其消极情绪，引导其学会自我调节，积极乐观。详情见图6-7。

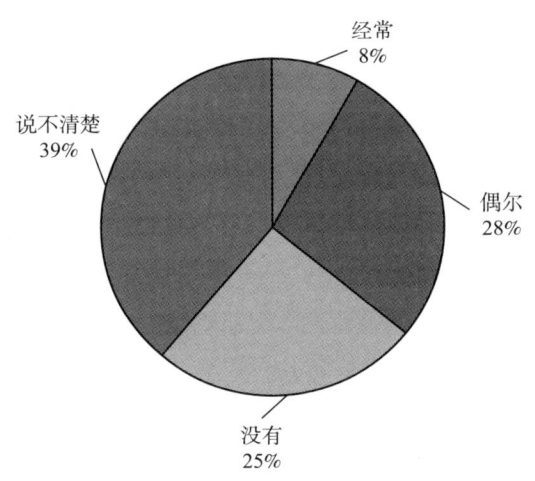

图6-7 老年人孤独感

老年人闲暇生活主要内容排在前三位的分别是看电视、听广播（44.00%），体育锻炼（13.30%），读书看报、琴棋书画、养花鸟、钓鱼等（11.00%），见图6-8。这一结果表明老年人精神活动水平较为低下、方式较为单一，大部分仍然以传统的精神活动如看电视、听广播为主。

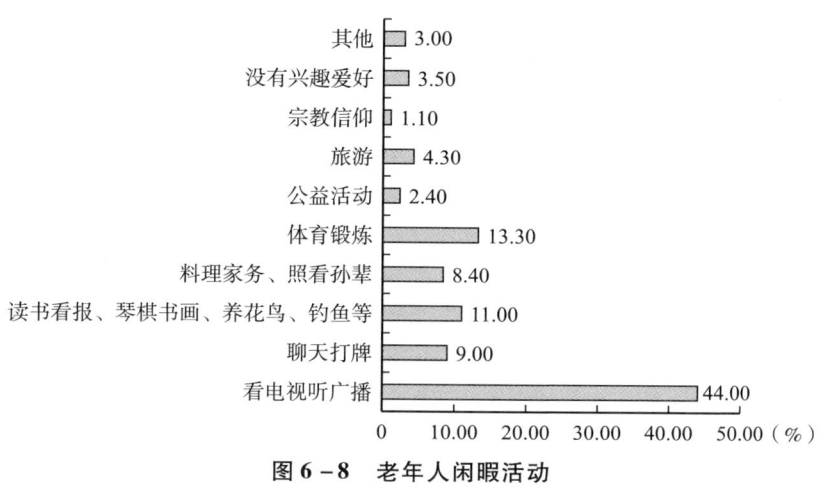

图6-8 老年人闲暇活动

调查结果显示，老年人精神需求排在前三位的分别是文化娱乐（37.00%）、心理咨询（36.50%）、法律咨询（12.10%），见图6-9。根据调查了解到，有40%的老年人需要陪同聊天的上门服务；有29%的老年人需要心理疏导；还有9%的老年人需要陪同外出散步。另外，调查结果显示，有46.9%的老年人希望社区能够举办健康、法律、文化等知识讲座；有21.8%的老年人希望社区能够组织各种活动和培训；有14.1%的老年人希望社区能够组织志愿者陪同聊天，缓解烦闷。随着社会文明的进步和生活水平的提高，老年人传统的观念和生活习惯受到一定的冲击，日常的生活照料服务已经不能满足老年人群体的需求了，他们更加注重身心愉悦、精神丰富和情感支持等精神追求。

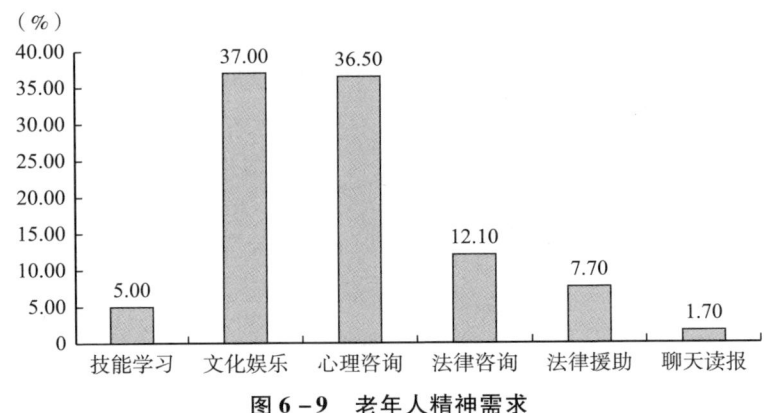

图6-9 老年人精神需求

（5）医疗需求情况。

医疗护理一直都是养老服务中的一大主要内容，调查结果显示，有19%的老人健康状况很好，25%的老人较好，健康状况一般的老人占样本的29%，健康状况较差和很差的分别占22%和5%，由此可见，部分老人仍然受到健康问题的困扰。见图6-10。

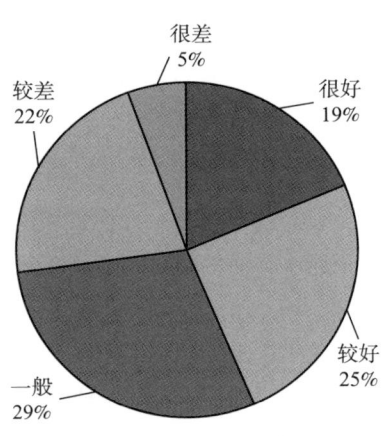

图6-10 老年人身体状况

调查结果显示，大部分老年人都患有慢性疾病，没有患病的老年人所占的比例为28.4%，老年人所患的疾病排在前三的分别是高血压（22.3%）、关节病（12.7%）、心脏病（10.9%），这三者都属于慢性疾病，慢性疾病最大的一个特点就是根治的可能性较小，并且治疗时间长，需要花费的医药费用大。此外，身体健康检查对于老年群体而言是必不可少的，定期的体检能够了解身体状况，有54.7%的老年人希望社区一年能够组织一次体检。年龄的增长、身体机能退化、抵抗力下降、患病概率增加使得老年人对医疗服务的需求不断增加并且日益多样化。调查结果显示，老年人需要社区提供的医疗康复服务内容排在前三位的分别是定期体检（38.10%）、社区急救（16.90%）、健康指导（10.50%），见图6-11。据调查了解，在上门医疗护理中有50.8%的老年人需要上门看病服务；30.4%的老人需要定期上门健康检查服务；相比其他医疗护理方式，居家养老当中的上门医疗服务更适合存在行动不便、交通不便等情况的老年人，老年人可以在家中接受护理或者治疗。另外，老年人不仅希望社区卫生服务中心能不断完善老年医疗优惠制度，还希望能建立老人健康档案动态管理体系，同时还希望能够改善服务站设备和完善药品种类。

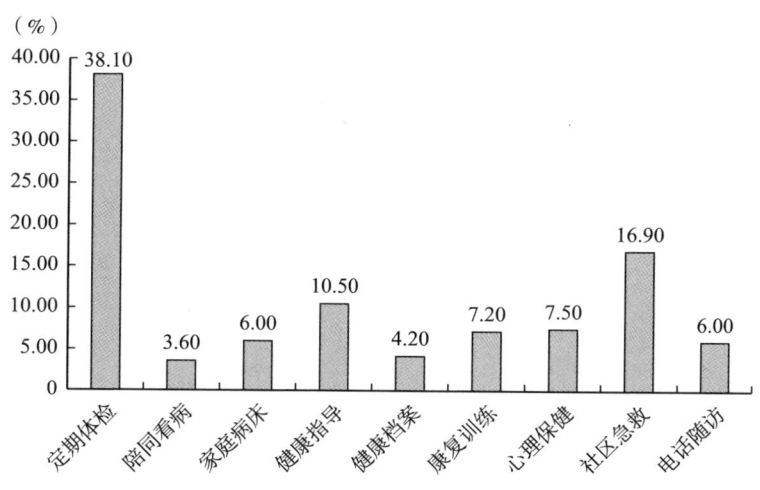

图6-11 老年人希望社区提供的医疗康复服务

6.1.2.2 贵阳市社区居家养老服务供给状况

（1）政策方面。

2006年国家出台政策提出要加快推进养老服务业的发展，需要逐步建立和完善以居家为基础、社区为依托、机构为补充的养老服务体系。为贯彻落实这一政策，贵阳市于2007年在云岩区、南明区和小河区推行居家养老服务试点工作，十年的发展使得贵阳市社区居家养老服务工作不断趋于成熟，惠及越来越多的老年人。贵阳市2008年普遍开展了居家养老服务的试点工作，初步建立了市、区、街、社区各级相互贯通的养老服务网络。2010年为大力促进贵阳市居家养老服务的发展，出台了《为空巢老人服务方案》，使得空巢老人需求得到一定满足。2017年贵阳市老龄工作会议提出尽快推进和部署《居家养老服务设施计划》，加快推进居家养老合理的布局规划，使得居家养老惠及更多老年人。贵阳市民政局在2018年工作计划中指出，要着力打造居家养老新模式，探索建设贵阳市"社区互联网＋居家养老服务中心"的新型信息化、数据化养老服务平台。

（2）养老设施方面。

2010年，贵阳市初步建立了以公寓式托老站、日托照料所和呼叫式上门服务为主要形式的多层次社区居家养老服务体系，财政拨款380万元用于开展居家养老工作，建设居家养老基础设施；2010年全市新增居家养老服务站52个，420个社区、62个村建立起居家养老服务机构，居家养老服务基础设施得到进一步改善。到2012年，贵阳市已经建立居家养老服务机构的社区有425个，430个村也建立了居家养老服务机构，这也为居家养老的发展奠定了更好的基础。自2014年起贵阳市投入建设社区老年公寓、老人康复楼、特教区改扩建，不断完善居家养老基础设施。到2017年，贵阳市总共建立了30家社区日间照料所。2022年末，贵阳市养老服务机构（含社区日间照料中心）132 个，社区服务中心 58 个，其中农村 43 个；社区服务站 1543 个，其中农村 912 个。①

（3）养老服务内容。

贵阳市居家养老服务自从建立以来，其服务内容一直在随着老年人的需求而不断变动，从最初简单的咨询、照料服务拓展到学习、娱乐、互助等服务。以贵阳市乌当区友邻社养老服务中心为例，自 2014 年成立以来，其居家养老服务内容一直在不断更新，其养老服务内容主要包括日间照料、就餐服务、健康指导服务和老年教育服务等，如今已经在社区内成立了诸多学习、教育、互助等类别的小组来满足社区内老年人的居家养老需求。云岩区皇钻居家养老服务中心建立了集用餐、娱乐、医疗为一体的多层次需求供给体系，主要包括棋牌室、图书阅览、养生饮品、老年餐厅、日托床位、医疗护理等功能性服务。乌当区创新社区居家养老服务中心更是将居家养老服务与智能化、数据化联系起来，在提供生活照料、精神慰藉、医疗护理等服务的同时，还紧跟贵阳市大数据产业发展的步伐，在社区内开展了新型居家智能化养老服务，建立了老年人口数据库，将老年人的资料归类入库，为老年人提供更加精准的居家养老服务。2017 年财政投入 300 万建设贵阳市贵乌社区居家养老服务中心，打造贵州省首个"6+1"居家医养结合示范项目。② 2023 年贵阳市南明区拨付社会保障和就业资金 103740 元，用于低保救助，打造"15 分钟养老服务圈"，创新"养老+食堂"模式，更好满足各类群体不同层次养老需求。③

---

① 贵阳市统计局.2022 年贵阳市国民经济和社会发展统计公报［Z］.2023 年 5 月 30 日.
② 资料来源于贵阳市民政局.
③ 贵阳市人民政府.贵阳市南明区 2023 年财政预算执行情况与 2024 年财政预算（草案）报告［Z］.2023 年 3 月 8 日.

6.1.3　贵阳市社区居家养老服务存在的问题及原因

（1）居家养老服务供需矛盾。

①实际需求不足。

贵阳市老年人对于居家养老服务潜在的需求大大超过实际需求。根据调查了解，有96%的老年人愿意接受居家养老服务，但是实际上接受了居家养老服务的老年人比例为89%，有6%的老年人由于收入水平低下、不愿表达需求等原因没有接受过居家养老服务。另外，调查了解到有高达75.1%的老年人认为自己不需要别人照料，但有部分老年人实际上需要生活照料服务，并且调查结果显示80.1%的老年人需要提供生活照料服务。根据调查，部分老人居住的社区设有社区居家养老服务中心，但当老人遇到困难时，只有1%的老年人希望得到社区工作人员的帮助，当遇到困难时大部分老年人还是希望得到家人的帮助，社区服务站似乎成了摆设。老年人对于社区居家养老服务的认识还不够客观和现实，他们仍然保持着根深蒂固的传统家庭照顾的观念，由此可见，要想使老年人居家养老服务的潜在需求转变为显性需求，还需要一段漫长的路。

②服务供需不对等。

随着经济水平的不断提高和人们生活方式的转变，老年人对于养老服务的需求内容一直在不断地发展变化着，但是居家养老所提供的服务内容更新速度较为缓慢，老年人对于养老服务的需求与社区实际提供的服务存在一定的错位。根据调查了解，在生活照料方面，有80.1%的老年人最需要生活照料服务，但所居住社区更多提供的是医疗护理和精神照料方面的服务，对于最基本的生活照料的服务反而更少。在精神照料方面，根据调查了解，老年人在精神照料方面的需求主要包括技能学习、文化娱乐、心理咨询、法律咨询、法律援助和聊天读报六个方面，可见老年人对于精神照料需求的多样化；然而

第6章 我国西部地区城市居家养老服务发展实证分析

现阶段贵阳市的居家养老服务在精神慰藉方面的服务主要以文化娱乐、心理咨询、陪同聊天等为主，缺乏技能学习和法律方面的有关服务。贵阳市是西部欠发达地区城市，居家养老服务方式起步较晚，其发展受经济、文化、传统民族观念的影响较深，养老服务内容的更新跟不上人们生活方式和人们观念转变的速度和老年人多样化的服务需求，因此其服务内容较为单一，常常与老年人实际需求的服务存在错位。

（2）发展资金不足且来源渠道单一。

贵阳市是西部欠发达地区城市，经济发展水平较为低下，因此居家养老服务的收费较低，并且针对一些经济困难的老年人半收费，居家养老服务收益较低，但是成本较高，发展资金不足以支撑较高的运营成本。另外，随着老年人口数量的快速增长，居家养老服务的需求量也在增长，这也就意味着需要的资金费用越多，但较低的经济增长水平限制了居家养老服务的发展。就当前情况而言，贵阳市居家养老服务资金主要由政府拨款，但是随着老年人口的快速增长、人口老龄化程度的加剧，资金来源仅仅依靠政府是不可行的。福利多元主义认为养老服务作为社会福利的一个主要内容，福利的提供者应该包括国家、市场、社区和民间组织，如果单靠一方出力很难维持居家养老服务的发展，应当由四方共同承担，协力共促居家养老的发展。

（3）居家养老服务缺乏专业性。

贵阳市社区居家服务起步较晚，居家养老服务水平较低，大都是简单的日托照料、就餐服务、健康指导等基础服务，而涉及心理治疗、心理咨询和法律咨询的服务还较少。贵阳市社区居家养老管理水平较为低下，体系建设还不完善，这直接影响提供服务的质量。另外，贵阳市从事居家养老服务的都是没有接受过专业训练的人员，其服务质量必定会受到专业限制，并且由于服务人员待遇低、工作时间长、工作环境差等因素造成社区居家养老服务缺乏专业服务人员。受到服务队伍专业素质的影响，服务的专业水平较为低下。

（4）居家养老服务基础设施不完善。

社区是老年人活动的主要场所，是老年人精神文化的载体，社区内的资源能否得到有效利用，不仅对于丰富老年人的生活有很大的作用，还对居家养老的发展有一定的影响。据调查了解，有80%的老年人居住的社区没有设立社区服务站，仅有20%的老年人居住的社区设有服务站。虽然近年来政府出台政策加快居家养老的发展，但是由于资金不稳定的问题，贵阳市居家养老服务的基础设施难以满足快速增长的老年人的居家养老需求。但是绝大部分老年人认为社区缺少室内活动场所、户外活动场所、老年食堂等方面的资源。

6.1.4 完善贵阳市社区居家养老服务的建议

为不断健全完善贵阳市社区居家养老服务体系建设，尽力满足老年人的居家养老服务需求，确保贵阳市老年人实现老有所养、共享全面建成小康社会新成果，提出以下建议。

（1）完善贵阳市社区居家养老服务体系建设。

①"互联网+"融入社区居家养老。近年来，随着"互联网+"等信息技术的不断深入发展，"互联网+"技术促进了各行各业的发展，为了跟随时代主流，使互联网造福老年人，应该让"互联网+"融入社区居家养老的体系建设中，建立智能化的居家养老服务。贵阳是大数据之都，应当充分将大数据、云计算等信息技术运用到社区居家养老当中，使得社会养老资源得到有效的整合；建立老年人信息化管理平台，使得有关老年人的相关信息、数据在不同政府、社区、社会组织等达到实时共享，从而更好地为老年人提供居家养老服务。

②以需求为导向提供居家养老服务。贵阳市居家养老服务供需存在的错位限制了居家养老服务的发展，要解决这一问题，需要以老年人需求为导向开展居家养老服务项目。首先，需要建立老年人需求评

估体系，将老年人的需求数据化，更好地反映他们的实际需求。其次，拓展居家养老服务项目之前，需要进行充分的社会调查，只有在充分了解老年人实际需求的情况下，社区居家养老的服务项目才能真正造福老年人，而非形同虚设。

③实行分层管理以实现精准服务。贵阳市老年人主要分为贫困老人、空巢老人、独居老人、半失能或失能、失独老人五大类，这五类老年人在居家养老服务的需求方面各不相同，因此需要建立分层居家养老服务体系，以实现居家养老服务的精准度。针对家庭经济贫困的老年人，需要为他们提供简单的技能培训，例如做手工，他们不但能打发闲暇时光，而且可以缓解一定的经济困难。针对空巢老人和独居老人，可以多举行社区活动，帮助他们实现邻里互助，消除孤独感。至于半失能或失能老人，可以为他们提供上门服务。对于失独老人，可以给他们提供日托服务、生活照料服务等。建立分层居家养老服务体系不仅能够丰富养老服务内容，而且可以最大限度地实现资源的有效利用。

（2）完善贵阳市社区居家养老服务相关政策。

①建立长效的资金筹集方式。贵阳市是西部欠发达地区的城市，其经济发展水平相对于沿海城市而言较为落后，并且财政收入较低，无法将大量资金投入到社区居家养老服务建设中，但促进社区居家养老服务的发展，必须筹集充分的资金，那就需要拓宽资金来源渠道，由国家、市场、民间组织和社区共同承担，建立一个以政府为主导、市场协调、社会参与、社区落实的长效资金筹集方式，并且充分发挥非营利组织在资金筹集当中的作用。

②建设和有效利用居家养老服务基础设施。首先需要完善基础设施建设，政府需要统筹社区居家养老服务基础设施建设规划，合理布局基础设施，使得基础设施能够得到有效运用；其次应当扩大社区服务范围，在新型社区内合理建立居家养老服务站、老年活动中心等。最后需要使得社区居家养老服务设施得到有效的利用，利用已有设施

进行改造或者扩建，以达到资源的有效利用。

③培养专业型人才，提高服务水平。需要对在职服务人员加强服务技能培训，不断提高他们的专业素质，从而提高服务水平。国家相关部门应当与高校共同设立社区居家养老服务人才培训计划，让潜在服务人员学习心理学、社会工作等专业知识，提高他们的服务技能和水平。最后，应适当地提高服务人员的待遇，这更加有利于留住人才。

6.2 云南省昭通市养老服务发展调查

6.2.1 调查问卷和样本情况

本书采用问卷调查的方式对昭通市60岁以上老年人进行调查，从物质保障，精神需求和医疗需求等方面进行分析，以了解昭通市老年人的养老需求。问卷包含基本情况、物质保障、精神慰藉、医疗需求等方面的内容。本次调研总共发放问卷380份，回收问卷363份，有效问卷357份，问卷有效率94%。

调查对象基本情况：

性别：在被调查的老年人中男性为187人，占被调查老年人口总数的52%，女性为170人，占被调查老年人口总数的48%，在被调查的对象当中，男性略多于女性。

年龄：在被调查对象中，60~70岁的人有137人，占总数的38.3%，70~80岁的有118人，占被调查对象的33.3%，80~90岁的人有86人，占被调查对象的24%，90岁以上的人有16人，占被调查对象的4.4%。在被调查的对象当中，80岁以上老年人占总数的28.4%。

6.2.2 昭通市养老服务的供需现状分析

6.2.2.1 昭通市养老服务需求现状分析

本书通过问卷调查的方式，对昭通市老年人的养老需求情况进行调查，主要了解他们的物质需求、精神需求和医疗需求。

（1）老年人对物质保障的需求情况，见表6-4。

表6-4　　　　　　　老年人对生活保障的需求

主要开销	经济状况	生活需求	生活照料	提供上门服务的态度
饮食38%	相当充裕16.2%	生活照料65.8%	洗衣做饭30.2%	赞同，并愿意接受43.7%
住房11.7%	大致够用63.3%	医疗护理84.5%	打扫卫生35.8%	赞同，但不愿意接受41%
服装及其他生活用品17%	略有困难16.8%	精神慰藉53.5%	买菜购物17%	反对9.5%
医疗护理35.5%	困难3%		陪同外出13.7%	无所谓3.9%
其他18%			其他3.3%	

如表6-4所示，在生活保障方面，老年人的主要开销集中在饮食、生活用品及医疗护理上面；在问及经济状况时，大部分老年人表示在无大笔开支的情况下，生活费基本够用，而有极少数的老年人表示经济来源不稳，生活困难；在生活需求多项选择一问中，65.8%的人表示需要生活照料，84.5%的人表示需要医疗护理，53.5%的人表示需要精神慰藉；在生活照料这一需求上，老人的需求主要是基本的

洗衣做饭,打扫卫生;在提到是否接受上门服务时,43.7%的人表示愿意接受,41%的人表示这样做可以,但是自己不需要,不愿意接受,还有少数人表示反对,或者持无所谓的态度;在社会保障方面,大部分老年人都享有城镇职工基本养老保险、农村社会养老保险和机关事业单位离退休待遇等其中一种社会保障。

(2)老年人的精神需求情况,见表6-5。

表6-5　　　　　　　　昭通市老年人的精神需求

最需要哪种精神照料	精神需求	闲暇活动	希望社区提供服务	是否感到孤独	目前最担心的事
陪同聊天43.7%	技能学习11%	看电视,听广播37.2%	志愿者陪同聊天43.4%	经常11.5%	子女求学,成家立业32.5%
心理疏导25.2%	文化娱乐46.2%	聊天打牌38.4%	组织各种文体活动42%	偶尔38.3%	老年时的经济来源问题30%
陪同散步外出22.4%	心理咨询24.3%	读书看报,养花养鸟9%	发挥余热活动2%	没有30%	医药费负担问题12.2%
其他7%	法律援助7.8%	料理家务照看孙辈15.7%	举办知识讲座7.5%	说不清楚16.8%	以后的生活自理,健康问题9.5%
	聊天读报4%	其他6.4%	其他5.6%		精神依托20%

如表6-5所示,老年人的精神需求呈多样化的趋势,在提到最需要哪种上门精神照料中,43.7%的老人选择了陪同聊天,老人长期一个人生活在家可能会觉得孤独;在是否感到孤独这一问中,一半以上的人表示经常或者偶尔性地感觉孤独,老年人的生活比较单调,由于退出了社会劳动,他们产生了生理和心理上的落差,希望社区能够多组织文体活动、提供志愿者陪同聊天等服务,丰富自己的精神生活;不过谈及最担心的事情,大多数老人表示还是担心子女的成家立

业问题，还有就是自己老年时的经济问题。

（3）老年人的医疗护理需求，见表6-6。

表6-6　　　　　　昭通市老年人对医疗护理需求

半年内是否诊断出疾病	生病时的主要照料者	最需要哪种医疗护理需求	是否经常进行全面的健康检查	看病时碰到的最大困难
否 17.6%	老伴 27.7%	陪同看病 14.5%	检查 44%	医药费用太高 39%
1 种 24%	子女 33.3%	定期健康检查并提供保健 51.5%	从不检查 21.3%	交通不便 28%
2 种 32.5%	亲友 20.4%	医护人员定向服务 19.6%	记不清 32.2%	看病无人陪同 10.3%
3 种以上 13.7%	自己 14%	健康咨询 9%		医护人员态度不好 6%
未检查过 10.3%	其他 3.3%	其他 5.6%		就诊不便 16.5%

很多农村老人自身没有退休金，只能靠做农活种点粮食、蔬菜吃，老年人的养老需求根本得不到满足。在养老机构方面，养老床位数也十分短缺。截至2014年，昭通市养老院床位数为8627张，而60岁以上老年人为72.74万人。床位数供养率为11.8‰，远远低于全国21.48‰的水平。

养老服务供需不对等，昭通市少数公办的养老院收费很低，愿意来的老人就很多。而一些收费一般的养老机构，设施较差，愿意来的老人少。在被调查的老年人中，有24%的老年人患一种疾病，32.5%的老年人患两种疾病，13.7%的人患三种以上疾病，老年人的健康状况相对较差。在生病时，老人的主要照料者还是配偶或者子女。问及医疗护理需求时，51.5%的老人希望能够得到医护人员的定期健康检查并且提供保健服务。在健康检查方面，32.2%的老人表示很少或者没有进行过身体的全面健康检查。提到看病难的问题，39%的老人认为医药费用太高，28%的老人表示交通不便，这与昭通市山区地形十分相关，住在山区里的老人由于交通不便可能一年半载不会下一次山，在生病的时候，尤其是急病，受交通不便影响较大。

总体来说，昭通市老年人的养老需求呈现多样化的趋势，随着经济发展水平的提高，老人不仅仅满足于基本的生活保障方面的需求，更多的是希望得到精神慰藉，像有的老人会把自己的房子无偿租给年轻人住，条件只是陪他聊聊天，让自己不那么孤独。在养老服务的发展过程中，服务人员更需要注重老人的精神需求。

6.2.2.2 昭通市养老服务业供给状况

(1) 供需矛盾突出。

昭通市养老服务业的发展呈现起步晚、发展缓慢、供需矛盾突出等问题。从上文的养老需求分析我们可以看到，大部分老人期望的养老方式是家庭养老，并且希望在生病的时候能够得到子女的照顾。但现实是昭通市空巢现象特别严重，有的农村甚至出现空村现象，子女外出打工一年半载才回家里一趟，来不及嘘寒问暖又得离开外出打工，昭通市整体经济发展落后，人们受教育程度普遍偏低，这些外出的农民工工资也不高，负担老人养老费用的钱少之又少，对机构养老需求较小，许多床位都被闲置起来。而一部分投资多、收费高、服务好的高级养老院，受到很多城市经济条件好的老年人的青睐，床位供不应求。

(2) "空巢"严重，家庭养老供给不足。

现代化社会进程发展较快，人们工作变动频繁，人口流动速度加快，家庭结构方式由以往的大家庭模式转向核心家庭和空巢家庭模式。①

---

① 胡美娟. 我国计划生育政策与人口老龄化的矛盾分析 [J]. 经济研究导刊, 2014 (32).

第6章 我国西部地区城市居家养老服务发展实证分析

云南省总体经济发展水平不高，但是同样面临人口老龄化、高龄化带来的严峻考验。随着人口老龄化、高龄化趋势的加剧，老年人家庭空巢化问题也越来越严重。昭通市作为云南省一个人口较多的城市，经济发展落后，交通闭塞。为了生存年轻人不得不外出打工，有的能够走出大山去外地上学就在外定居，留下老人独自在家。这些老人很多面临着经济困难、缺乏照料、精神孤独等问题。特别是在农村，家庭的经济来源主要是耕地，劳动量投入很大，但是收获很小。昭通市地处山区地带，大多数土地贫瘠、崎岖，农作物产量偏低。许多高龄老人，面对家庭低收入的状况，缺乏安全感，但不愿给子女带来过多的负担，所以还是会继续劳动，直到身体状况已经不能再劳作为止。很多老人因为经济原因尽管身体有疾病也不愿意去医院就诊。

（3）养老机构管理不到位。

①管理不规范。从昭通市老龄服务机构的实际情况来看，首先，缺乏服务水平较高的养老机构，无法满足老年人的养老需求。其次，部分养老机构存在内部资源闲置问题，无法发挥其应有的功效。最后，很大一部分养老机构从业人员紧缺，导致在业人员工作量大，想要提升服务质量很困难。昭通市养老服务业还存在养老机构布局偏差的问题，昭通市本是一个山区，许多村庄都是依山而建，但是昭通市许多农村幸福院往往建在山脚，给深山区的老年人养老带来了不便。

②专业人员紧缺。目前中国的养老服务业普遍存在专业人员紧缺这一问题。为满足社会对养老人才的需求，我国开始建立养老服务专业，但是真正开设此专业的学校很少，因为许多学生在高考填志愿的时候不愿意选择这类专业。而且尽管有少数学校开展了这一专业，毕业生在就业方向的选择上面也趋向于选择其他行业。愿意为老年服务的专业人才很少。由于缺乏专业的人才，养老机构服务质量偏低。就当前来说，昭通市养老机构的从业人员一般都是三四十岁的中年妇

女，文化程度普遍不高，不管从专业素质还是道德素质方面讲都普遍偏低。他们当中大多是因为没能找到更好的工作迫于生计才从事此类工作，在工作中也无法做到尽心尽责。受文化水平的限制，他们对于新知识、新技能的学习很困难。这一类服务人群只能大致满足老年人的衣食等需求，对于心理需要、医疗护理需求等，远远不能满足。

6.2.2.3 昭通市养老服务业发展的制约因素分析

（1）传统观念制约养老方式的选择。

中国几千年来的养儿防老思想根深蒂固，现在绝大部分老年人还是不赞同走出家庭，进入养老机构等养老，他们认为自己有儿女，去养老机构的话会被人笑话。另外，对于年轻人来说，尽管存在家庭经济不好，自己外出打工，父母一个人在家生活的情况，也仍不愿意送老人去养老机构，他们认为这样会被认为不孝顺。但是现在空巢现象特别严重，养儿防老的愿望根本就不能实现，老年人一方面在家里感受到精神孤独，渴望别人的关爱，另一方面又放不下思想包袱，不愿意接受外界的服务，这给养老服务业的发展造成了巨大的阻碍。没有需求就没有市场，养老服务业的发展还得首先改变老年人的养老思想。

如图6-12所示，被调查的老年人受教育程度偏低，其中文盲有140人，占被调查对象的39.2%，小学程度的有110人，占被调查对象的30.8%，初中水平的有71人，占被调查对象的19.9%，高中以上程度的仅有36人，占被调查对象的10.1%。昭通市60岁以上老年人受教育程度低，文盲率偏高，这对老年人精神生活和养老方式的选择有着极大的影响，传统思想根深蒂固，使他们对新事物的接受能力偏低。

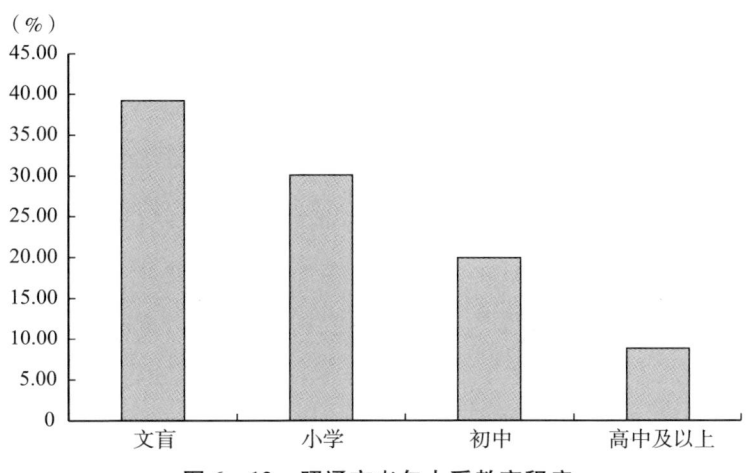

图 6-12 昭通市老年人受教育程度

如图 6-13 所示，在养老方式的选择上，老年人偏好于家庭养老方式，在被调查的 357 人当中，有 63% 的人选择家庭养老的方式，与子女或者老伴居住在一起，由子女提供生活照顾；21% 的人选择社区养老的方式，愿意居住在家里，由社区提供养老服务；16% 的人选择机构养老的方式。在问及为什么不愿意选择机构养老方式时，有的老人表示，那是有钱人才住的地方，而有的老人却表示，自己有儿有女有房子，为什么要去住养老院。

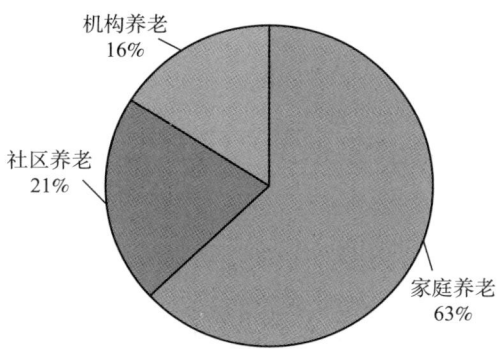

图 6-13 昭通市老年人养老方式选择偏好

(2) 收入偏低导致对养老服务的支付能力不足。

家庭收入的低下导致对老人的赡养能力不足，不但不能提供给老人最基本的养老费用，甚至还得帮助子女下地干活。在调查老年人可以接受的小时工养老服务价格时，绝大部分农村老人表示不愿意请小时工，也不愿接受社区日间照料。因为家庭情况难以承担这些养老费用。农村老人养老意识薄弱，也直接影响到养老服务业的发展，有些农村虽然建了幸福院、敬老院，但是农村老人不愿意去养老，只有那些没有子女，且没有收入，无法自我养老的老人，迫于无奈只得进入这样的机构让政府集中供养。

如图 6-14 所示，在被调查的人群当中，有 108 位老年人无固定收入，占总人数的 30.2%，21.3% 的人收入在 500 元以下，收入在 500~1500 元的老年人占被调查总数的 33.5%，收入在 1500 元以上的老年人占被调查对象总数的 15.9%。在涉及收入来源一问中发现，老年人的收入来源分为自己现有劳作、子女补贴、自己或者老伴离退休金等收入。调查显示，昭通市仍然有很多老年人虽然年事已高，但仍然从事劳作，以此来满足自己的养老需求。

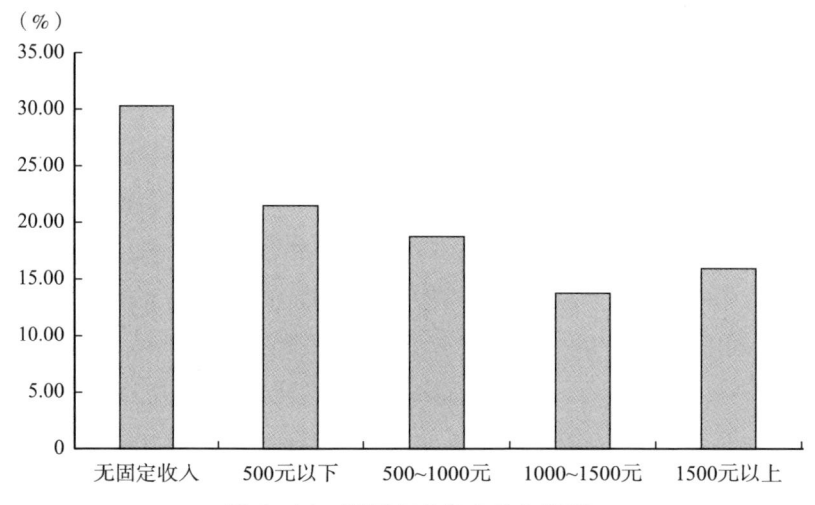

图 6-14　昭通市老年人收入情况

(3) 昭通市整体经济发展落后导致外来社会资本难以引进。

昭通市贫困程度深，地方财政薄弱，近几年来，昭通市出台了一些政策支持养老服务业的发展，包括减免税收、财政投入等，但是在投资建设过程中，政府投入的力度有限，许多民间资本尽管有意进入养老服务业，但是由于政府政策不完善，投资风险大，周期长，回报小，导致许多民间资本不敢轻易投入资金。

(4) 政府对养老服务认识不到位。

国家和政府相关部门出台的扶持政策对于养老服务业有一定的指导意义，但是在政策落实过程中经常出现不到位不透明的情况。养老服务业政策体系发展也不完善，相关组织、关系、规划、布局与国家、相关政府部门出台的政策不匹配，扶持政策的监管很欠缺，部分养老服务机构在注册过程中弄虚作假，服务品质差强人意，价格与质量相差其远，导致养老服务体系的建设十分困难。

6.2.3 昭通市养老服务业发展存在的问题分析

(1) 人口老龄化形势严峻。

云南省作为西南山区一个重要的人口大省，少数民族数量位居全国第一，第六次人口普查数据显示云南省少数民族人口数量占全省人口总数的 33.37%。云南省的人口老龄化特点是起步较早，发展迅速，按照联合国 65 岁以上人口占总人口的 7% 为人口老龄化标准，云南早在 2000 年就已进入老龄阶段。昭通市作为云南省人口数第三的山区地级市，人口老龄化发展迅速，具有多民族性、老年群体文化素质普遍低下等特点。昭通市是全国性整体贫困地区，多为山区地带，全市十一个县区中有十个县属于国家级贫困县，是典型的未富先老城市。

2010 年昭通市总人口 521 万，60 岁以上人口 50.02 万，占人口总数的 9.6%①，而到 2020 年，全市总人口数为 509 万，同比 2010 年减少 2.3%，相比较来说，60 岁以上老年人口增长 14.77 万，占总人口的 12.72%，同比 2010 年，60 岁以上人口数增长率高达 30%②，可见昭通市人口老龄化正在以人们想象不到的速度发展。昭通市少数民族较多，少数民族人口数量占总人口数的 10.17%。

（2）养老服务体系发展缓慢。

截至 2014 年，昭通市十个县一个区，146 个镇，1109 个村，211 个社区居委会中仅有社会福利院 12 所、农村敬老院 49 所、农村居家养老服务中心 33 所，供养农村五保老人 5678 人，相当于农村五保老人的 15.66%③。这与国务院要求的养老目标相差甚远④。况且，这些养老机构仅供养统计在案的很小一部分农村五保老人和城市三无老人。事实上，更多需要帮助的老人没有得到帮助。昭通市是典型的山区，最低海拔 267 米，最高海拔 4040 米。农村的大部分村庄都是依山而建，敬老院多设置在海拔较低的地方，靠近城镇等，这样一来，无法满足农村老年人的养老服务需求。昭通市养老服务体系发展也很困难，现在面临巨大的挑战。昭通市贫困面积大，程度深，群众自我积累少，自我发展能力弱，经济发展滞后，地方财政比较薄弱⑤。民政部"十二五"规划期间，在关于养老服务体系建设项目规划上，地方财政资金缺口非常大，导致部分项目开工即停工，许多项目甚至无法开工。在进行老年服务建设时，各种审批程序复杂，且耗时长，工作推进非常缓慢。另外，部分山区交通不便，给材料运输业增加了成本，施工进度也大受影响。昭通市养老服务体系的建设还需要政府和民间组织的共同努力，唤起人民群众关注养老服务业的发展意识。

---

① 全国第六次人口普查数据［Z］.2010.
② 昭通市第七次全国人口普查公报［Z］.2021 年 6 月 1 日.
③⑤ 张景松.昭通市养老服务业发展的现状、问题及对策［EB/OL］.0555mas.com/xinwen/51240.html.2021-01-05.
④ 《国务院关于加快发展养老服务业的若干意见》〔2013〕.35 号.

（3）养老服务机构管理不规范。

昭通市养老服务业发展与整个国内欠发达地区养老服务业发展有一个共性问题，就是养老服务机构管理不规范，从业人员素质偏低，缺乏专业性。尽管大部分养老机构有自己的管理条例，但总的来说，没有较为准确的、规范性的规定。况且，大多数社会福利院和农村敬老院都是靠临时工和志愿者撑起来的，在管理上缺乏规范性、系统化和专业性。

另外，许多敬老院都只能为老人提供简单的食宿，无法满足老年人更高层次的精神慰藉和医疗需求。农村敬老院大多设在村委会附近，由村干部担任护理人员，没有专业的服务人员。仅有一小部分城镇的养老院可以提供一些基本的康复理疗服务，但是从业人员也不专业。这是某养老院招聘康复理疗师的要求：为人善良，性格和蔼，善于沟通，品行端正，无不良嗜好，刻苦勤奋，善于学习，服从安排有团队意识，有按摩和中医基础最好，没有也可参加公司培训。但由于薪酬不高的原因，很难找到专业的服务人员，昭通市一些较好的养老机构工资整体水平在2000~3000元，其中50%以上从业人员工资都在2000元以下。所以像康复理疗等专业人员更愿意选择薪酬较高的医院、养生馆等机构。这是整个养老服务业的瓶颈，也是由服务人群和机构的营利性质所决定的。

6.2.4 促进昭通市养老服务业发展的建议

（1）充分认识居家养老服务发展的重要性。

目前，全世界公认的最好的养老方式是居家养老模式，老年人可以不用离开熟悉的环境，在家里享受由社会提供的养老服务。昭通市养老服务业发展缓慢，加上受到传统观念的影响，许多老人不了解居家养老的内涵，对社区提供养老服务这样的说法觉得不可信，不现实，他们认为自己的生活还是交给子女照顾比较放心，但是由于人口老龄化的迅速发展和家庭结构的改变，子女赡养老人的负担加重，压力过大，有的独生子女夫妻两个人不仅要赡养四个老人，还要抚养孩子。这种子女为老人养老的方式将会越来越不足以满足老年人的养老需求。这就要求各级政府加大对居家养老的宣传，让人们明白什么是居家养老以及发展养老服务业的重要性。另外，政府应该充分发挥社区的作用，依托社区发展居家养老服务，老年人日常活动的主要场所就是社区，社区是老年人融入社会的主要途径，也是推动居家养老服务建设的主要平台。根据老年人的实际需求，社区可以提供家政、长期护理、日托、陪同看病、送饭上门等多种形式的养老服务。社区养老服务的建设可以参考经济发达地区，如上海、北京等地区的实践经验，在街道设立养老服务中心，在社区设立养老服务部门等。社区服务可以由政府投资建设，也可以鼓励民间资本投资建设。

（2）丰富养老服务的功能。

随着生活水平的提高，老年人群对养老的要求也在不断提高，他们不仅局限于满足生活保障，还需要精神慰藉。在居家养老服务中，不管是政府、机构、社区还是志愿者都应该首先了解服务对象的需求，给不同的人制定不同的服务计划，丰富养老服务的功能。社区居家养老服务中心应该增加老年活动场所，多组织各种文体活动、培训等，提供一些适合老年人学习的技能教学，如插花、竹编艺术等。另外，在健康的老年人群中发展城市环保志愿者，让老人感觉到自己对这个城市还有用，减少他们因为退休而带来的低落感。在服务过程当中最重要的是尊重，将老年人看作平等的人，不要以强者的姿态去对待他们。

目前，我国大部分居家养老服务者都是非专业人士，他们没有经过专业的理论知识学习，只是按照常识或者自己的经验在做。在未来的居家养老服务当中，应该尽可能地引进专业人才，如社会工作专业、社会保障学专业、卫生保健这方面的人才来进行居家养老服务。目前已了解到每年社会工作专业毕业的学生有大半的人在毕业后在从事其他行业，真正需要社会工作者的岗位上却是非专业人士在坚守。面对这种情况，各高校应该积极与各社会工作机构、居家养老服务机构、社区等沟通合作，让更多专业的人士参与到养老服务中来。这样，就需要政府加大扶持力度，对从事居家养老服务经济困难的人员进行职业技能培训补贴、社会保险补贴，提高薪资水平，以吸引更多的专业人士进入到养老服务行业当中去。

中国式居家养老服务主要是政府监管，依托社区开展的模式，有很多弊端，首先，依托社区专业性不强，没有专门的服务团队。其次，社区服务不是专门针对老年人，这样会造成分工不明、相互推诿的问题。针对这些问题，可以创建由政府牵头，公司或者机构承包居家养老服务的模式，减轻社区的压力，同时增强居家养老服务的专业性。公司或者机构有专业的团队，能够为老人订制专门的养老服务方案，可以按照老人的需求、经济状况，提供不同的服务。同时政府应该提供优惠政策，鼓励自主创业，如大学生创业等，这样不仅能够实现老有所养，还能拉动内需，增加就业。

（3）政府积极鼓励民间特色产业发展。

由于经济发展落后，昭通市大部分年轻人选择外出打工，空巢化严重。昭通市位于云南省东北部，地处云贵川三省接合部，地理位置特殊，山高谷深，海拔落差大，受其位置及气候的影响，养殖业在全市农林渔牧中占重要比重。例如高原肉牛产业、昭通茶产业、土豆、苹果等都是比较有名的产业，政府可以参照这些产业的发展模式，利用昭通市独特的地理、交通优势和气候资源优势，鼓励和支持农民工回乡创业、就业，这样一来，不仅可以有效地减少家庭空巢化现象，增加家庭养老的供给量，而且还能带动就业，增加 GDP 的增长。

（4）探索具有昭通特色的养老服务业道路。

目前，许多发达国家拥有成熟的老龄服务产业，发达国家的老龄产业模式多样，市场成熟，居家养老仍为主流。发达国家成熟的养老服务产业得益于其成熟的市场环境。政府的积极推动还有政策法规的完善，发达国家具有较高的市场细分程度和跟随市场需求发展的创新技术和能力。昭通市养老服务业的发展可以借鉴国外发展养老服务的经验，国外养老服务主要由市场和社会组织来满足，昭通市市场发展不成熟，这就要求政府制定政策，鼓励和引导社会资本参与到养老服务产业中来。另外，法律制度对养老服务产业的发展也起着重要的作用，政府应建立健全养老服务相关法律制度、管理制度，高度重视战略规划。

第 7 章

我国城市居家养老服务存在的问题

7.1 居家养老服务供需失衡

目前,我国的养老模式主要是社区养老、机构养老和家庭养老,与老年人的养老需求的差距很大,很不适应老龄化社会发展的要求。居家养老是社区养老和家庭养老相融合的模式,比较适合我国居民的养老习惯,但是还存在许多不足之处,如服务水平较低,发展不平衡,服务层次低、覆盖面窄、范围小、质量不高等。

(1)居家养老服务供给主体过于单一。

目前,我国居家养老服务的提供者还主要是政府和街道、社区组织,居家养老服务还是依靠政府。政府集政策制定、经费划拨、实施主体于一身。许多街道和社区居委会一直坚守着政府负责为老年人提供各种养老服务的社会理念,承担着服务人员的招聘、服务的提供、服务的落实和服务的监管等事项。导致社区居家养老双轨制,一部分享受政府服务补贴的老年人可以在居住地的居家养老服务中心得到免费或低偿的服务,其他老人却享受不到居家养老服务政策带来的好处。政府作为养老服务的重要主体,基本包揽了居家养老服务的全过程,受到政府的财政支持,老年人基本都能享受到免费的服务。同时,民间组织和市场机构参与养老服务市场存在诸多困难,一方面缺少优惠政策支持，另一方面拓展养老服务市场困难，导致民间组织和私营养老机构的参与不足，居家养老服务市场服务供给主体过于单一。①

（2）服务内容供给简单化，难以满足多样化需求。

①居家养老服务内容单一，不能满足多样化的需求。居家养老服务包括许多共性的服务，还包括许多个性化的服务。居家养老的推进离不开生活照料和医疗护理、精神慰藉等各项社会服务的良好发展。目前，我国养老服务社会化水平还很低，服务项目少，远远无法满足老人的实际需求。服务种类缺少主次之分，服务内容仅局限于老人的日常基本生活需要，还没有提供预防、医疗、康复、护理照料等一系列服务。例如，各类社区居家养老服务项目以家政服务、休闲娱乐为主，多为物质生活帮助，医疗保健性质的护理服务还很少，读报、聊天等服务更是少见，精神心理支持和情感慰藉方面几乎不存在。多数社区没有注意到老人的精神生活和发展需求这一心理需求，没有针对性地提供相应的文娱、老年教育、老年再就业等方面的设施和服务。而提供的娱乐设施也很简单，仅限于供老人打牌、打麻将，等等，没有提供更多样化的文化设施，如报刊阅览室、老年茶室、聊天站等。②

②居家养老服务对象狭窄。目前，居家养老服务没有惠及更多的老人。能够享受到社区提供的居家养老服务的老人只占老年群体的很少一部分，大多数老人还不是被服务的对象。例如，上海市社区街道居家养老服务的重点服务对象主要有两类：一是60周岁及以上低保或低收入（800元以下）生活不能自理或部分不能自理的老人；二是80周岁及以上，独居老人或纯老户，本人月养老金低于上年全市平

---

① 鱼洁. 城市居家养老服务的多元化供给主体研究 [D]. 西安：西北大学硕士学位论文，2011：19－21.

② 李晨漪. 居家养老服务需求与居家养老服务体系建设研究 [D]. 南京：南京农业大学硕士学位论文，2009：36－40.

均数，生活不能自理或部分不能自理的老人。具体来说，居家养老服务的对象主要包括对社会有过特殊贡献的老人，如归侨、劳模及优抚老人；低保、低收入及生活自理能力低下的老年人；养老金低于全市平均水平的独居或空巢的高龄老人。到 2010 年底为止，上海市为 26.2 万名居家老人提供的社区居家养老服务，约占上海市户籍老年人口的 7.6%。[①]

③居家养老服务供给区域不平衡。居家养老服务项目资源的区域分配也不平衡，城乡差距大，中心城区的资源也普遍高于郊区。同时，职能部门之间的差别，也导致了服务过程中资源分散和效率低下，不利于服务资源的整合。另外，居家养老服务还缺少统一规划和管理，使服务供给出现重复建设和低效问题，导致居家养老服务的覆盖面大大降低。

7.2 居家养老服务专业化队伍的规模有待扩大、素质有待提高

目前，主要由居家养老服务机构的雇员和居家养老服务的志愿者提供居家养老服务。这些人员缺乏专业知识和技能，缺少职业培训，具有从事养老服务的专业资质者很少，导致能够提供的服务项目相对单一，处理突发事件的能力不足，服务质量低，无法完全满足老年人居家养老的需求，制约了居家养老服务业的发展。[②]

（1）社区居家养老服务人员缺乏。

目前，具有一定职业技能，愿意从事居家养老服务工作的人很少。首先要解决招募问题，如果一个职业乏人问津，该职业发展前景

---

① 鲁萍. 老龄化背景下的上海城市居家养老服务问题研究 [D]. 上海：上海师范大学硕士学位论文，2012：23-26.
② 丁明明. 温州市居家养老服务调查与分析 [D]. 南京：南京农业大学硕士学位论文，2011：20-25.

与规划也不会好,社区居家养老服务覆盖面就会成问题,比较理想的状况是1名养老服务员服务3~4名老年人,而实际是1名养老服务员服务5~6名老人。所以只能优先安排有困难的老年人,有的家庭只得自费申请居家养老服务。①

养老服务人员的职业素养不高,工资待遇低,吸引不到人们从事这项工作。据调查,上海市某区某镇助老服务社,现有居家养老工作人员82人,其中45人为失业人员,协保人员1人,外来媳妇7人,外来务工人员4人,退休聘用人员等25人。46人为上海市万人就业项目人员,他们能够享受缴纳社保三金的待遇,市级财政负担50%,区、镇财政各负担25%。36人为聘用人员,不缴纳三金,工资由区财政按35%、镇财政65%的比例负担,他们的基本工资为1210元/月,而上海市2010年最低工资标准为1120元/月。②

又如,南京市玄武区的居家养老服务主要是由受薪的服务人员和不受薪的志愿服务人员提供。服务人员数量严重不足成为各个居家养老服务中心普遍存在的问题。玄武区的"万家帮"居家养老服务中心只有34位服务人员,服务对象却是全区的困难老人,服务人员平时是分散在老人家中的,服务时间到了就离开,中心没有其他可随时调配的服务人员去满足老人临时性的服务需求。③

(2)服务队伍专业化素质水平低。

社区居家养老服务需要各种专业人才,如老龄工作社工、居家养老护理员、老年病医疗人才,等等。服务人员主要分为两类,一类是医护人员,另一类是日常照料人员。居家养老服务人员专业素养不足是普遍性问题,绝大部分从业者是下岗职工或进城务工人员,都没经受过系统的专业技能培训,没有获得养老服务护理员的职业资格。他

---

①② 韩雨恬.社区居家养老服务工作问题与政策研究[D].上海:华东理工大学硕士学位论文,2011:20-24.
③ 李晨漪.居家养老服务需求与居家养老服务体系建设研究[D].南京:南京农业大学硕士学位论文,2009:36-40.

们缺乏养老方面的知识储备,不清楚老人的生活习性,没掌握养老服务的技能,只能做一些简单的家政服务和护理。精神慰藉、医疗护理等深层次的服务要求还达不到,服务起来缺乏针对性,很难满足老人的全部养老需求。①

据调查,社区卫生中心的医护人员文化水平都不高,多是中专学历,护理人员也只是学习过基础的护理课程,学习过老年病理学、营养学、卫生保健、老年人心理学知识的人员仅为30%左右,缺乏从事社区护理所必需的沟通知识和技巧。至于社会工作理论和技能以及计算机应用等,更是没人接触过,大部分从业人员也不知道这些都是什么学科。参与日常照料的人员主要以下岗职工为主,也有少数志愿者,但队伍很不稳定,他们也只是经过简单的培训,只能做一些简单的家政工作,也不了解社会学、心理学和营养学的理论知识,同时社区管理人员的文化水平也普遍不高,缺乏专业人才。②

受传统世俗观念影响,仍有一部分人认为服侍老人又脏又累,低人一等,不愿意从事养老服务行业。许多社区干部反映,不少本地下岗失业人员宁愿闲居在家,也不愿去做居家养老服务工作。即便暂时从事此项工作,一旦有其他就业机会就会转岗去从事其他工作。③

(3) 家政服务人员缺乏技能培训导致服务低层次化。

由于很多家政服务人员都没接受过任何的养老服务护理技能培训,他们提供的服务仅限于一些简单的家务活。尤其是一些城镇下岗失业人员,要求他们提供高水准、高质量、高技能、综合型家政服务,确实不现实。主要表现如下:一是初级的老年照护服务人员较多,他们提供的简单服务很难满足老年人对身体护理方面的需求。但也很难招

---

① 李晨漪. 居家养老服务需求与居家养老服务体系建设研究 [D]. 南京:南京农业大学硕士学位论文, 2009: 36 - 40.
② 秦玉萱. 山东省临沂市城市居家_社区养老服务实证研究 [D]. 南京:南京理工大学硕士学位论文, 2010: 31 - 32.
③ 彭艳芳. 城市居家养老福利服务政策分析 [D]. 南京:南京师范大学硕士学位论文, 2011: 24 - 38.

聘到具有老年护理服务专业特长的服务人员，因为他们会选择到一些养老机构去工作。所以，为老年人提供的照护服务的内容过于单一。二是目前为老人提供的照护服务层次还比较低，大部分是满足老人基本生活需求的服务，康复护理服务比较少。三是居家养老照护企业为老年人提供的慢性病护理服务的水平还比较低，服务质量也不高。[①]

据助老服务社管理人员反映，对养老服务员的培训还不足。每年区居家养老服务指导中心都会组织定期培训，但是，服务员的工作安排较满，只能进行短期培训，中长期培训计划较为欠缺，也无法对培训进行必要的追踪考核与指导。

7.3 居家养老服务管理不完善

（1）居家养老服务管理与标准化体系有待完善。

目前老龄委是形式上居家养老服务的管理者，但实质上只是一个协调者，社区和居委会是具体负责实施者。建立和完善居家养老服务管理体系非常重要，应逐步建立和完善居家养老服务的质量标准化体系和服务价格体系，为居家养老服务健康发展打好基础。逐步解决服务人员偏少、年龄偏大、财力和权力有限等问题；逐步提高规模化、专业化、现代化管理的经验和能力；逐步充实年轻的、精力充沛的服务队伍；完善义工管理制度，有专门的机构、人员、政府经费支持，保障志愿者服务的长期化、制度化、稳定化。

（2）政府购买服务缺乏制度化的购买程序。

政府购买居家养老服务，是政府出资、社会组织作为供应商承接的全新的居家养老模式。政府由一个供应者转变为一个购买方的角色，其固有的管理内容也就会随之改变。原有的政府由管理内部事务

---

① 展迪. 多元供给主体下城市居家养老照护服务产业化研究 [D]. 上海：华东理工大学硕士学位论文，2011：26 - 31.

转变为管理规模庞大与复杂的众多承包商,工作的内容为调解、风险分析、团队建设、战略思考等。目前政府部门大量缺少受过高级培训的"项目经理"式的公务员,直接导致政府购买居家养老服务的市场化运作效率不高,影响工作的绩效等。因此,需要政府工作者积极学习新的知识与理论,努力提升适应新环境的能力。

由非营利社会组织、企业等来承接政府转让出来的居家养老公共服务需求还比较困难。政府部门在实际运营的过程中,很难找到符合条件的独立合作伙伴,政府购买居家养老服务行为很容易变成"内部化"购买。内部化购买是指作为承接者的社会组织并非完全意义上的独立法人主体,也可能是由购买者——地方政府发起成立,或者是在接到特定购买任务之后而为之专门成立的。社会组织可能只是在名义上承接政府委托或购买的公共服务,实际上也就是接受指派任务,社会组织变相成了政府部门的延伸机构。社会组织的依附性和购买行为的不完全市场化,使得政府购买公共服务程序的正当性和规范性都难以得到保证。另外,社会组织的话语权也缺失。目前,在公共服务供给中,社会组织还没有足够的能力与作为购买者的政府部门进行平等谈判和协商。社会组织薄弱的行动能力使得政府购买公共服务变成了单向度的合作,购买者掌握绝对的话语权,社会组织没有谈判空间。社会组织承接者如社区服务中心直接听从所属上级政府机关的命令,基本没有话语权,不利于提高生产公共服务的积极性。[①]

(3) 政府管理者和监督者的角色定位不准。

在居家养老服务工作中,政府主要的任务是提供初始资金、指导和监督,充当管理者和监督者的角色,而非政府部门(民间组织、企业、社区等)则提供具体服务。但在实施过程中,政府尤其是基层政府仍然管得过多过细,无法摆脱行政本位工作方法的束缚,使社

[①] 王荣达. 网络化治理理论视角下的政府购买居家养老服务问题研究 [D]. 沈阳:辽宁大学硕士学位论文,2012:17-20.

区居家养老服务难以适应市场经济发展的要求,也抑制了居家养老服务的市场化发展。① 政府职责边界不清,导致各种权利主体的角色移位、职能扭曲和行为边界的混乱,必然影响居家养老服务质量和养老服务机构行为监督的效率。政府与民间组织的关系没有理顺,具体表现为:"错位",即行为主体错位,让民间组织去管本该是政府负责的事;"越位",本该由民间组织负责的事情却被政府管了不少;"缺位",本该由政府承担的职能却弃之不顾。

(4) 各职能部门缺乏配合,养老服务管理体制未理顺。

我国各地居家养老服务工作的开展主要以政府为主导、各政府职能部门协同、社会参与、民间组织运作,基本形成了区、街道、社区三级组织,分工负责居家养老服务的各项工作。但是这一组织体系中各部门之间还缺乏有效协调和配合,部门之间缺少沟通,无法形成合力,这就使得居家养老服务丧失了部分独立性,服务效率也不高。

①没有高效的领导机构。开展老龄工作主要涉及民政和老龄委员会两个党政部门,但部门之间缺乏有效的沟通合作,权责不清,形成无人负责的中空地带。中国养老服务管理工作存在多部门无序、盲目管理,没有一个权威、高效的领导部门等问题,名义上中国的养老工作有全国老龄办协调民政部、人社部、财政部、卫健委等多部门,但老龄办其实没有直接出台政策、下拨资金的权力,导致各部门各行其是,老龄工作效率低下。

②各职能部门缺乏配合。工伤、养老保险归人社局,养老院、服务中心等福利设施拨款归民政局,老人看病就医归卫生局,医疗保险归医保局,体育健身设施归体育局拨款,整个养老服务体系的管理体制是分散的,各职能部门缺乏有效配合,形成了"多马拉车"的局面。社区内的生活照料、医疗卫生、体育健身、文化教育等服务资源

---

① 吕津. 中国城市老年人口居家养老服务管理体系的研究 [D]. 长春:吉林大学博士学位论文,2010:58 - 60.

和管理工作都要依赖其他部门的协调配合才可以完成。由于分属不同职能部门进行条块管理,存在着部门利益关系的矛盾,还没有从根本上按照老年人居家养老的照护需求由行政部门分工负责,统一管理,所以亟待完善对照护需求的鉴定评估和监督机制。①

(5) 养老服务监管力度薄弱。

随着老龄人口的急剧增加,居家养老照护服务产业随之出现。很多家政公司开始增设老年人照护服务的项目,也有一些专门针对老年照护服务的家政公司。但是其对家政服务员的岗前培训和规范管理都比较缺乏,甚至还存在一些违规操作,这在一定程度上损害了居家养老照护服务市场的声誉,扰乱了养老服务市场的秩序。而目前政府对居家养老服务产业的监督检查力度还不够,对服务项目的定价、服务人员的培训和考核、服务质量的评定等方面都缺乏监督和检查。

因为政府对居家养老服务产业缺乏规范制约,现在很多提供居家养老照护服务项目的家政服务公司其实都是采用中介的形式,公司并不直接提供服务,只是在服务提供者和老人之间起到中介的作用。而且,有些中介机构运营不规范,存在乱收费的现象,并且没有后续照护服务,在服务人员素质和服务对象家庭安全方面都没有保证。甚至非法中介机构损害老人和服务人员权益的现象时有发生,严重阻碍了居家养老照护服务的健康有序开展。表现如下:一是居家养老照护服务只是很多家政公司的服务项目之一。家政公司采用的是中介式运作,家政公司在服务员和雇主之间只起到中介的作用,它们对家政服务人员不做任何的业务技能培训。政府相关部门监管的力度还不够。出现了一些非法的中介机构损害照护服务人员和雇主的利益的现象。二是一些不规范甚至是非法的中介机构使人们对家政服务有一定的误解,政府对这些中介机构的监管力度不够。三是政府的管理制度缺失,

---

① 吕津. 中国城市老年人口居家养老服务管理体系的研究 [D]. 长春:吉林大学博士学位论文,2010:44-69.

致使一些不好的企业破坏了整个行业的名誉。四是对营利性的居家养老照护服务产业，政府还没有相应的政策引导和扶持。五是政府还没有制定统一的关于居家养老照护服务的收费标准，现在实行的是自主定价；服务质量标准也不统一，不同居家养老照护服务企业的服务定位不同，其提供的服务也不同，当然服务质量评定标准也不一样。[①]

7.4 居家养老服务政策支持力度不够

（1）政策内容狭隘和政策功能单一。

现有政策的功能比较单一，主要集中在保障老年群体的权利和福利，仅仅涉及财政资金的支持及劳动就业的扶持，远没有触及养老服务的所有范畴。特别是在微观层面上老年个体如何应对老龄化的相关政策缺失，以及国家在宏观层面上应对人口老龄化的经济社会可持续发展的养老政策严重滞后。满足老年人发展性和价值性需求的养老政策亟待出台，特别是扶持老年人就业、志愿服务和社会参与等的政策，可以避免老年群体人力资源的严重闲置与浪费，促进人力资源的优化。[②]

（2）政策对象不全和制定过程不规范。

政策对象不全。现有的养老政策是一种"事后补救型"的养老政策，而不是以老年期个体为对象的"事前干预型"的养老政策，形成了老年期问题的积累性。因为我们在制定政策时通常会忽视对个体生命历程的完整认识，导致仅有老年期的个体被纳入中国养老政策。实际上，养老政策的对象不应仅局限于老年人群体，还应覆盖到非老年期的群体，做到未雨绸缪。

[①] 展迪.多元供给主体下城市居家养老照护服务产业化研究［D］.上海：华东理工大学硕士学位论文，2011：26-31.

[②] 吕津.中国城市老年人口居家养老服务管理体系的研究［D］.长春：吉林大学博士学位论文，2010：44-69.

政策制定过程不规范。科学合理的养老政策制定需要遵循严格的程序，一般要经过调研、制定、实施、评估、修改等过程。但我国养老政策在制定过程中还存在一些漏洞：在搜集信息的调研阶段，调研方法不科学、视角狭窄；在政策制定阶段，政策对象的参与度不够；在政策落实阶段，管理体制不健全和激励欠缺，导致政策失灵；在评估阶段，还没有完整的老龄政策评估体系；在政策接替阶段，政策的连续性和完整性缺乏。[1]

(3) 政策效力较低。

政策的效力可以依次划分为法律、行政法规、规章和规范性文件，呈效力递减状态。当前养老政策普遍限于法律效力较低的部委规章和规范性文件等，仅有一部《中华人民共和国老年人权益保障法》是具有最高法律效力的养老政策，政策的强制性不足，政策效力的低下必会影响政策贯彻实施的既定效果。从实践来看，政府出台的一些政策仅作为指导意见下发到各职能部门，原则性强，不具有具体可执行性，实施的力度很不够，特别是在养老服务中根本性无法体现政策。

目前，我国居家养老相关的政策法规建设还比较滞后，总体上落后于各地居家养老服务工作的发展实践，我国的养老服务体系还缺少专项的法律法规，除了《中华人民共和国老年人权益保障法》之外。地方政府在进行居家养老服务工作的实践中出台了一些地方性的政策规范，如上海市出台的《社区居家养老服务规范》和《养老服务需求评估指南》。它们在当地的居家养老服务实践中起到了制度推进作用，具有一定的借鉴价值，但操作性不强，也不够完善，还不宜推广到全国。[2]

---

[1] 吕津. 中国城市老年人口居家养老服务管理体系的研究 [D]. 长春：吉林大学博士学位论文，2010：44-69.

[2] 鱼洁. 城市居家养老服务的多元化供给主体研究 [D]. 西安：西北大学硕士学位论文，2011：19-21.

（4）政策区域差异较大。

政策是普适性的，所有政策客体都应该平等享受政策分配的各项资源。但是中国养老政策存在较大的地域差异：一是养老政策城乡差异较大。城市养老政策比农村完善；二是养老政策区域差异大。东部经济发达地区较早关注养老问题，政策相对完善，中西部欠发达地区的养老政策则相对滞后。这种养老政策的不均衡会影响老年人平等共享国家发展成果的公平性。三是政府制定的政策也存在歧视。公办养老服务机构可以获得土地划拨、人员事业编、财政补助等诸多政府给予的优惠政策。而社会办养老机构则得不到这些优厚待遇，建设成本和运行成本都很高，从而导致两者的竞争条件天生不平等。[①]

（5）居家养老照护服务产业发展政策亟待完善。

目前，我国还没有一套全面系统的居家养老照护服务产业发展规划，相关制度建设和政策指导都比较滞后。民间资本在融资、税收减免、土地使用审批等方面都得不到优惠政策。同时，我国政府职能部门在管理居家养老照护服务产业时处于条块分割、政出多门的状态，管得多，服务得却很少。这都导致居家养老照护服务产业发展后续乏力，服务的供给在规模、结构、数量、质量等方面均无法满足老年人群体居家养老的需求。

当前，政府对社会化的居家养老机构提供的政策扶持多是面向民办非企业单位的居家养老服务机构，而营利性的居家养老服务企业则没有资格享受相关优惠措施。2000 年，国办转发了民政部等部门《关于加快实现社会福利社会化的意见》的通知，明确提出要从长远出发，广泛动员社会力量参与，加快社会福利事业的发展。该意见中说到政府会对社会力量投资兴办的居家养老机构给予政策扶持和优惠，但都是给了非营利性居家养老照护服务企业的。

---

① 吕津. 中国城市老年人口居家养老服务管理体系的研究 [D]. 长春：吉林大学博士学位论文，2010：44－69.

居家养老照护服务产业涉及国民经济的各个行业,包括生产、流通经营和消费等各个环节,以及民政、人社、卫健委、财政、老龄办、工商、税务等多个部门,但是还没有统一的协调管理部门。因为各部门之间关系权责不清、关系不顺、政出多门,导致办事效率低下,很难形成支持养老产业发展的合力。政策扶持和优惠难以落实,社会力量兴办养老产业审批手续复杂,资金和政策的双重缺位挫伤了投资者的积极性。

7.5 居家养老服务非政府组织力量薄弱

(1) 非政府组织力量薄弱。

居家养老服务是具有非竞争性和非排他性的公共产品,由独立于政府之外的民间组织机构来承接提供服务工作是当前世界比较流行的趋势。第一,我国的民间组织发展水平不高,自身能力还比较薄弱,不少民间组织经费短缺,无法开展正常活动。民间组织不盈利,对进入养老服务行业的积极性不高。我国非营利组织募捐水平低,而国外非营利组织在经费筹集上的路子很多,据相关资料统计,1995年美国非营利组织的运作资金50%由政府财政提供,18%来源于收费,20%来源于捐款。第二,民间组织大多缺少专业人才,经营管理制度不规范、不健全。第三,民间组织参与度有限。目前,社区服务站主要是由一些民间组织参与运作、提供服务,但民间组织的人力、物力、财力有限,开展情况并不理想,大部分老年人仍未享受到居家养老的相关服务。[①]

(2) 非政府组织缺乏合作竞争机制。

非营利组织在参与政府购买服务的过程中缺乏市场竞争,很容易

---

① 彭艳芳. 城市居家养老福利服务政策分析 [D]. 南京:南京师范大学硕士学位论文,2011:24-38.

获得政府预算的拨款，在一定程度上形成了垄断，这不利于非营利组织的发展，也容易导致非营利组织的内部效率低下。另外，由于非营利组织还刚刚起步，缺乏公信力，自身也不够专业，导致它们在提供公共服务方面缺乏社会资源，筹资渠道单一，往往主要依靠政府预算，缺少长期的志愿者援助和企业捐赠。[①]

（3）高投资、低回报特点制约了非政府组织对居家养老服务的参与。

居家养老服务机构建设的前期需要大量的资金投入，例如，要新建一所拥有100张床位的综合性社区居家养老服务中心（包括配套的健身娱乐设施以及其他相关服务所需场所），假设每张床平均需要的前期投入是2万元，那么100张床位的前期总投资就是200万元。按目前养老机构9.5%的平均投资回报率计算，投资回收期至少为20年。可见，运营成本是相当高的。养老服务本身是一件造福老年人的事情，其盈利水平本来就低，追逐利润的企业面对高昂的运营成本是不愿意投资的，再加上缺乏政府的有力扶持，非政府组织对居家养老服务的参与必然会不足。[②]

（4）志愿者激励和培训机制欠缺。

健全完善的志愿者激励和培训机制能够极大地促进养老服务的发展，但是，目前我国志愿者总体数量不足，还不能充分满足居家养老服务的需求；同时，一些志愿者不具备专业素质，缺少相关的专业培训；此外，志愿者的参与渠道还不通畅，一些热心公益、有服务积极性的人没有合适的途径参与到居家养老服务工作中来。

---

① 鱼洁. 城市居家养老服务的多元化供给主体研究［D］. 西安：西北大学硕士学位论文，2011：19－21.

② 丁明明. 温州市居家养老服务调查与分析［D］. 南京：南京农业大学硕士学位论文，2011：25－29.

7.6 居家养老服务评估和监督体系滞后

(1) 需建立相应的评估和监督体系。

目前,上海市已经建立了居家养老服务的制度化评估机制,其他许多地方还处于空白状态。居家养老服务需要有一套严格的申请程序和评估机制,并按照评估结果对养老服务需求进行分级,从而避免身体状况差或者经济能力弱的老年人被挤占养老资源。另外,在对居家养老服务进行评估的过程中,参与的评估多是社区、街道居委会的工作人员或是居家养老服务中心的工作人员,缺少第三方的参与,这样的监督、评估结果往往受政府影响,政府既当裁判员又当运动员,评估结果的公平性、客观性不足。[①]

(2) 缺乏老人评估机制。

目前,针对老人的评估机制也不够健全,只有比较粗的硬性标准,但对于情况不同的老人需要多少时间的服务、需要哪些服务,还没有可依据的科学评估标准,导致服务员的实际工作负担偏重。当需要服务的老人年纪越来越大,生病时间也越来越多,服务人员的陪护时间也会随之不断加长。香港就有对每个老人的评估,根据每个人的具体情况确定补偿标准和服务内容项目等,做到了精准化服务。实际上,不同年龄段的老人所需要的照料时间有较大差异,因此,政府购买服务时间不能搞一刀切。[②]

(3) 责任认定困难,推诿扯皮现象突出。

政府购买公共服务的绩效评价体系应该包括购买公共服务效率和购买公共服务效果两个部分。前者主要是指评价政府购买公共服务的

---

① 鱼洁. 城市居家养老服务的多元化供给主体研究 [D]. 西安:西北大学硕士学位论文,2011:19-21.

② 彭艳芳. 城市居家养老福利服务政策分析 [D]. 南京:南京师范大学硕士学位论文,2011:32-33.

效率，即是否取得财政资金的最大边际效益；后者主要是指评价接受公共服务的消费者是否满意。

政府购买公共服务需要建立规范的项目运作流程，如招标、过程督导、绩效评估等。现实中往往是由多个政府部门抽调人员组成一个评估委员会，负责对项目立项、招标、运作进行督导检查。但是上述评估委员会主要存在两个问题：其一，它不是一个独立的第三方监管机构，而是各方妥协谈判的产物，还会受制于政府决策；其二，它也不是一个专业的评估机构，工作能力也令人质疑。在监督与评价不到位的情况下，就会难以认定责任，当出现问题的时候，购买方和承包方之间会发生扯皮和推诿现象，最终伤害整个项目的可持续运行。因此，引入正规和专业的责任监督体系势在必行。[①]

7.7 居家养老服务认识滞后

（1）存在认识误差和服务对象被动性问题。

目前存在的认识上的偏差如下：一是子女对于政府和社会力量过于依赖，认为居家养老可以代其赡养父母和尽孝。这完全是本末倒置的，老人最期望的就是子女对其的关心和照顾，家庭亲情是不可替代的。二是老人总是为自己的子女着想，不想分散子女的精力，初衷无可厚非，但需要老人学会表达自己的情感。有的老人消费意愿不强，尽管手头有钱，仍不愿花钱买服务。他们认为，让别人为自己服务是自己无能的表现，从心底就会拒绝。

（2）陈旧的思想观念影响服务人员供给。

由于受到社会上对居家养老照护服务人员的世俗压力，大部分护士学校的毕业生希望到医院工作，不愿意去老人家里做护理员，这种

---

① 王荣达. 网络化治理理论视角下的政府购买居家养老服务问题研究［D］. 沈阳：辽宁大学硕士学位论文，2012：20-22.

陈旧的思想观念在一定程度上阻碍了居家养老照护服务产业吸收人才。目前，人们对社区家政服务行业还有某些偏见和误区，大多数人认为，做家政服务工作要看别人的脸色，服侍他人，是一种低人一等的职业。这种思想上的行业等级观念普遍存在，导致求职者不愿从事这项工作。

（3）社会大众的认知偏差影响居家养老照护服务的发展。

老人们仍然固守家庭养老的传统观念，恋家情结很严重，对家庭有很强的归属感和依附感。因此很多居家养老的老年人也不愿意接受上门的照护服务。只要自己或家人能做的家务就不会请家政服务员来做。

很多人把居家养老照护服务当作一项社会福利事业，认为其应该走福利化的道路，反对走产业化的道路，否则会改变养老服务的福利性和公益性，丢掉其宗旨。这种思想认识不利于居家养老照护服务产业的发展，也导致许多地方政府对居家养老服务进行过多干预，包揽了很多不该管的养老事务，使得养老服务缺乏社会力量的参与，从而影响了居家养老照护服务业的发展。社会性弱化、行政性增强，民间尤其是企业参与居家养老照护服务的意愿与积极性也就不足，这使得居家养老照护服务市场化发育滞后，进而限制了居家养老照护服务产业的发展。

企业的服务观念也很陈旧，产业化意识不够强。很多企业认为，政府包揽养老服务理所应当，已习惯对财政的等靠要，严重依赖政府。而且养老服务业是微利行业，社会资金普遍对养老产业缺乏兴趣。众多厂家和投资者还认为老年人消费能力低、层次浅、钱难赚等而不愿涉足养老产业，商家对养老服务投资收益信心不足，无法吸引专业的服务企业参与，难以形成良好的居家养老照护产业市场化机制。[①]

[①] 展迪. 多元供给主体下城市居家养老照护服务产业化研究［D］. 上海：华东理工大学硕士学位论文，2011：26–31.

7.8　居家养老服务法律、规范滞后

政府在养老服务中最基本、最重要的作用应是利用其强制权力为养老服务发展提供完备的法律、政策环境，即有关养老服务的制度和各种具体的政策法规。养老服务体系方面的法律、法规直接关系到国民经济发展和老年人权益的保障。建立和完善养老服务制度的必要条件就是健全的养老服务法规政策，同时也是规范和促进养老服务发展的有效手段，是老年人权益保障体系的重要组成部分。[①]

（1）缺少居家养老综合法律法规。

目前，关于养老服务的政策主要涉及财政资金、医疗服务、机构建设与改造、养老服务设施的项目、服务人员、评估体系等方面，但是这些已有的政策法规仍然不能适应我国养老服务的发展，有关养老服务方面的根本性、综合性的法律法规，如《社会救助法》《社会福利法》等均还处于缺失状态，特别是缺乏《养老服务法》，使养老服务的发展无指导性的法律、法规作支撑。

健全的法律法规体系和配套的激励与监督机制才能调动服务供给者的积极性，激励他们提供高质量、全方位、多方式的居家养老服务。《中华人民共和国宪法》《中华人民共和国婚姻法》《中华人民共和国民法通则》《中华人民共和国刑法》《中华人民共和国劳动法》等法律法规中，都对保护老年人的合法权益作了一些相应的规定。1996年颁布实施的《中华人民共和国老年人权益保障法》明确规定老年人的权益保障以及养老服务社会化。但以上法律都缺乏有关养老服务的实施细则，导致具体落实起来具有较大的困难。对于成年人的监护，《中华人民共和国民法通则》的规定仅限于精神病人或民事行

---

① 吕津. 中国城市老年人口居家养老服务管理体系的研究［D］. 长春：吉林大学博士学位论文，2010：44-69.

为能力受到限制的人。老年人监护的立法还处于空白状态,应当把高龄老人、丧失或部分丧失民事行为能力的老人纳入监护范围,并明确要求相关赡养或扶养人要进行必要的监护。我国还没有制订养老保险、医疗保险等相关基本法律实施细则,只有一部笼统的《中华人民共和国社会保险法》,这就导致居家养老服务缺乏最基本的法律基础,给开展居家养老服务造成了较大困难。[1]

(2) 缺少居家养老服务专项法律。

2000年,国务院决定加强老龄工作,虽规定了要大力发展养老服务,但缺乏具体可行性的规范,除了《中华人民共和国老年人权益保障法》外,与养老服务事业有关的法条基本上是分散在多部不同的法律法规中,还没有全国性的专门用于规范养老服务事业发展的单项行政法规,主要依靠位阶较低的部门规章、地方规章和规范性文件来规范、指导养老服务事业,执行力差,也使得一些全局性、长期性、根本性的问题无法得到解决。另外,养老服务社会化发展趋势与《中华人民共和国老年人权益保障法》中对"老年人的养老主要依靠家庭"的规定相冲突。法律中没有系统地规定"居家养老"模式,这使"居家养老"的供给主体模糊,任何养老服务机构都能以"居家养老"的名义为老人提供养老服务,老人的合法权益得不到有效的法律保护。目前,我国还没有制定出《社会保障法》《养老保险法》《医疗保险法》等基本法律,导致社会保障工作没有有效的法律依据,没有广泛惠及老人,老人居家养老服务的经济压力很大。

我国目前也没有专门的法律、法规来规范对养老机构伤害事故的处理。现有的《社会福利机构管理暂行办法》以及《中华人民共和国老年人权益保障法》等法律对此都没有作出规定。因此,法院在受理审判养老机构伤害事故时,更多地是按照《中华人民共和国消

---

[1] 丁明明. 温州市居家养老服务调查与分析 [D]. 南京:南京农业大学硕士学位论文, 2011:25-29.

费者权益保障法》或者《中华人民共和国民法通则》中的相关条款，从消费服务行为的角度来审理养老机构的伤害事故。①

(3) 现有的法规不能适应居家养老服务产业的发展。

《民办非企业单位登记管理暂行条例》第一章总则第二条界定了民办非企业的定义②，第四条规定民办非企业的经营性质："民办非企业单位不得从事营利性经营活动"。第三章登记第十三条规定："民办非企业单位不得设立分支机构"。第五章罚则第二十五条规定"民办非企业单位有下列情形之一的，由登记管理机关予以警告，责令改正，可以限期停止活动；情节严重的，予以撤销登记；构成犯罪的，依法追究刑事责任"③，并且作了罚款数额界定④。

养老服务机构性质及其产权归属的界定至关重要，关系到社会资本投资养老服务机构的积极性，而法律法规是用来规范和约束社会化养老服务机构的经营行为的。《民办非企业单位登记管理暂行条例》对养老服务机构资金来源、所有者权益、收益分配、股权结构、债务等都作出了明确规定，力图打破区域界限、所有制界限、部门界限，但有效的协调整合还不够，没有形成养老服务合力。这种分割状态造成了有限服务资源的浪费，也致使老年人的许多居家养老服务需求得不到有效满足。⑤

---

① 吕津. 中国城市老年人口居家养老服务管理体系的研究 [D]. 长春：吉林大学博士学位论文，2010：44-69.
② "本条例所称民办非企业单位，是指企业事业单位、社会团体和其他社会力量以及公民个人利用非国有资产举办的，从事非营利性社会服务活动的社会组织"。
③ ①涂改、出租、出借民办非企业单位登记证书，或者出租、出借民办非企业单位印章的；②超出其章程规定的宗旨和业务范围进行活动的；③拒不接受或者不按照规定接受监督检查的；④不按照规定办理变更登记的；⑤设立分支机构的；⑥从事营利性的经营活动的；⑦侵占、私分、挪用民办非企业单位的资产或者所接受的捐赠、资助的；⑧违反国家有关规定收取费用、筹集资金或者接受使用捐赠、资助的。
④ "前款规定的行为有违法经营额或者违法所得的，予以没收，可以并处违法经营额1倍以上3倍以下或者违法所得3倍以上5倍以下的罚款"。
⑤ 吕津. 中国城市老年人口居家养老服务管理体系的研究 [D]. 长春：吉林大学博士学位论文，2010：44-69.

7.9 居家养老服务融资机制不健全

（1）居家养老服务的经费来源单一。

目前，居家养老服务资金支持主要有三个筹集渠道：中央政府负担、地方政府负担、中央和地方共同负担。中央负担和地方负担的筹资方式各有优缺点。中央负担可让所有有困难的老人都能得到帮助，但中央要负担巨额财政支出责任，而且地方政府会在处理申请和支付时会过于宽松，可能导致财政支出非常庞大。地方负担会大大减轻中央财政负担，但财政能力较弱的地区通常无法给需要帮助的老人以充分的保障，而落后地区亟须帮助的老人又最多，这会造成巨大的地区差异和不公平。从资金来源方面看，我国居家养老服务的资金来源还很单一，主要是依赖政府和民政部门的财政投入。这些经费对居家养老工作的启动和购买居家养老服务具有积极作用，但还不充足，将来还要调动社会的力量，不断拓宽筹资渠道，为居家养老服务提供充足的资金保障。[①] 由于现实生活中老人总体规模庞大，收入水平高低不一，多数老人和家庭的付费服务的购买力不足，容易造成以下局面：一是特困老人由财政解决养老服务问题；二是中高收入老人由自己购买服务；三是有服务需求而又没有经济能力的老人成为夹心层，难以享受到居家养老服务。[②]

（2）缺乏有效的融资支持政策。

养老服务产业属于规模性产业，要形成一定的规模，新建或改扩建养老服务设施需要大量投入，仅靠政府资金资助远远不够。社会办养老服务机构的资金来源主要有自有资金、亲友借款和银行信贷三条

---

① 彭艳芳. 城市居家养老福利服务政策分析［D］. 南京：南京师范大学硕士学位论文，2011：24－38.
② 李晨漪. 居家养老服务需求与居家养老服务体系建设研究［D］. 南京：南京农业大学硕士学位论文，2009：36－40.

基本途径。通常，前期房租、基本建设、设施设备改造资金投入较大，对机构未来的运行、发展，银行信贷成为重要的融资方式。社会办养老服务机构大部分是民办非企业单位，不以营利为目的，属于公益性质的社会组织。《中华人民共和国物权法》规定社会公益设施不得抵押。这就使得民办非企业单位作为贷款人不能以养老服务机构的房屋等作抵押向银行贷款，各家商业银行只能依照各自理解确定贷款条件。社会办养老服务机构运营资金窘迫、筹资困难在所难免。[①]

（3）缺乏激励机制，不利于民间资本投入。

民间资本投资建设养老服务设施的难度大、周期长。随着养老服务设施运行成本的不断增加，如果完全依靠市场化运作就会存在很大的风险，收回投资成本的时间周期较长。但是，政府又没有相关政策扶持，养老服务机构难以获得银行贷款，需要举办者自己筹措资金，而建设养老服务设施所需资金又很多，这就制约了社会办养老机构的进一步发展。中国的养老服务实践还缺乏有效的激励机制，不利于促进民间资本参与提供养老服务。[②]

7.10 现有居家养老服务产业自身存在的缺陷

（1）产业规范化和规模化程度低。

现有照护服务工作的服务人员很大一部分是来自农村和企业的下岗职工。服务人员中女性占了绝大多数，文化程度还都比较低，几乎没有接受过相关岗前培训，基本上都是边干边学。很多老年照护服务企业的管理者，情况也差不多。即使有关部门组织安排了一些培训活动，也是非系统的、非制度化的培训活动，收效甚微。

---

① 吕津. 中国城市老年人口居家养老服务管理体系的研究 [D]. 长春：吉林大学博士学位论文，2010：70-81.
② 吕津. 中国城市老年人口居家养老服务管理体系的研究 [D]. 长春：吉林大学博士学位论文，2010：44-69.

家政照护服务企业保障机制规范性不足,由于照护服务供求双方权、责、利不明确,有的不签服务协议,有的服务协议不规范,导致双方权益保障没有合同依据,家政服务员与用人家庭发生纠纷时争议难以解决。这样,供求双方都会有后顾之忧,也就阻碍了居家养老家政服务产业的发展。

资金充足的企业和商家对居家养老照护服务产业的发展方向也有误判,缺乏开发这一市场的积极性和主动性,没有看到居家养老照护服务行业蕴藏的巨大发展潜力。社会资本大多瞄准在效益大、回报多的产业和项目上,这就造成了居家养老照护服务产业发展资金出现严重不足。所以,居家养老照护服务产业整体上层次低、规模小,发展后劲不足,难以形成规模效益。[①]

(2) 服务内容有限影响居家养老服务产业的发展。

目前,居家养老照护服务基本停留在为生活自理的老年人提供保洁、做饭等日常生活照料服务上,对部分不能自理的老人提供的生活护理服务和对完全不能自理老人提供的康复服务水平低下。照护服务内容大多是满足物质需求,对老人深层次的需求重视不够,还不能得到很好的满足。内容单一的养老服务不能为养老服务机构提供强大的发展动力,制约了企业效益的提升。

(3) 服务人员素质和待遇过低制约了居家养老服务产业的发展。

到目前为止,我国还没有一部规范居家养老家政服务经营的管理政策、法规。一部分家政服务机构只是提供中介服务,向求职的照护服务人员收取中介费、培训费、管理费,还向老年雇主再收取劳务中介费。但对居家养老照护服务人员没有培训和管理。这种不负责任、粗放式的管理无法保证服务人员的素质和服务质量。

照护服务人员大多来自农村或中小城市,学历不高,整体素质水

---

① 展迪. 多元供给主体下城市居家养老照护服务产业化研究 [D]. 上海:华东理工大学硕士学位论文, 2011:26 - 31.

平偏低。由于缺乏居家养老照护服务培训基地和专业教材，培训人员的水平也不高，这又限制了照护服务人员整体水平的提升。此外，传统的社会偏见和误解也不利于养老照护服务专业化人才的培养。随着我国老龄化不断加深，部分大中专院校开设了养老照护类专业，但很多考生不愿意报考，致使我国老年照护服务行业高素质劳动力紧缺。而且，居家养老照护服务行业也缺乏专业管理人才，一是教育部门重视不够，相关专业开设少，也无很好的教材、师资力量。二是社会上的陈旧观念，看不起居家养老照护、家政行业，大学生怕被歧视不愿选择该专业，觉得没有什么发展前途。这些因素导致照护服务人员素质不高，影响了居家养老服务产业的发展。①

（4）没有处理好福利性、公益性和产业化的关系，制约了居家养老服务产业发展。

养老产业化是居家养老服务的时代潮流。但目前我国养老服务的产业化水平较低，经营管理还很落后，多元化的居家养老服务还没有发展起来。究其根源在于没有处理好福利性、公益性和产业化三者之间的关系，其中关键是产业化水平低，导致资金缺乏而困难重重。

一方面，我国居家养老服务市场规模很大，能够开发的服务项目很多，但商家觉得养老服务的投资收益不高，企业对其没有投资积极性，专业化服务企业参与度不高，良好的市场机制还没有形成。目前，一些在市场上运作的居家养老服务项目，事先规划不足，服务的辐射范围很小，服务的老年人少则十数人，多则百人，不具有规模经济效益，难以维持日常运作。这就导致一是服务收费较高，老年人承担不起，市场范围无法扩大。二是居家养老服务项目收入不足，难以弥补成本，亏本经营，恶性循环。违反市场经济规律的行为是不可能得到长久发展的。

---

① 展迪．多元供给主体下城市居家养老照护服务产业化研究［D］．上海：华东理工大学硕士学位论文，2011：26－31．

另一方面，由于政策支持和宣传引导缺乏，居家养老服务业还没有形成，教育、培训、管理、就业等市场化不足。不少民间组织和企业对老年人的居家养老服务需求缺少了解，因而所提供的服务项目过于粗疏，与老人的实际需求之间还存在很大差距。在居家养老服务具体实施过程中，政府的行政干预过多，挤压了企业自由发挥的空间，抑制了民间组织和企业办居家养老护理机构的健康发展。[①]

7.11 居家养老服务规划问题

（1）养老服务设施用地缺少规划。

从政府的公共服务职能来说，政府应是养老服务的倡导者，也应该是养老服务设施建设的主要规划者。但实际情况是政府在养老公共服务设施的建设中投入明显不足，也缺乏长远规划。为增加老年护理床位的有效供给，需要新建一批规模化、标准化的养老服务设施。目前政府严控用地指标、严守耕地红线，地方政府经济和社会发展规划中很难见到新建养老服务设施的身影，很多城市规划中，根本不考虑养老设施建设用地。企业也没有能力投资购置土地来建设老年服务设施。所以，民办机构多以租用闲置的厂房等场所为主，设施陈旧、结构不合理。一些民办机构也没有意愿改善设施和设备条件，目光短浅，其专业化程度难以提高。由于社会力量举办的养老服务机构大部分都设在居民楼内，面积小、规模也不大，无法达到每张床位不少于5平方米的规范标准，也不能获得营业执照，因此造成民办养老机构无照经营的现象泛滥。

（2）服务机构的布局不科学。

现有的一些具有市场运作雏形的居家养老服务项目规划布局太零

---

① 李晨漪. 居家养老服务需求与居家养老服务体系建设研究［D］. 南京：南京农业大学硕士学位论文，2009：40-41.

散,辐射范围大多局限在一两个社区,服务的老年人最少的有十数人,多的可能有上百人,不具有规模经济效益,难以维持日常运作。这就导致一是服务收费较高,老年人承担不起,市场范围无法扩大。二是居家养老服务项目收入不足,难以弥补成本,亏本经营,恶性循环。①

---

① 吕津. 中国城市老年人口居家养老服务管理体系的研究 [D]. 长春:吉林大学博士学位论文,2010:70-81.

第 8 章

其他国家和地区城市居家养老服务实践及其启示

8.1 国外居家养老服务的实践

20 世纪 60 年代西方国家提出在合适的环境中养老理论,国外通常将居家养老的社区服务称为老年人社区照顾。英国最早推行社区老年照护服务,社区照顾涉及社区内照顾和由社区照顾,20 世纪 80 年代西方发达国家逐渐成熟。可以使老人在社区得到长期护理照料,以减少公共依赖,从而降低长期护理成本,是一种以社区为依托的多元化老年福利模式。

8.1.1 英国的养老服务

(1) 英国的社会化居家养老。

英国是较早跨入老龄化社会的福利国家,创立了以社区照顾为主的养老服务模式。社区照顾模式是以社区为依托,由社区工作人员为有需要的老人提供照顾和服务,改进社区内的居民生活和增进公共福利。社区照顾的覆盖人群范围广,重点对象是老弱病残人员和儿童,主要包括社区内的专业人员照顾和社区内熟人照顾。前者的特点是开放式的院舍照顾，由社区专业人员对高龄或孤寡或生活不能自理的老年人提供服务，老人可以在社区和家庭之间自由走动。后者的特点是邻居、亲朋好友或志愿者为有需要的老人提供各种服务，服务人员大多是老人熟悉的人，可保证老人能得到满意的照顾。

（2）英国社区照顾模式的内容。

英国的社区照顾模式主要有六种：社区活动中心、暂托处、老年人公寓、居家服务、家庭照顾和社区老人院，把传统家庭照顾与集中机构照顾两者长处相结合。

社区照顾是针对住院式照顾而言的，20世纪50年代在英国兴起。住院式照顾是通过大型的福利院来集中供养孤寡老人及有残障者，在英国曾盛行一时，其不足之处表现在受助者同熟悉生活环境分离，影响受助人的生活质量，同时政府的财政压力增大。后来，英国在全国推行社区照顾，动员和利用社区资源为有需要的老人进行服务。现在社区照顾已成为各方的共识，养老服务由政府出资的集中供养向分散化的社区照顾转变。社区资源有物质的和精神的，来自亲人、邻居及一般社区居民，主要提供行动辅助和心理慰藉。其基本做法是如下：

第一，生活照料服务，具体分为居家服务、老年人公寓、家庭照顾和托老所4种形式。居家服务针对具有部分自理能力的居家老人，服务内容主要包括做饭、打扫居室卫生、购物、陪同上医院等，服务人员有志愿者和政府雇员等，服务收费由地方政府决定。目前，在英国约有13万人提供该服务，10%的65岁以上老年人享受该服务。老年人公寓针对社区内有生活自理能力但身边无人照顾的老年人夫妇或单身老年人，公寓有两个居室，生活设施齐全，设有生命线以便及时救助身体不适的老年人，公寓收费价格低廉，但数量有限。家庭照顾是针对生活不能自理、卧病在床的老年人，在家接受亲属全方位的照顾。政府发给老年人的津贴与住院的老人一样，为家庭照顾老年人提供一定的经济保障。托老所包括暂托所和老年人院，如果家人临时外出或度假，可把无人照料的老年人送到暂托所，由工作人员代为照顾，可以是几小时或几天，最长一般不超过一个月。如果老人生活不能自理又无人照顾，则送入老人院。目前，老人院分散在各个社区，老年人不必离开自己所熟悉的生活环境。目前，英国全国约有600多个托老所，可提供3万多个位置。

第二，经济援助和政策支持。地方政府为方便老人在家独立生活，在老人住行方面进行适老改造，为他们安装楼梯、浴室、厕所等处的扶手，设置无障碍通道和电暖气设备等设施，改建厨房和房门等；地方政府或公益组织还会用专车给老人供应热饭等。地方政府针对老年人还实施税费优惠和减免政策等，例如，在英国65岁以上的纳税人政府会给予适当的纳税补贴，住房税也相应减少；66岁以上的老年人国内旅游可享受车船票减免的权利，电灯、电视、电话费和取暖费也有优惠。

第三，多元化的养老保健服务。保健医生上门为老人看病，免收取处方费；家庭护士上门为老人提供护理、换药、洗澡等服务；上门传授养生之道，帮助老年人预防疾病等。此外，政府还规定了要为老人提供视力、听力、牙齿等方面的特殊服务。

第四，提供多方位的养老服务和关怀。政府为老人提供娱乐社交的场所，出资建设具有综合性服务功能的社区活动中心，中心定期派专车接送行动不便的老年人。社区为消除老人孤独、促进心理健康和增加收入，为其提供力所能及的钟点工作室，也参与一些志愿服务工作。社区经常举办各种联谊会，增添老人的日常生活乐趣，鼓励老人郊游；人们自愿组织起来和老人交朋友、谈心和郊游，或请到自己家中喝茶。目前，英国约有20%的老人参加了各类志愿者组织，地方政府每年帮助36000名老年人外出度假。

（3）英国社区照顾的服务体系。

英国重视为老人提供养老服务，并力图建立老人社区照顾系统。由照顾人员、主要工作人员和经理人组成。他们分工负责，各司其职。照顾人员最接近老年人，他们直接提供生活服务给老人，多为老年人的亲人和邻居，政府给予他们相应的服务补贴。主要工作人员负责发放养老金，了解老人的需求和照顾老人。经理人是某一社区照顾体系的总负责人，主要的工作职责是分配资金、聘用人员和进行工作监督。社区照顾的主要特点如下：一是政策引导。英国政府订立了具体的措施，明确社区承担起这一职能。二是政府资金支持。政府负担社区照顾所需要的资金，很多服务设施由公共财政资助。三是依托社区。各种服务设施都建在社区，与老年人生活相融合。四是完整的服务体系。社区照顾的机构有许多种类，形成了多主体、多层次的服务体系，满足老年人的不同需求。既有非营利性的机构，也有私营商业服务机构；服务人员里既有政府雇员，也有民间的专业工作人员和民间志愿者。

（4）社区照顾模式的运行机制。

英国的社区照顾模式立足于社区，采取官办民助或者民办官助的形式。政府发挥主导作用，制定相关政策和法规，监督私人商业机构和民间公益组织的养老服务工作等，提供财政支持。非营利组织负责募集社会捐助，组织志愿者实施社区照顾服务，私人机构弥补社区照顾的不足。

8.1.2 美国的养老服务

（1）美国长期养老服务制度基础。

美国1965年开始以老年医疗保险和医疗救助制度为基础，建立长期照料体系，长期照料服务项目是由联邦住房与城市发展部和农业部发起，已进入全面发展的新阶段。美国的长期照料服务体系有较好的法律制度基础，罗斯福新政时出台《社会保障法》，此后美国制定了十几个与老年人相关的法律法规，如《禁止歧视老年人法》《医疗保险法》等。这些法律直接规定了老年人享有的合法权益，2006年重新修订的《老年人法》在立法目标、相关定义、工作程序等方面做出了很多明确清晰的规定，具体包含了老龄管理局的职责、推行长期照料的行动计划、老年人权益维护等内容。《老年人法》授权美国老龄管理局负责监督管理，还有美国的健康照料协会、退休者协会和临终关怀协会等非政府组织参与，提供长期照料服务的信息咨询和投诉服务。

（2）美国长期养老服务体系的内容。

美国的长期照料服务依据场所的不同分为三类：（1）机构服务。由专门的机构提供长期照料服务，主要有护理院、医院附属的康复或护理设施、临终关怀机构等。（2）社区服务。设立在社区里的日间照料中心和老年人家庭。（3）居家服务。为老人提供上门服务。

美国长期照料服务的内容：（1）日常照料，即个人日常生活照料服务；（2）看护服务，为老人提供24小时生活监护服务；（3）健康照料，指治疗性保健服务；（4）居住服务，即提供住房；（5）心理服务，为老人提供心理咨询和精神慰藉等服务；（6）临终关怀，指为临终老人提供生前照料。

美国不同的社区提供不同目的的养老服务，有的以提供休闲生活为目的，有的以提供医疗服务为目的，还有私营开发商提供的适合有生活自理能力的低龄老人的退休新镇。此外，还有居家援助式养老公寓，居住公寓的老人不需全天的医疗照顾，但有专门的服务人员上门提供保洁、穿衣、洗澡和膳食服务。美国的社区老年服务设施非常完善，养老院、托老所和荣誉公民社区中心提供综合长期服务，食品供应所为贫苦老人提供饮食服务，收容所、暂住处和公营住所服务，为体弱多病的老人设立服务性公寓、一般护理公寓和护士护理公寓等。目前，美国建设有2万多家不同性质和服务项目的养老机构，有养老院、护理院、老年公寓、老年服务中心、托老所等，形成了一个广覆盖面和多元化的养老服务体系。由于美国非政府组织规模比较大，在开展社区服务的同时，也增加了就业机会。

美国的社区居家养老服务内容。1981年美国正式在各州普遍实行医疗补助和社区服务（HCBS）计划，这两个项目为符合医疗补助资格的居家弱势老人提供家庭护理，主要包括病历管理、家庭健康扶助、杂务服务等。85%的美国老人选择在自己家中养老，美国的社区居家养老服务，一是家庭保健中心，为独居的老人提供简单的日常生活服务及护理服务，收费标准要看服务项目而定，由个人在各种保险计划中开支。二是托老所。20世纪80年代初美国开始大量建立托老所，托老所是非营利性的，政府委托给社区管理，日常活动以恢复性训练为主。美国的托老所行业竞争激烈，办得越好，声望越高，越能吸引人们捐款。托老所开放时间一般为工作日的上午8点至下午5点，周末不开放。个人承担早餐和午饭的费用，可在医疗救济计划中开支，也可向托老所申请减免。三是老人活动中心。除了提供养老午餐之外，还组织文化娱乐、教育和旅游等活动。四是免费教育。各社区大学都有接收65岁以上老人的免费进修的义务。五是志愿者。大多数美国社区都为老人提供充当志愿者的机会，老人可用自己的专业技术和知识去帮助他人。政府还帮助社区制定志愿者工作方案，主要由志愿者为老人提供社会福利服务。

（3）美国长期照料服务的管理体系。

随着人口老龄化加深，家庭养老照顾功能不断弱化，入住养老院的需求逐年增加。美国政府采取多种措施鼓励社会力量兴办养老机构，其管理和服务的形式主要有：一是个人或团体投资，由政府在市场上雇人提供服务并且负责管理；二是由政府和个人、团体共同投资，由个人或团体提供服务并且负责管理；三是完全由政府投资，由个人或团体管理。政府为这些养老机构提供资金、技术帮助和政策优惠，还要对其进行考核和监督，政府利用价格杠杆控制营利性养老机构的利润水平不超过15%。在养老服务对象的准入、服务机构的资格审查、服务质量的检查等方面，政府都有较为全面的政策规定。

①长期照料服务对象的报告制度和准入制度。1997年美国政府

建立了所有养老服务机构的标准化报告制度（包括长期照料服务机构），养老机构的服务质量和入住老人满意度均依据报告中的信息和评估结果来监督检测。同时，美国卫生部还制定了48小时内准入的标准化评估制度，老人在入住机构的48小时内，其个人信息和医疗保险报销系统会得到及时更新和联系，方便了老年群体。

②资格审查制度。通常州政府负责长期照料服务机构的资格审查，严格规定服务机构医疗保险和医疗救助服务费用报销的要求；同时规定服务机构如果变更所有人，新的所有人必须承担之前服务协议中的所有规定责任，确保老年人的合法权益不受损害。

③服务标准。由联邦卫生部下属的医疗保险机构和医疗救助机构建立两套现行服务标准，分别为传统服务标准调查和新质量指标调查。后者主要对服务机构的服务记录进行审查，直接观察监督服务机构的工作等，不过还在试点中。美国法律服务机构内还成立了由入住者和其家庭成员组成的理事会，理事会双方可进行正规渠道的沟通和交流，以便提高服务质量。该做法将入住者纳入评估体系，提高了服务质量评估的真实和可靠性。

④服务质量检查信息机构。美国政府成立了全国长期照料服务检查信息中心，负责长期照料服务的质量检查与监督方面的信息和服务。

（4）美国政府补贴低收入老人。

美国是一个崇尚独立的国家，既无养儿防老的传统，法律也无明确规定子女要赡养父母，老年人养老金主要来源是私人储蓄和养老保险等，因此其养老的社会化程度很高。美国的养老服务业也很发达，为老年人提供了多元的养老选择。值得一提的是，美国对贫困的老年人十分关注，只要通过政府的调查核实，政府就会给其补贴。例如，美国加利福尼亚州橙县社会服务署专门设立一个部门为老年人提供服务，为橙县42000多名年满65岁的低收入老人办理健康医疗保险，政府还为他们提供所需要的医疗费用。橙县的养老院全部是由私人开设,州政府的职责是对他们的开业资格进行审核,然后进行定期检查和监管。低收入老年人在入住养老院之前可以先向政府提出入住资助申请,政府核实后则给予一定量的补助;而对于不愿入住养老院的低收入老年人,服务署每三个月必须安排社会工作者及专业的护理人员上门探望一次。服务署还和社会非营利组织进行合作,那些已在政府登记注册了的非营利组织可以为老年人提供养老服务,政府则向它们购买低收入的老年人群体所需要的养老服务。

(5)美国养老服务法律制度。

①完善的养老保障法律法规体系。

美国在建立社会养老保障制度之前,基本上是依靠宗教社团及非政府的社会机构组织提供养老服务,社会养老服务属于社会慈善事业。直到20世纪30年代初美国陷入经济危机泥淖时,美国政府才意识到,必须建立社会保障制度,使人民觉得生活有保障,这样才能维护社会稳定。

美国在1935年制定的《社会保障法案》就是为了解决老年人的养老问题,这部法案规定以老年社会保障为主要内容,提出要为老年人提供最低限度的保障津贴。1961年"白宫老人会议"发表的《老年公民宪章》把老年人"基本实际需要而享受养老的特权"列为老年人九大权利之一。1965年颁布实施的《美国老年人法》则规定在联邦政府内设立联邦老龄署,专门用来负责老龄事务,并明确其职责是:确保老年人在老年期拥有尊严;并在自己的生活中自主选择生活模式;老人在所居住的社区具有积极性和独立性;执行老人法的相关规定,对老年人的社会服务进行有效的计划、管理和监督。联邦老龄署向地方政府发放款项资助社区计划与服务项目,开展相关科研、培训、示范性项目等工作。主要是由大学生、家庭主妇或一部分健康老人组成的,主要提供一些轻体力服务,如陪伴聊天、送饭等,这种服务一般免费或收取低廉费用。进一步加强了老年人的社会保障。

《美国老年人法》在1973年进行了修正,新增各州要成立地方老龄局的规定。目前美国各地已经陆续开设了地方老龄机构，建立了广泛的工作网络。包括联邦老龄署、56个州级老龄局、655个地方老龄办（局）、243个土著或原始部落老龄组织以及29000个经注册认可的老龄服务机构，还有数千名志愿者在内。

②养老服务志愿者的制度。

美国有许多社区志愿者，他们来自不同的行业和阶层，主要分为两部分：一是社会志愿者，二是在校的学生。社区志愿者的组织形式也可分为两大类：一类是专业的老年服务组织，由具有专业知识和专业技能的志愿者构成，是依托社区的需要而产生的老年服务志愿者团体，他们的服务范围囊括老年人日常生活需求的各个层面，形式多样化。例如，节假日里为志愿者服务中心提供帮助，义务服务老年人，等等；另一类是综合性非营利性服务组织，由社会工作者、社区委员会、学校、教区和居民等群体自发组织而成，所提供的服务不仅有各种义务教育活动、文化娱乐活动、体育服务活动，还包括老年人需要的各种各样的生活服务。

（6）美国的PACE计划。

美国的PACE计划（The Program of All-inclusive Care for the Elderly）由民间机构承办，商业运营，政府监督，是美国政府对老年患者提供的全面医疗照顾。美国在1997年出台的"平衡预算法案"中所提出的PACE计划，是政府为身体衰弱、患病的老人提供长期照顾支持服务的一个创新项目。一直以来，美国政府在医疗保障方面虽然有对老人提供的医疗保险，但只专门针对60岁及以上老年人才提供的医疗项目，存在一定的不足之处。PACE计划是以老年医疗保险为基础形成的，规定该计划的参与者必须在55岁以上，同时参与者必须要住在PACE计划所服务的范围内，并通过州政府的相关机构核实鉴定为体弱多病者，符合住进护理院的老年人。PACE计划的特点有三：一是符合居住到护理院里的老年人也可以选择在其居住的社区里接受长期的医疗照顾服务；二是由多学科的专家团队来进行个案管理和服务；三是所提供的服务整合了成人日常健康中心医疗服务。PACE 计划主要解决了慢性病老年人缺乏长期医疗照护服务难题，这项计划使得这些体弱多病的老年人在自己的居住社区里，不仅可以保持比较好的生理和心理的健康，还能够保持着独立、有质量的、有尊严的生活状态。

以医疗保险为基础的 PACE 项目的服务内容主要包括初级医疗照顾、住院治疗、护理院照顾、看护服务、急性照顾服务，等等，以及各种预防性的、恢复性的、治愈性的和护理性在内的照护服务。除了 PACE 项目外，美国还提供丰富的社区居家养老服务，服务内容涵盖家庭健康扶助、个人照料、成人日间照顾、病历管理、杂务服务等各方面。在社区内不仅设立了能够为居家的老年人提供一些简单的日常生活及护理方面的服务的家庭保健中心，还设立了老人活动中心，用于组织文化娱乐、教育旅游等休闲活动。最后，政府更是为在社区内居住的居家老人安装了电子应急系统，保障老年人在突发紧急情况下得到帮助。

PACE 项目付费来源主要有三个：自费、医疗保险资金和医疗救助资金。至于那些符合医疗保险条件，却不符合医疗救助条件的参加者则必须要自行支付服务费中的差额部分。当然，在社区内居家养老照护服务项目有一部分是由政府提供的免费照护服务，收费的照护服务项目也是必须由个人付款或者在各种保险计划中支出的。

8.1.3 日本的养老服务

（1）日本的护理保险制度。

面对日本老龄化日益加剧和不能自理的老人增多的严峻形势，日本政府推行社会化养老。1963 年出台了《老人福利法》，1982 年出台的《老人保健法》把居家养老与看护转变为老年福利政策的重心，政府培训 10 万名家庭护理员，解决处理家务与看护老人问题。20 世

第 8 章 其他国家和地区城市居家养老服务实践及其启示

纪 90 年代，日本政府实施老年保健福利计划，重点建立社区综合护理系统，以解决家庭护理问题，提供老人保健的福利和医疗服务。2000 年 4 月 1 日，日本政府颁布《护理保险法》，通过社会保险由国家、地方政府、企业和个人来共同支持老年人护理所需要的设施、服务等费用，解决老年人的护理问题。护理保险法改革老人福利和老人医疗制度，并融入社会保险方式，形成了根据护理对象的意愿自主选择福利服务和医疗保健服务的新体系。《护理保险法》规定，凡 40 岁以上的人都必须加入护理保险，每月交纳保险费，对于 65 岁以上需要接受护理者，可申请享受护理保险，确认符合享受保险资格并核定护理等级，便可得到国家提供的相应护理服务，个人只需支付整个费用的 10%。护理保险制度针对两类对象：65 周岁以上的老人是第 1 号被保险人，40～64 周岁参加医疗保险的人是第 2 号被保险人。以上两类对象因卧床不起、老年痴呆等原因需要起居护理服务或需要日常生活照料服务时，都可以得到护理保险服务。据有关数据，在日本实施护理保险法的第一年，享受了护理保险制度的第 1 号和第 2 号被保险人数分别为 270 万和 10 万。

（2）护理保险制度的服务内容。

日本政府根据老人的服务需求和养老服务产业的特点，出台了相应的政策措施，大大促进了居家养老照护服务产业的发展。日本的居家养老拥有细致完善的养老服务体系，护理保险制度提供了综合保健、医疗和福利在内的多种服务。具体包括：①居家养老照护服务，即老年人大部分时间居家养老，享受各种上门服务：由家庭服务员提供的护理、康复、专业医生上门居家疗养指导、日托中心的康复和护理服务、支付购买福利用具的费用、老人福利院护理、支付住房改装费等。具体有以下几种：一是家庭护理员上门为卧床的老人提供身体护理、家务、生活咨询等；二是定期早晚用专车接送老人到养老院或者日托护理中心，提供包括入浴、日常生活训练、用餐等各种服务；三是家庭成员因病或有事不能护理老人时，代理家人为老人提供短期的护理服务，为家人解决后顾之忧。②设施服务，老人入住社会化福利设施，具体包括护理老人保健设施、护理老人福利设施、护理疗养型医疗设施等。

日本护理保险制度下的居家养老照护服务的运作模式一般是连锁经营的形式。居家养老照护服务站点设置在社区内，可以更好地为居家老人提供便利。服务内容主要是老人医疗保健护理，为老人提供基本的医疗照护护理、慢性病老人护理、重病老人护理等。照护服务资金一部分是看护保险所支付的保险金，另一部分由老年人自行支付。

(3) 护理保险制度的运营模式。

由日本厚生劳动省主导和地方政府的高龄福利部门主管的护理保险，具体实施依靠各地政府机构和民间组织，例如居家养老护理支援中心、社会福祉协议会等。护理经费主要是来自居民的医疗保险经费，护理保险负担90%，个人仅承担其中的10%。护理保险承担的费用一部分来源于被保险人缴纳的保险费，另一部分由国家和地方政府均摊，被保险人具体缴纳的保险费金额不相同。第1号被保险人从养老金中扣除保险费，而第2号被保险人则根据自己加入的医疗保险计算保险费，并与医疗保险费一起缴纳。另外，如果被保险人需要享受护理保险服务，需要先向保险人提出申请，申请通过后，被保险人可向提供服务的机构提出服务申请或者自行选择规定范围内的护理服务。

日本护理服务制度的实施过程中，一定程度存在需要改进与完善之处，如专业护理服务员不足、养老设施不完善、护理标准还不够细化、地区之间保险费用差异较大等。

(4) 日本社区养老服务人员。

日本社区养老服务的队伍主要由三部分组成：①政府公职服务人员，由政府人员与民政人员组成，占到养老服务人员的60%~70%。②政府资助的公益组织，主要包括社会福商社、社会福利协会、社会福利法人等。在市场竞争条件下，此类民间组织具有服务效率和质量高、发展速度快的特点。③志愿者。志愿者为老年人提供了各种社会福利服务。

日本国会于1987年通过了《社会福利师和介护福利士法》，1989年进行了这两项国家认证资格的首次考试，要求非常严格。社会福利师主要为老年人的日常生活和身体心理健康提供咨询和指导，参加社会福利师考试者须具有大学以上学历且选修过相关专业课程，或具有大专以上学历且有2~3年以上的工作经验，还要接受过6个月至1年的专业培训。介护福利士主要为老年人提供具体的介护和日常生活服务，参加介护福利士考试者需要具有高中以上学历，且接受过1~2年的培训就可通过国家资格考试，如果没有高中学历则需有3年以上工作经验并通过资格考试。护理人员在取得资格之后，每年必须参加一定时间的进修，否则来年不能上岗服务，这大大提高了护理人员的责任心和护理服务质量。

（5）日本的养老服务产业连锁经营。

20世纪90年代以后，日本家庭结构的核心化和小型化趋势使其传统的家庭养老功能日益弱化，这与人口老龄化加重之间的矛盾日益明显。1997年制定并通过，并于2000年4月正式实施的"看护保险制度"，把养老问题纳入社会保障的范畴，并以保险的形式解决了财源问题。最为重要的是"看护保险制度"推动了养老服务产业的快速发展，允许民间盈利团体为老人提供护理服务，并引进了竞争机制，增强了服务的多元化，丰富了服务内容。日本的养老服务产业获得较大发展，除了养老服务市场内在动力和需求机制外，产业政策发挥了重要作用，一些中小型企业开始进入养老服务市场，并获得了较大的发展。为了推动日本养老服务的社会化和市场化进程，日本老龄商务发展协会制定了老龄商务伦理纲领，加强了老年照护服务行业的自律；制定养老服务的行业标准和市场规范，建立了银色标志制度，成立了"银色标志认证委员会"，对符合条件的社会养老机构和老龄相关产品与服务认证，保障了老人享受养老服务的权益。

8.1.4 欧洲的社区居家养老服务

(1) 欧洲社区居家照顾模式。

欧洲作为典型的福利国家代表，也较早地踏入老龄化社会。欧洲最早利用机构养老的办法应对老龄化，随之而来的大量人力、物力、财力的压力增大，政府对机构养老需要庞大的养老经费不堪重负。于是实现从机构养老到社区服务养老的转变，实现由政府出资转变为老人自己购买服务，并通过法律条文形式给以明确。诸如，瑞典、丹麦、芬兰、挪威等北欧国家，法律明确了家政服务是公民的一项权利。北欧社区服务体系中，社会工作者发挥了核心作用，是因为社会工作者具有行政和服务的双重功能。在制定社区服务计划、提出福利申请和执行计划过程中，社会工作者不仅是活动的组织者，也进行个案管理、监督、评估和分配服务资源，同时也协调福利机构及其工作者的活动。另外，瑞典鼓励慈善团体、非营利机构积极参与投资公益事业，在瑞典老年社会保障中作用很大。

(2) 瑞典的社区居家养老。

瑞典的地方自治团体制定相关养老服务计划，如老人福利性的住宅和家庭入户服务等。该服务活动的资金由两部分组成，国家财政和老人自己各承担50%。该服务包括打扫卫生、煮饭做菜、送餐到户，建立日间老人活动中心，组织老人参加娱乐、体育健身活动，为部分老人组织舞会、电影晚会、交友会等社交活动等。瑞典总人口830万，有7万人为老人和残疾人提供家庭服务，其中大部分是按工作时间领取薪水的地方公职人员。国家资助市政府35%的事业费，家庭援助在农村和城市已成常态。1980年底，瑞典鼓励老年护理机构实行商业化经营，引入竞争机制，提高服务效率，减少社会保障资金支出。1992年瑞典已经建立270个私营老年护理机构，占全国老年护理机构的1/3，同时全国有6个省政府和71个地方政府与私营老年护理机构签订了协议。部分大城市还建立起私营老年服务机构"城市医疗保健服务有限公司",为较高收入的老人提供更为个性化的服务,这不仅降低了服务费用,而且抑制了不断增长的公共老年服务机构经费的趋势。1985~1991年,公共老年服务机构的居住人数减少了1.2万人。

(3) 丹麦的居家养老服务。

丹麦鼓励老人在自己家中生活,这样有利于老人的身心健康和享受更多的亲情。社区为居家老人提供家庭护士、膳食、家务等各种社会服务,提高其生活质量,服务的基本内容是家庭服务和医疗护理。医疗护理包括普通全科门诊、专科门诊和家庭护理。老人家庭服务不仅可以选择一位固定的普通全科医生看病,还可以享受到社区针对老人提供的精神病患、意外伤害、牙科保健等服务。家庭护理则包括各种家政服务和护士上门护理,主要通过两种途径实现:一是各社区设有专门服务机构,提供全天候的服务;二是社区内建立家庭呼叫系统,由社区雇佣的护士和家庭服务人员24小时值班。社区政府雇佣和统一领导的家庭养老服务人员和医护人员,政府财政承担各项服务费,老人所接受的服务全部免费。除了基本的医疗护理和家庭服务之外,各养老院、老人中心和日间照顾中心都设有专门供老人就餐的食堂。另外,丹麦还为老人提供"车轮上的食堂"的食品专送服务,为老人提供热饭菜和半成品食物等,还可根据老人的具体需求代为购买副食品。此外,老人经常使用的轮椅、拐杖、浴凳等都可以免费租用。社区政府还开展各种老年文体活动,提供老年文化服务,从音乐、戏剧到文学、绘画等,进一步提高其生活质量,活动经费全部或大部分由社区政府承担。

(4) 德国和美国志愿老年服务。

社会服务团体和企业、个人积极参与社区发展和老人的服务管理。从20世纪60年代起,德国就规定青年人在校期间或走上工作岗位之前必须到社区中去服民役,在养老院、医疗院、社区救济站、残疾人护理处提供为期 12 个月的社区服务。1990 年美国社区志愿者高达 9540 万人，占美国成年人的 54%，志愿者每周至少为社区免费服务 4 个小时。并且一些城市的学生必须要参加至少 75 个小时的社区服务工作，才能获得中小学文凭，主要包括照顾老人、残疾人、病人、儿童以及便民服务等内容。

8.1.5 新加坡的居家养老服务

新加坡政府为应对人口快速老龄化，推行了以强制储蓄为原则的中央公积金制度，并且给予赡养老人的家庭在住房、医疗等多方面的优惠政策，既减轻了家庭负担，又保障了老人的生活。目前新加坡是世界上人口老龄化最快的国家之一，绝大多数新加坡人选择居家养老方式，具有以下特点：

一是政府大力宣传，营造了尊老、敬老和赡养老人的良好社会氛围。新加坡把"忠孝仁爱礼义廉耻"儒学思想作为基本行为准则和"治国之纲"，认为"孝道"是伦理道德的起点，能起到稳固家庭的作用，有利于人类社会延续和发展。

二是世界上第一个为"赡养父母"立法的国家。1994 年，新加坡为保持三代同堂的家庭结构，制定了"奉养父母法律"，《赡养父母法》规定：凡拒绝赡养或资助贫困的年迈父母者，其父母可以向法院提起诉讼，如果情况属实，法院将判决罚款一万新元或一年有期徒刑。1996 年，新加坡又设立了赡养父母仲裁法庭，仲裁法庭由律师、社会工作者和公民三部分组成，地方法官担任主审，若调解不成再由仲裁法庭裁决。

三是居家养老服务主体多元化。新加坡政府调动全社会的力量，把个人、家庭、社区、国家都纳入老人照料体系之中，个人规划自己的晚年生活，家庭提供照料，社区提供协助，国家提供基本框架，多元主体各尽其责。

四是居家养老服务的激励制度。当政府分配组屋时，对三代同堂的家庭会给予价格优惠和优先安排，同时规定单身男女青年没有资格租赁或购买组屋，但如果愿意与父母或四五十岁以上的老年人同住，则可优先照顾。政府为鼓励儿女与老人同住，提高其赡养老人的积极性，还推出一系列津贴计划，为需要赡养老人的低收入家庭提供养老、医疗津贴。新加坡政府1993年以来出台了12个"公积金填补计划"，其中4个是专门的"敬老保健金计划"，共拨款2亿多新加坡元，受惠人数达18万。

8.1.6 澳大利亚居家养老服务

1910年，澳大利亚已经开始建立社会保障制度，是世界较早建立社会福利制度的国家，社会保障项目和种类较齐全。澳大利亚具有完善的居家养老服务体系，为老年人实现老有所养、老有所助提供了可靠的保证。澳大利亚的老年服务机构由非政府组织和私营机构承办，通过市场竞争手段，不但能够提高服务质量，而且能降低运营成本，可以降低政府的财政支出。政府通常不会直接兴办，而是通过购买服务的方式，对服务机构给予拨款。服务机构竞标政府项目，努力提高服务质量，争取增加服务项目，得到更多的政府拨款。

澳大利亚的社区老年服务项目，主要针对经过鉴定适于入住养老院，但能够通过社区服务居住在家中养老的老年人，一般包括个人照顾、家庭服务、送餐服务、家居改造等，主要涉及家庭和社区护理服务项目、老年社区服务项目、特殊老人的社区服务项目、照护者津贴和信息服务。通常个人先提出申请，然后进行护理需求的鉴定，再确定服务对象和服务内容。1986年以后，老年人护理鉴定组（ACAT）承担鉴定工作；家庭和社区护理服务项目（HACC）是为留住在家庭和社区之中体弱的老年人、残疾人提供一系列综合性服务，主要有家务类服务、个人护理类服务和医疗类服务，如洗衣服、打扫、购物、上厕所、洗澡、体检、治疗、服药。

（1）老年护理服务的政策法规。

澳大利亚通过多方参与的方式，制定老年保障服务及照料的政策，主要包括政党、议会、联邦和地方政府、州领地政府、利益团体、众多非政府组织及其代言人等多方参与主体。澳大利亚通过议会法案规定了居家养老服务问题，明确了政府的老年护理对象。《老年人与残疾人护理法》（1954年）规定了资金补助的覆盖范围；《家庭和社区照顾法案》（1985年）明确了提供居家老年人基本维护与支持服务问题；《老年人护理法》（1997年）规定了家庭护理、多功能服务（MPS）、社区护理计划、过渡照顾、创新型服务。监管内容涉及老年护理住所的供应，资助服务，确定质量标准（护理与公寓），评估用户资格，定价，确保遵守规定，以及处理投诉。

通常情况下，竞选换届的新政府会出台新政策，由执政党提出社会公众关心的问题，征求社会各界的意见，改革并制定重大政策。社会团体和利益团体通过协调达成共识，向政府提交报告和建议，政府的特别工作小组给出解决方案并向社会公布，然后政府内阁分析和选择各级报告和方案，向总理汇报以及进行最终决策。如果问题重大，需要递交议会参众两院进行辩论、表决。只有方案通过，联邦政府才对项目拨款，通过州政府和各非政府组织提供老年服务。

（2）老年护理服务的内容。

在澳大利亚，许多老人都居住在家，老年服务主要包括非正式服务和正式服务，即非正式护工、公共资助的正规社区以及家庭护理服务、市场供应商的服务。只有8%的老人居住在非私人住宅，主要是医院、老年人护理院以及由一些退休村提供的公寓。随着老人年龄的增长，住在非私人住处的老人比例会不断增加，但大多数人都愿意住在私人住宅。随着老人身体健康的明显变化，老人的护理需求也不断变化，他们的需求会随着时间的推移出现上升的趋势，但是可获得的非正式可用护工出现减少的趋势。最后，导致年满85岁及以上的高龄老人对正式护理服务有一个更高水平的需要。

①非正式护工。

在协调和促进正式社区照顾服务上，非正式护工起到基础性的作用。由家人、亲朋好友、邻居和社区团体组成的非正式护工，主要为老人提供大部分的护理和各种支持。2009年澳大利亚统计局调查，大约有352000名初级护理人员照顾65岁及以上的老人，政府通过提供短期暂托服务和工资薪酬方式，为老人护理需求提供支持。

②正式老年护理服务。

澳大利亚联邦和州、地区政府提供了大量正规老年护理方案，主要包括家庭和社区护理（HACC）项目、社区护理计划和居家老年护理等内容。

③家庭和社区护理以及退伍军人的相关方案。

依据《家庭和社区护理法》（1985年），澳大利亚联邦、各州和地区政府共同出资成立家庭和社区护理（HACC），这是澳大利亚目前最大和最广泛的老年支持项目。HACC项目提供的服务主要是低强度级别的，具体有居家援助、膳食准备和配送、房屋清洁、家居维护、社区交通、家居改装等。HACC的供应者可以是在一个较大区域提供多种服务的大型组织，也可以是只提供某种服务的当地社区团体，该机构由庞大的社区护理工作者和志愿者服务者组成，机构通过对老年人进行需求评估，在预算范围内为最需要的老人优先提供支持。HACC项目为老人能够继续独立地生活在自己的住所，起到了重要作用。2009年6月30日为止，3300多个HACC机构提供各项服务；2009~2010年，获得HACC服务的70岁以上的老年人大约616000人，其中接受护理服务的老人大约70%，可以享受每周2小时支持服务的客户大约90%。与HACC相类似，退伍军人事务部通过退伍军人家庭护理（VHC）和社区护理计划为大量退伍的老年军人提供养老援助。2009~2010年，获得退伍军人VHC服务的年满70岁或以上的老年军人大约69700名，获得社区护理服务的大约32000名。

④社区护理计划。

澳大利亚的社区护理计划是为老人专门设计的,他们必须符合居家护理条件、喜欢居住在社区以及能够保证安全。主要包括三种:社区老年护理计划(CACPs)、居家老年痴呆症扩展护理计划(EACH-D)和居家养老扩展护理(EACH)。社区老年护理计划(CACPs)主要是为老人提供居家帮助和私人护理方面的服务,2008年平均每周提供的直接援助大约5.4小时。居家老年痴呆症扩展护理计划(EACH-D)和居家养老扩展护理(EACH),是专门为有需求更好照料的人提供的服务,主要包括护理和专职医疗,EACH-D计划是专门为痴呆症人设计的。2010年6月为止,社区护理计划的受助人大约有47700个,其中CACPs计划、EACH计划和EACH-D计划分别为40100名、5200名和2300名。社区护理计划由慈善组织和非营利组织提供大约84%,由营利组织和州、地区等地方政府提供大约16%。从2012年起,澳大利亚政府将对老年人护理评估项目承担完全责任,老年护理评估小组(ACATs)负责老年人护理计划的资格评估,ACATs通常由以下专家组成:老年医学专家、卫生专业人员、注册护士、职业治疗师、社会工作者和心理学家等。ACAT小组通过评估老年人的护理需求,并与客户、护工和用户家庭紧密合作,确定为老人群体提供最适宜的护理服务。过去的20年,社区护理实现了从低级家庭护理到高级家庭护理发展的重新平衡。

⑤家庭式护理。

家庭式护理是为那些超出社区护理范围的老年人提供的,主要解决急性病发作、不适当的生活安排以及缺少非正式护工的支持等问题。低级的家庭式护理主要是为老年人提供住宿和日常生活服务,协助保健和治疗服务,帮助有认知障碍的人,例如协助沐浴、上厕所、吃饭、管理性尿失禁、社区康复等。高级的家庭式护理涉及其他额外服务,例如纾缓护理、私人护理照护和综合护理。随着老年护理需求水平的提高,许多老年人也接受了更高标准的住宿、餐饮和其他收费更高的酒店式服务。

⑥弹性护理,农村及偏远地区护理和特殊需要护理。

弹性护理是针对护理受助人其他方面的需求提供的服务,主要包括过渡护理场所、多功能服务(MPS)和创新的联合经营护理。澳大利亚联邦政府、州和地区政府三方共同出资成立过渡护理,为住院老年人提供限时、面向目标和重点治疗的过渡护理场所,这种形式的护理可以长达12周。MPS是针对农村和偏远地区的地理、人口和护理需要,整合医疗卫生和老年人护理服务,提供符合实际需要的服务,每一项MPS的资金来源主要由联邦和地方政府捐助和基金联营的提供。创新联营护理的对象是社区内年龄较大的土著人或接近于原住民文化背景的老人,主要针对农村和偏远地区的老年人。专门为来自土著社区的人、非英语背景的人、弱势人群和退伍军人等特殊需求群体提供支持场所,提供服务的额外成本由额外资金和援助进行支付。澳大利亚的退休村主要由独立和辅助生活单位组成,在老年护理方面起到的作用越来越重要。退休村内的居住环境和内部服务呈现多元化特点,拥有普通和豪华度假式的多种风格。根据退休村协会(RVA)的估算,目前澳大利亚退休村大约有1870个,居民大约有160000人。

(3)老年护理服务的融资。

澳大利亚的正式老年护理服务的资金主要来自纳税人和一些用户的捐款,还有一部分来自政府出资的收入支持补助金(养老金为主)。2009~2010年,政府的老年护理服务直接支出总额大约110亿美元。澳大利亚政府出资实施社区护理计划(CACPs、EACH和EACH-D)和家庭式护理服务,与地方政府共同筹措资金。政府为HACC项目提供了大量公共补贴,大部分支持了社区护理计划,2009~2010年大约19亿美元,其中澳大利亚联邦政府和地方政府分别提供60%和40%的资金。虽然HACC具有服务标准的严格规定,但实际的服务经营仍有显著差异,HACC服务的用户个人负担平均服务成本的5%左右。2009~2010年,澳大利亚政府在CACPs、EACH和

EACH-D 计划上总共花费 8.16 亿美元；用户个人平均支出 CACPs 和 EACH 费用的 16% 和 5% 左右。

2009~2010 年，澳大利亚政府为家庭式护理出资约 71 亿美元，支付给老年护理服务提供者，政府财政补贴约占家庭护理费用的 70%，每个住宿场所的年度补贴平均为 43050 美元，其中高级和低级护理住客分别为 51550 美元和 20150 美元。高级护理住客需支付一笔住宿费用，而低级护理住客或在高级机构享受额外服务的住客需要提供住宿债券，提供者每月可从长达五年的债券中扣除自留金额，能够获得债券投资收入或抵消其他计息债务；来自住宿债券和自留金额的收入，可以偿还与家庭护理相关的债务，也可以改善老年护理服务。

经济条件较好的老年护理住客自行支付护理和住宿费用，该费用主要有日常费用、收入检测费、资产总额检测通融付款、额外和附加服务费用。随着时间的变化，老年护理的公共和私人捐款比例也不断发生变化，用户个人供款和私营资金也不断增长。

(4) 老年护理服务的监管。

针对家庭护理机构和社区护理计划，澳大利亚政府制定了详细的规章管理制度，规定了家庭护理床位执照、社区护理计划的数量、收费水平和护理享用者的合作供款，以及质量保证和消费者保护措施等。例如，老年护理标准、家庭护理机构认证、建筑认证、住宿债券的审慎管理、老年护理专员、投诉调查计划 (CIS)。

老年护理质量和规范办公室 (OACQC) 负责老年护理规章管理的决策和执行，负责老年护理的认证和遵守，还要负责处理投诉。

①质量评审。

根据《老年人护理法》(1997 年)、问责原则 (1998 年) 和认证批准原则 (2011 年)，设置老年护理标准和认证机构 (ACSAA)，主要负责管理认证标准的家庭护理评审过程；提供信息、教育和培训，提高护理和援助服务的质量。

第8章 其他国家和地区城市居家养老服务实践及其启示

②投诉处理。

投诉调查计划（CIS）根据《家庭和社区护理法》（1985年）成立的，CIS由老年护理质量和规范办公室（OACQC）管理，也能受理与护理有关的投诉问题。投诉者包括接受社区老年护理的人、家庭护理机构中的人、护理用户亲属、监护人或法定代表人，可以提供建议或信息或提出投诉。老年护理理事（AAC）能够审查决定并检查老年护理质量和规范办公室（OACQC）的审计和评估行为以及CIS的投诉进程，行政上诉法庭（AAT）是对行政决定提出上诉的主要途径。地方政府对老年护理监管的干预较多，主要有职业健康和安全、消防、规划、设计、建设，食品与药品的制备与储藏，消费者保护，以及护士、专职医疗专业人士和私人护工，还涉及财政援助方案、处理投诉以及退休村、社会住房和大篷车旅店的运营。

③涉老机构的设置。

澳大利亚联邦政府的老年事务机构主要包括中联局、卫生与老年关怀部、家庭与社区服务部、退伍军人事务部。第一，中联局。该部门负责实施家社部和其他中央部门的政策，中联局根据《联邦服务提供机构法》（1997年）设立，全国设有1000个联络点，通过与中央13个部委签约，负责发放社会保障领域的津贴和补助，采取一站式服务，为各种不同需求的公民提供帮助。中联局在地方政府设有办公室，负责对客户申请补贴和财产状况进行独立评估，决定申请者的津贴、补助的待遇水平。中联局发放的津贴补助有许多种类，包括养老金、失业救济、残疾人补助、土著、生育、低收入等，每年发放大约430亿澳元社会保障金，占联邦预算的1/3左右。第二，卫生与老年人关怀部。该部门主要采取与州政府和各类服务机构签约的方式，提供各种卫生和老年护理照料服务，还提供老龄化宏观政策咨询。针对老年照顾，每年HACC项目签订的合同约25亿澳元，影响最大、覆盖范围最广。第三，家庭与社区服务部。1998年10月成立，家社部主要是为联邦政府提供收入保障政策，负责社会保障预算，对所有社会问题提出政策建议,通过社会服务机构提供相关服务。

(5) 老年护理服务非政府组织。

澳大利亚有许多非政府组织,可以向社会弱势群体提供住所、餐食、医疗保健、就业等各种照料服务,例如老年人、残疾人、流浪者和穷人等。非政府组织在照顾有老年津贴或享受政府补贴的被照顾对象时,可以得到政府的资助,由政府承担一部分费用,但其余很大一部分费用主要通过募捐获得,来源于私人公司、社会各界和投资机构等。非政府组织的志愿者通常是60岁左右的老人,一般都具有一技之长、大学以上学历且受过正规培训,没有工资和报酬,服务机构只付给志愿者提供公益性服务时发生的交通费。非政府组织的固定工作人员有工资,为困难老人购买其他机构的服务必须是有偿的。志愿者机构不仅有自己的老年公寓和护理院,而且也向其他老年服务机构提供无偿服务。

澳大利亚非政府组织分为两种类型:营利性组织和非营利性组织。前者主要创办高成本的护理院,后者主要是由慈善、宗教和社区组织创办,如老年公寓和社区服务机构。澳大利亚有数目众多的为老服务和老年群团等非政府组织,承担着老年服务和照料的主要任务。主要如下:第一,澳大利亚国家老人协会。协会主要是向老人提供服务和信息,提高老年人的独立性、尊严和生活水平,会员遍及全国,有28万人。第二,联邦照顾联系中心。该中心专为需要院舍照顾的人提供信息,并由老年照顾小组评估和确认获得机构照顾的资格和护理等级。澳大利亚全国联邦照顾联系中心共有54个。第三,维权服务中心。该中心专门帮助老人提高自我决策能力和维护合法权益,每个州都设有维权服务中心,服务免费。第四,联邦短期照顾服务中心。该中心帮助有短期照顾需求的老年人了解相关条件和要求,帮助他们得到最适合的照顾形式,只为无力负担服务费用的老人付费。第五,联邦护理联系中心。该中心专为老年残疾人及他们的亲属提供信息和服务。

澳大利亚的非政府组织承担了养老服务的主要工作,这减少了政府的财政支出,提高了公共服务和物品的供给效率,满足社区老人的多样化需求,提供便捷和优质的服务,实现了养老服务资金来源多元化,提高了社区的养老服务运营管理水平,增强公民的社会责任心和参与社会公共事务的积极性,还有利于监督政府权力和管理的规范性。

8.2 中国香港地区养老服务实践

自 1973 年开始,港英政府推出了家居照顾模式,让老人在社区与家庭成员一起居住。港英政府 1977 年发表为老服务政策书,明确为老服务的方法是社区照顾,提供社区扶助服务是为满足那些无家庭依靠或家庭抚养不充分老人的需要。家庭赡养和社区扶助是互补关系,尤其是身体衰弱需要家庭成员提供更多照护的老人,社区帮助更不可缺。通过多元化的社区安老服务,满足老人的生活需要,充分利用空闲时间发展潜能,老人在熟悉的社区环境中安享晚年。香港主要社区服务机构有长者活动中心、长者日间护理中心、护老支援中心、长者度假中心等。社区老人日间医院为老年患者提供日间综合性诊疗,病人不必留宿医院,就能够得到适宜的康复活动、合适护理和心理照顾。

香港是一个典型的老龄化社会,1998 年 60 岁以上的老人占总人口比例高达 14.1%。1972 年,港英政府成立了专门工作小组研究老年人的社会需求问题。工作小组于 1973 年提交报告指出,老人服务的发展方向为居家养老,要避免老年人过早离开自己的社区而依赖社会提供安老院舍。1998 年初中国香港特区政府完成了香港老年人对社区支援和住宿照顾服务的需求调查,根据需要增加了老人日间护理中心、老人综合服务中心和老人活动中心,建立专业的老人服务队,深入到社区上门为急需照顾的老人提供服务,并试行了 8 项老人义工计划和2项义务工作者计划,在社区义务工作者和老人之间建立了正式的照顾支持网络。中国香港特区政府还规定,社区人口达到2万左右就要设立一个老年人社会服务机构,如老人活动中心、老人综合服务中心、日间护理中心等。

香港居家养老服务大致分为三类:第一类是老人的日常基本服务,包括家务助理、膳食服务、社区护理、疗养院及老人科病床等;第二类是针对个别需求的服务,此类服务需求量很大,包括日间护理中心、探访以及接送服务、医疗服务、老人宿舍、廉价殡葬等;第三类的需求迫切性比较小,包括就业服务、安老院等,还有一些为老人的特别需要而设立的服务。

香港对养老服务中从业人员的素质要求很高,对老年人社会服务机构的负责人和其他服务人员都有明确的专业和学历要求,主任必须有社会工作专业学士学位或注册护士资格。

另外,香港的非政府组织数量众多且实力雄厚,还拥有自己的行业协会组织——香港社会服务联会。该组织的职责是协调政府部门、募捐机构与服务机构之间的关系,其本身既不直接募捐,又不直接提供服务,而是作为民间社会福利机构群体的代言人,是民间福利机构和香港社会福利署之间的纽带和桥梁。该组织现有300个会员,2500个服务单位,雇佣员工3万多人,为香港提供90%以上的福利。另外,香港公益金则负责为福利机构募捐,帮助解决各福利机构的善款问题,当然其本身不直接提供福利服务项目。

8.3 其他国家和地区的养老服务经验及其借鉴

8.3.1 健全完善的管理机制是养老服务发展的保障

部分发达国家在100多年的老龄化过程中,养老模式基本都是沿着以下路径发展的,从机构养老到设施养老,再到社区、家庭养老。进入20世纪80年代,西方福利国家出现福利危机,对政府包办各种社会福利的模式备受质疑,提出了福利责任多元化的思想,政府不应是福利的唯一提供者,应该由公共部门、市场、非政府组织和家庭社区四个部门共同承担。不过,政府部门、企业、团体及私人投资兴建的养老机构都必须遵循政府规定的标准和要求,接受政府的监督和管理。为保障养老基金的正常运转,各种养老资金由专门的管理部门使用和积累,评估审计部门监督,要求定期向国会汇报。发达国家的养老服务业社会化程度较高,这促进了养老服务业的稳步健康发展,居家养老不仅有利于老人长寿,而且减少了政府的财政支出,充分调动了家庭、社会的积极性,促进了养老社会化。同时出现了许多新的策略和方案,如去机构化、市场化、契约外包、民营化和社区化等。

8.3.2 完善行业规制及资金补贴制度

(1) 行业规制。

行业规制是指开办资格的审核以及在运营期间实施的评估监控。国家和地区政府通过开办资格审核,可以将社会办养老机构纳入自己的监管体系。由政府制定各项准入标准,并给予达标的机构许可经营执照;政府要引导并保证社会办养老机构向良性发展,其运营期间的评估监控是不可缺少的重要环节,为了更好地对其进行评估监控,许多国家都设立了专门的政府部门。政府对社会办养老机构的规制经历了一个发展过程,最初,规制关注的中心是建筑和服务程序的要求,后经发展逐渐转变为服务的实际成果。在20世纪60和70年代,美国制定颁布的有关养老机构的规章法案,比较注重规定养老机构建筑要求以及在服务过程中被禁止的不规范程序。然而在实际操作过程中逐渐发现,这种单纯的硬性规定,不仅没有收到预期的效果,而且还引起了一些个人以及机构团体的质疑。1987年，美国颁布的综合预算调解法案（omnibus budget reconciliation）是具有一定标志性意义的养老院改革法案。该法案重新规定了居住者评估、居住者权利、护士助理培训、精神药物监控以及职工中专业护士水平等内容。

（2）资金补贴。

从一些国家和地区的发展历程来看，他们社会办养老机构的迅速发展离不开合理的资金补贴制度。虽然大部分国外社会办养老机构普遍采用个人支付和社会保障相结合的收费方式，但是各国（地区）在社会办养老机构发展的不同时期采取的资金补贴制度不尽相同。20世纪八九十年代是英国社会办养老机构发展的"黄金时期"，其社会办养老机构的数量从1985年的17.5万个迅速增加到1998年的65万个，其快速发展主要得益于1983年英国保守党政府对于社会保障基金给付方式的调整，不仅调整了给付方式，转变为按人支付，而且扩大了给付范围，涵盖了社会办养老机构。因此，在社会办养老机构中的居住者同样可以获取政府的社会保障资金补贴。

在澳大利亚，强调家庭养老是养老护理模式的核心，过去是以政府养老护理为主，后向更高层次的家庭养老护理方向转变。养老机构开始实行私有化管理，其基础设施由私人机构提供，政府并不给予相关的税收优惠。然而，在资金补助上，政府改变过去按人头拨付款项的方式，实行按每张床位拨付款项并直接将款项拨付给养老机构的方式。从某种程度上来看，这种方式的转变实现了政府出资为需要护理服务的老人"购买"床位的目的，同时也体现了养老机构生产公共产品的特征。养老机构实行"民办公助"，既有利于增强低收入老年人接受社会办养老机构服务的支付能力，又有利于促进社会办养老机构的运营资金得以良性循环。美国对养老机构的资金补助制度主要通过联邦医疗保险（medicare）和医疗补助（medicaid）来实现。医疗保险和医疗补助都是针对具体的服务来偿付的，而不是针对机构的性质、规模来进行偿付。政府对于两者所能偿付的服务范围有着严格的规定。具体说来，医疗保险主要用于支付养老院中的专业技术护理或者复原服务，并不包含陪助式老年公寓提供的个人护理服务，例如沐浴、穿衣和就餐方面的日常生活行为的协助服务。医疗补助支付大部分的养老院护理服务费用，而且涵盖了陪助式老年公寓中的个人护理和家务服务，但是享受这类服务的前提是居住者必须满足低收入和低资产的要求。2003年中国香港特区财政用于社保方面的资金达330亿港币，其中有33.4亿港币用于养老服务，但在方式上不是由政府直接提供服务，而是通过招标的方式，请民间福利服务组织来营运政府规划的社会福利项目。

8.3.3 发挥非政府组织在养老服务中的作用

（1）非营利组织的广泛参与。

在福利多元主义的影响下，西方福利制度逐渐走上了混合型福利模式的发展道路，在公共服务领域，非营利组织发挥了举足轻重的作用。部分社区将养老服务外包，不仅减轻了政府的管理压力，提高了公共物品的供给效率，而且有利于满足老年人日益多样化的养老服务需求，进而有利于提高养老服务的社会参与度，为养老服务领域的发展注入新鲜血液，增强其活力。在发达国家，政府会将养老服务具体的实施工作交由一些非营利组织，这样一来，政府与非营利组织之间形成了良好的合作伙伴关系，这与发达国家的民间组织的发展时间较长、规模较大、专业化程度高是分不开的。在美国，养老服务的实施主要依靠社会中介组织的管理和运营，像美国老龄居家服务协会等类似的服务中介组织有100万个左右，遍布国内各个社区。

（2）NGO、NPO在养老服务中的作用。

非政府组织（NGO）或称"第三部门"，是区别于政府组织和以营利为目的的企业的社会组织。在其他国家和中国香港地区，有很多社会团体即NGO在老年人事业方面提供相关服务。

西方社会学理论认为，当国家体系中的政府不能有效地配置社会资源（政府失灵）、市场体系中的企业又出于利润动机不愿提供公共物品（市场失灵）时，民间组织作为一种新的资源配置体制，弥补了政府和企业这两种主要的资源配置体制的不足。在美国，大约有100个为老年人服务的团体，如全国老年公民委员会、全国退休教师联合等全国性的老年人社会团体。在比利时，老年人服务事业的发展，除了依靠政府的社会事务部门外，更多地依靠非政府机构去办，政府部门只承担部分职能，管理养老制度、养老待遇和投资兴建医疗保健机构、服务设施等内容。

在德国，老人院属于非营利性机构（NPO），一般是由城镇自行出资或由私人基金会出资兴建，由社会福利部门统一管理，维持收支平衡。养老费用先由老人及其子女承担，当其难以支付时，交由社会救济来承担。

中国香港地区在1958年成立社会福利署之前，社会福利服务都是由民间组织（NGO）自发提供。港英政府虽然在社会福利中承担主要责任，但是计划、组织、人事、财务、指挥和评价等具体服务项目的实施，统统由社团和福利服务组织承担。在良好的环境下，民间服务组织得到了空前的成长，同时培育了民间组织的服务人才，也积累了开展养老服务的工作经验。在中国香港地区，民间办的老人院舍服务有接近一半是营利性的，其收费水平可以超出成本价格，这在福利服务领域是很特殊的。由于存在利润的刺激，追求利润最大化，这样就会使民间机构在养老服务领域的服务积极性得到大幅提高。同时，中国香港特区政府每年也会通过"政府购买服务"的形式，向民间机构购买一定数量的床位，用以安排部分积蓄不多，子女收入不高的老人。

（3）大力发展民间组织。

在西方，有一个非常普遍的社会现象，那就是民间组织发展比较活跃。这与西方特有的发展历史、社会管理制度和文化传统密切相关。其他国家和地区的民间组织在社区养老服务方面发挥了不可替代的重要作用。与发达国家相比，我国在经济发展程度、社会组织化程度、社会管理的社会化水平等方面还存在较大差异，因此完全照搬西方的模式是不现实，也是不可能的事情。随着社会经济的蓬勃发展和社会结构的多元化，客观上需要打破政府行政单一管理的做法，进而形成政府、公民以及联结两者的民间组织的共同参与和承担社会事务的格局。大力发展民间组织，可以充分发挥其在解决社会问题、缓解养老矛盾、推动养老服务社会化中的作用。但是政府要从立法、资金、税收、用工等方面加大对民间组织的扶持力度。

应加大非政府组织、非营利组织以及部分企业与个人的参与力度，采用福利服务、收费服务与公益服务相结合的方式，对于那些经济确实困难，需要政府保障的居家老年人，通过采取"政府购买服务"的形式，为他们提供相应的福利性服务；对另外有一定经济能力的居家老年人，主要通过"个人购买服务"的形式提供收费性服务。同时，还要积极鼓励和动员社会各界为老年人提供无偿的公益性服务。

8.3.4 完善居家养老服务优惠政策

（1）家庭养老优惠政策在养老服务中的运用。

新加坡实行"三代同堂计划"，在计划中规定，愿意住在年迈父母附近的公房申请人拥有优先贷款权，首期付款是一般人的一半（10%）。还有买方补助计划：已婚子女买房屋与父母位于同一房区或相距不超过2公里，可获得5万元津贴；房屋改建计划：政府对已婚子女和父母同住的，帮助改建斜坡道、厕所等；税务回扣制度：已婚子女与父母同住并赡养父母，在缴纳所得税时，可享受税务扣除，每位老人可以由两位奉养者享受3500元的税务扣除；规定丧偶老人的子女必须有一个与老人同住，才能对老人留下的房屋享受遗产优待。新加坡通过《赡养父母法》，规定不赡养父母的子女要罚款并坐牢。

日本政府支持和鼓励家庭赡养老人，为此也规定了许多办法：如果子女照顾70岁以上收入低的老人，可以享受减税，与老人一起住的子女交税时，可享受更大的好处，如果照顾的是卧床不能行动的老人，还可以得到额外的好处；如果照顾老人的子女要修建房子，使老人有自己的活动空间，他们可以得到贷款；为卧床的老人提供特殊设备；如果子女暂时不能照顾老人，老人可以暂时住进小型疗养院。

同样，韩国在支持家庭养老上也有相关规定，赡养年迈父母的人将优先得到住宅，购买房屋的贷款限额也将提高一倍。从1993年起，赡养老年父母的人使用医保卡为父母看病时，由补贴100万元改为实报实销。

瑞典政府对照护老年人的亲属进行多种方式的援助，有的是提供家庭帮助和每日护理的资金，或直接为老年人雇用家庭护理员及提供亲属护理所需的现金补助。美国政府也支持鼓励家庭赡养老人，有老人的家庭有权优先使用社会服务设施，并给家庭成员一定假期扶持老年人，等等。

（2）积极鼓励家庭养老。

家庭小型化成为一种趋势，家庭养老功能不断被弱化，这种背景下，家庭养老正面临极大的挑战。人们对于养老一词并不陌生，但是养老不仅仅是家庭的责任，同时也是国家的责任，国家应从政策上鼓励家庭养老，在家庭养老问题上应有所作为。《中华人民共和国老年人权益保障法》规定："老年人养老主要依靠家庭，家庭成员应当关心和照料老年人，""赡养人应当履行对老年人经济上供养、生活上照料和精神上慰藉的义务，照顾老年人的特殊需要。"赡养人有能力为老年人提供服务是这些法律条款拥有有效性的前提，在需要赡养老人时，一旦出现某些客观原因，赡养人不能履行义务，就会导致老年人的权益无法得到保障。因此，我们可以参考和借鉴国外的一些做法，对于拥有不同经济能力的家庭给予不同的政策优惠，支持并鼓励子女在家中赡养老人。例如在经济上，给予收入较低的家庭一定的补贴，对于收入较高的家庭，减免一定的税收，给予在住房分配或购买商品房时愿意与父母同住的家庭一定政策优惠等，尽力帮助子女尽好赡养老人的义务。

（3）完善社会养老保障制度。

在完善社会养老保险，发展商业补充养老保险的同时，积极推动建立和完善政府补贴制度：完善城市"三无"、农村"五保"老人的政府供养制度；建立高龄津贴制度；建立养老服务补贴制度，支持低收入且高龄、独居、失能等养老困难老年人入住养老机构或者接受社区、居家养老服务；建立民办公助制度，对于民办养老机构、居家养老服务设施或组织，给予建设补贴或运营补贴。

8.3.5 规范的老年福利法规体系

（1）规范的老年福利法规体系。

在养老服务的实践过程中，发达国家非常重视加强与改革配套的立法工作。在美国、英国、日本等国家，各种养老服务制度的推行都是以系统完善的立法为基础，进而逐步走上制度化、规范化的发展道路。例如美国针对老年群体的特殊性，为其建立了专门的立法保障体系，表现为单独的老年人法律。从20世纪30年代起，美国政府已经相继颁布了多部与老年人相关的法律。一类是"普遍性适用"的权利条款，凡是达到规定年龄的老年人均可享受法律法规中的权利；另一类是"选择性适用"的权利条款，只有特殊的老年群体才能享受提供的救助。老年人社会保障必须遵循立法先行的基本原则，法律体系规范的完善使得养老服务制度的具体操作变得有法可依、有章可循，同时，也为养老服务产业的发展提供了行业规则和法律基础。

（2）居家养老的实施必须以法律为保障。

从各国和地区的实践可知，在促使社会福利事业朝着法制化和规范化的方向发展方面，大多数政府比较注重从宏观上加强法规和政策建设。比如日本从1963年开始陆续推出了《老人福利法》《老人保健法》《护理保险法》等一系列法律法规，到目前为止，已形成了较为完善的社会福利政策法规体系。而英国政府在1977年制定了《全民健康服务质量》，提出了地方政府对老人提供到宅协助与居住照顾服务；1990年，英国政府首次颁布了以"社区照顾"为名称的法案《全民健康服务与社区照顾法案》，该法案成为现阶段英国社区照顾服务与政策制定的主要法律依据。由此可见，在英国和日本，社区居家养老已踏上了法制化的发展轨道。

8.3.6 政府主导下的社会化和市场化

（1）政府主导下的社会化和市场化。

在公共服务方面的政府购买制度上，发达国家较不发达国家更为完善。老年市场不断发展，很多社会组织和私人机构通过政府购买、公办民营等方式，都已经逐渐参与到了养老服务市场中。政府购买服务的基本前提是政府的组织和领导，同时政府居主导地位又是养老服务社会化、市场化的基础。从发达国家的实践经验来看，政府已经从过去的养老服务直接提供者逐渐转变为养老服务的购买者和监督者，政府角色的转换，使其在养老服务体系中起到的主要作用是政策制定、财政支持、监督管理以及社会资源的整合。同时，政府通过将市场竞争机制引入到养老服务市场，不但减轻了政府自身负担，而且提高了养老服务市场的服务质量。政府与非营利组织的良好合作，提高了养老服务行业的社会参与度，同时，社会事业社会办的理念也得到了很好的体现。

纵观各国社会养老保障制度的历史发现，社会养老保障制度自建立起来,受特定的历史环境和理论的影响,逐渐成为政府的垄断产品。政府不仅需要负责制定法律政策,为了保证资金的管理和运营,政府还需要解决筹资问题。政府干预要适度,如果过度干预,不仅不会促进社会养老制度的发展,反而会使政府背上沉重的包袱,因此,各国都试图进行改革,重新界定政府的角色。养老保障是一个兼具公共产品和私人产品属性的混合产品,这就决定了任何一种机制都不可能解决全部养老问题,因此,政府、市场和社会需要扮演不同的角色,发挥各自不同的作用,从而形成一个多层次的综合养老保障体系。

(2) 发展政府主导的养老服务事业。

在现代社会,对于公民来说,享有基本的社会保障是其应享的一项基本权利,而对于国家及其各级政府来说,提供和促进相应的社会保障则是一项基本责任和义务。虽然政府不能、也不该统包统揽一切社会保障事务,但是在举办和促进包括养老保障在内的社会保障事业方面,它应该发挥其应有的主导作用。就政府来说,应该扮演三个层面的角色:

一是政府应当利用其强制权力为养老保障提供一个相对完善的制度环境,即提供养老保障制度和各种具体的政策法规的产品。

二是政府要承担再分配的角色,维护社会的公正公平,保障所有群体的基本社会权益。

三是政府要建立多层次的养老保障体系,政府发挥主导作用,但是不应该过度干预甚至替代市场和社会应有的作用,相反,应该切实采取一定的措施,为它们的发展留有必要的空间。

8.3.7 居家养老服务经费渠道的多元化

在养老服务资金的筹集方面,发达国家除了采取政府财政补贴和政府购买等方式以外,还动员了大量的社会资源,在鼓励社会上的商业性养老服务机构、社会福利机构积极参与的同时，并给予其减免税收等政策鼓励和政策支持。除此之外，各种慈善组织、民间团体和个人也会捐助资金参与到养老服务中去。在日本，护理保险制度的经费来源于国家政府、地方财政和个人，另外，商业保险公司和商业老年服务机构也会介入，这样可以更好地分散护理保险制度面临的风险，进而实现养老服务供给的多元化，可谓一举两得。

8.3.8 建立长期稳定和专业化的服务队伍

（1）长期稳定和专业化的服务队伍。

随着年龄的增长，老年人多多少少会患上各种老年疾病，其生活自理能力也会随之下降，因此，老年人对长期照料和康复护理等方面的养老服务需求就显得非常重要。一直以来，发达国家很重视服务者的专业素质和专业技能，因此，在养老服务从业人员的资格、考核和培训方面，各国都有着严格的规定。同时，许多高校都设有社会工作专业，并为学生增开福利课，这样可以为养老服务工作培养专业化、高素质的人才，才能更好地满足老年人的各种特殊需求。同时，发达国家养老服务工作的快速发展也离不开庞大的志愿者群体的努力。国外的志愿者机构起步较早，经过不断发展，形成了长期和稳定的服务队伍，并不断吸引着新的志愿者加入。另外，还有一些身体健康的老年人通过当地志愿者机构，自愿为有需要的老人提供友爱访问等服务，包括上门探视、聊天和打电话问好等。

综上所述，在居家养老服务方面，发达国家有很多可供我国借鉴的有益经验，特别是在服务主体的多元化上，发达国家秉着福利多元主义和服务型政府的理念，已经较早实现了政府在公共服务领域的转型。借鉴国外经验，我国应该加大民间组织和市场机构在公共服务领域的参与程度，不断拓展老年服务市场，完善居家养老体系，进一步提高我国老年群体的生活质量。

(2) 正规培养从业人员。

西方国家的养老服务工作的职业化和专门化，主要体现在四个方面：一是有专门的社会团体及下属从事各类福利服务等相关机构；二是有公认的职业守则和保证守则，被执行的审核和证照制度；三是有专门从事社会工作教育的院校和实用的系列训练课程；四是有保证工作顺利进行的工作程序和必要的职业权利保障。

(3) 从业人员的考试与进修制度。

国外的一些国家都非常重视对养老服务中从业人员的素质培养，并为此采取了很多相应的措施，比如护理人员考试与进修制度。各国对护理人员的定义有所不同，在日本主要是指公、私社会护理机构的管理人员，瑞典、德国分别指老人残疾者的在宅护理员、家政服务人员，而在法国指心理治疗人员和专门护士。虽然各国规定取得资格的方式不尽相同，但是护理人员都必须经过考试才能获得相应的从业资格。

对于安老院、日间护理中心、老年社区服务中心的相关负责人，中国香港地区对其都有明确的专业和学历要求，例如主任必须有社会工作专业学士学位或注册护士资格，其他服务人员也有明确的专业和学历要求。除此之外，像德国和日本，还设有"护理福利师"的国家资格考试制度。规定护理人员在取得资格后，每年仍必须参加一定时间的进修，否则来年不能上岗服务。这明显提高了护理人员的责任心和护理服务质量。日本国会于1987年通过了"社会福利师和介护福利士法"，并于1989年首次举行了这两项国家资格的考试。社会福利师的主要工作是为老年人的身心健康和日常生活提供咨询和指导，参加考试的人员须具有大学以上学历并选修过相关的专业课程（如未选修过专业课程则需在培训中心接受1年以上的培训），或者是大专以上学历并有2~3年以上的实践经验，且在培训中心接受过6个月至1年的培训。介护福利士的工作主要为老年人提供具体的介护和日常生活服务，获得这项国家资格只需具备高中以上学历并在培训中心接受过 1~2 年的培训，如无高中学历则需有 3 年以上实践经验并通过资格考试。另外，部分大学设立"社会福利""福利工学"乃至"福利用具工学"等专业，为养老服务事业不断输送专业人才。

（4）建立多样化的服务以及专业化的队伍。

我国进一步完善了养老服务的提供方式，提供多样化的养老服务。养老服务形式的丰富多样固然重要，但是最根本的是，应适应不同的地区情况提供不同的养老服务方式，在城镇、农村开发较为完备的养老服务提供体系。从养老保障的实践来看，充足的养老收入需要强大的经济供给力量的保障，而且养老服务同样需要广泛的社会参与。完善的养老服务不仅需要依靠政府的力量，同时离不开专业化的队伍提供多样化的养老服务。产品供给者除了政府外，还有市场和社会，它们都分别扮演不同角色，发挥着不可替代的作用。政府要保证公民基本养老权益得以实现，但是不能过多地干预养老保障体系的发展。在社会养老机构的供给问题上，由于人口老龄化不断加快，社会养老负担日益加重，老年人的养老需求也日趋多样化，故对社会养老机构会有各种不同的要求。如果单纯地依靠政府力量是很难满足老年人的各种不同的养老需求的，应当走投资多元化、管理运营市场化的道路，建立政府主导、社会参与、市场运行的机制，形成政府、市场和社会共同发展的格局。对政府来说，其主要作用是通过立法和监督，规范经营行为，保护老年人的合法权益不受侵害，并且为了提高经营者的投资兴趣，适当地给予经营者一些优惠政策，包括减免税收、低价提供土地、降低公用事业性收费标准，等等，

（5）服务管理专业化。

在我国，人们经常会抱怨一些养老机构的服务很不到位，究其深层原因，主要是那些养老机构缺乏合格的专业化服务人员，取而代之的很多都是下岗人员或是愿意廉价出卖劳动力的人员。从精神层面来说，按照马斯洛的需求层次理论分析，那些非专业化的服务人员，大多都是低收入的弱势群体，从事这份工作，他们可能更多的是想通过

服务他人而换取一定的收入，使自身生活有一定的保障，而并非是从关心、关爱、帮助他人的人文关怀精神为出发点来提供相关服务。从技术层面来看，即使这些服务人员具备了社会工作者应具备的价值观，但由于从未或很少接受过专业化服务培训，他们不能很好地满足老人的各种不同需求，很难真正地帮助老年人安度晚年。因此，我国要借鉴国外先进经验，加大对社会工作者的专业化培养力度，尤其是提高那些提供养老服务人员的专业化程度，提高他们养老服务的专业性。

（6）养老服务人员的技能培训规划。

在发达国家，社会福利事业的重要特征是将养老服务作为一个专业、一个职业，同时发展规模化、品牌化的养老福利服务。

①养老服务教育培训制度。

在社区工作中，西方发达国家很注重人才储备，在社区为老服务上，特别强调对专门人才的培训。因此，许多大学都设有社会工作专业，专门为社区组织培养、输送专业人才，这种人才储备为西方发达国家从机构养老模式向社区养老服务模式转化提供了所必需的专业人才资源。日本在某些高等学校还专门开设福利课，训练学生对老年人和残疾者的护理工作。新加坡、韩国及中国香港、中国台湾也非常重视社会工作专业教育，在所实施的社会工作计划中，包括提供专业证书教育和学士、硕士、博士学位学历教育等内容。

②社区老年工作者的专业化培养。

其他国家和地区很注重对社区老年工作者的专业化培养，其做法主要有以下几点：一是对从事老年服务的人员进行岗前专业教育和技能培训；二是聘请掌握老年工作专业知识和技能的专职工作者；三是选取拥有专长和服务经验的兼职工作者；四是组织热心公益和拥有奉献精神的义务工作者。通过广泛动员，逐步建立并扩大义务工作者的服务队伍，从而为老年人提供更多更好的无偿、低偿服务。

在中国香港，其所推动的"长者义工计划"给老年人的晚年生活注入了积极、健康的活力。这些长者义工活跃在社区中,为有需要的老年人提供探访、交谈、协助家务、社区资源介绍和转介服务,此外还有在公共场所进行宣传活动的中心服务队。老年人之间有很多相似经历,这使得老年人之间极易产生共鸣,更有助于对老年人的探访或短期辅导。长者义工是一种支援性服务,实施"长者义工计划",不仅使社会中提供帮助和服务的资源得到充分利用,而且使老人中心服务供给上的紧张和压力得到相应的缓解,同时也有益于长者义工的身心健康。

在澳大利亚,社会志愿者主要是由退休人员或者无工作者、有工作者和正在找工作的妇女和学生组成。政府要求志愿者必须进行登记注册,社会服务机构要为志愿者购买职业保险,还有相应的社会服务机构对志愿者进行培训,并界定其从事的工作,为其支付服务过程中产生的交通费用。志愿者参与志愿活动,可以获得一定的工作经历。

新加坡劳工部制定了一项"重回工作岗位计划",其目的是帮助家庭主妇、老年人及补裁人员找到合适的工作。同时,政府还鼓励老年人积极参与到志愿者队伍中去。在中国香港,特区政府资助是非政府组织兴办养老机构的主要资金来源。20世纪80年代以后,私营养老机构得到迅速发展,逐渐与非政府机构共同承担中国香港的养老服务事业。为了加强养老机构的照顾服务,中国香港地区于1989年在私营养老机构推行"买位计划",后在1998年11月又实行"改善买位计划"。这两个计划推动了私营养老机构的进一步发展。1994年福利署制定发牌制度,不仅提高了私营安老院的服务质量,也减轻了老人轮候时间过长的压力。目前已有90多家私营养老院实施了买位计划,在中国香港特区政府的资助下,已有524家私营养老院全部符合发牌条件。

荷兰实施了很多福利服务保险项目,其中最著名的是AWBZ老年照料基金计划,养老福利设施的补偿和老年人照料服务的资助是基金计划经费的主要支出项目。新建养老机构60%的经费由老年照料基金计划提供，除此之外，一些社会福利机构60%的经费也能得到老年照料基金计划的支持。

综上所述，其他国家和地区社区养老服务经费的来源大致分为两部分：一部分是政府拨款。在多数国家和地区，用于社区养老的公共设施的日常经费是由政府提供的，在少数国家和地区，很多社区养老服务的全部经费由政府资助；另一部分是个人和组织捐款。其他国家和地区政府采取契约方式购买社区组织服务；同时，通过采取低息贷款和税收减免政策鼓励民间组织积极参与社区养老服务；为更好地体现关注的重点，政府通过增减相应的拨款数额，进而达到调控社团行为的目的。

8.3.9 准确定位政府职能

（1）准确定位政府职能。

其他国家和地区政府的职能主要是作为间接供给者，为社会组织提供资助，直接供给的养老服务只占很小比重，同时运用行政权力对它们进行监督。一直以来，我国政府习惯于直接提供福利服务，一手包办养老福利事业，缺乏与社会组织的分工合作。与其他国家和地区相比，我国的养老福利服务制度有所不同，最明显的差别就是政府所起的作用不同。

在养老服务社会化发展进程中，我国可以借鉴国外的经验，重新定位政府职能，转变后的政府职能主要是规划养老服务发展目标，培育和引导民间组织健康发展，对其给予适当的政策倾斜和资金补贴，同时发挥监督监管的作用。

（2）准确定位政府职能。

在养老福利事业中，国外政府坚持走政府主导下的社会化、市场化的道路，遵循抓大放小的管理原则，充分调动社会各方面力量积极参与养老福利事业。在这种管理体制下，政府虽然始终处于主导地位,但具体的养老服务大多由社会组织和个人承担。政府将市场竞争机制引入养老福利事业中,支持鼓励民间组织、企业进入社会养老领域,并采用各种措施吸引民间组织、非营利机构为老人提供各类服务,这改变了过去单纯由政府提供养老服务的传统模式,提高了养老服务的质量与效率,同时,也扩大了服务对象的范围,并明显降低了服务成本。

(3)社会工作者:"组织者"与"服务者"的双重角色。

在许多发达国家和地区,其社区服务的组织和发展离不开众多社会工作者的努力。为了使社会工作者的工作更好地开展,可在工作中授予他们一定的权利,让他们对社区养老服务进行监督与控制,从而保证养老服务质量。近年来,虽然我国开始重视对社会工作者的培养,但他们所受的专业训练与实际需要之间仍存在一定差距。我国社会工作者缺乏对福利申请的个案作出决定所必需的授权和规范体系,而且在组织社区服务方面,他们也并不居于组织者地位。因此,我们要借鉴发达国家和地区的经验,发展我国社会工作者事业,进一步提高我国社会工作者的职业地位,使他们在社区养老服务领域充分发挥应有的作用。

(4)政府职能的转变。

就政府职能来说,改变其以往直接提供照护服务的方式,转而对照护服务供给进行规划、引导和监管。同时引入竞争机制,充分调动各种社会力量积极参与老年照护服务业,缓解老年照护的供需矛盾。除此之外,设立专门委员会,由来自各方面的人员组成,对申请享受公共服务和政府补助资格的人员进行统一审核,并为符合标准的老人制定所需的社会照护和健康照护的服务计划。

8.3.10 养老服务专业化、职业化

在发达国家和地区,将养老服务作为一个专业、一个职业是其发

展社会福利事业的一个显著特征,使养老福利服务向规模化与品牌化方向发展。其专业化、职业化主要体现在以下四方面:一是有专门的社会团体及下属从事各类福利服务的机构;二是有公认的职业守则和保证守则;三是有专门从事社会工作教育的院校和实用的系列训练课程;四是有保证工作顺利进行的工作程序和必要的职业权利保障。

8.3.11 完善居家养老照护服务产业化

西方发达国家的养老服务产业起步较早,发展较完善,可以为我国的养老产业发展提供一定的借鉴。在大部分西方发达国家,其人口年龄结构变化都比我国较早完成,较早地进入了人口老龄化社会,所以发达国家的养老服务产业已经取得了相当程度的发展。就目前来看,全球主要有两个人口老龄化大国——日本和美国,在为老人进行照护服务时,它们对老年人的服务不局限在老年人特定的生理需求上,而是很注重老年人的精神文化、心理和价值方面的需求。与发达国家和地区相比,我国的养老服务产业还处于刚刚起步阶段,因此有必要借鉴发达国家的发展经验,同时又需要结合我国国情,从实际出发,发展有中国特色的居家养老服务产业。

我国是发展中国家,不具备像日本和美国那样的社会经济条件,如果我国老年照护服务的产业化仅是单纯地依靠市场商业化的模式来运作的话,那么能真正享受到这些照护服务的老年人少之又少。所以,在我国,单纯地依靠市场、企业来运作的养老模式是行不通的。为了使我国的老年人能真正地享受到各项养老照护服务,要结合我国的实际情况,同时借鉴日美等发达国家和地区经验,规避国外养老存在的一些弊端,逐渐形成一种新型的养老产业模式。这种模式主要借助政府和社会养老保障体系等各方面力量,整合市场、社会、企业和家庭等各个方面的资源,进而为老年人提供高质量和低成本的养老照护服务。目前,我国的市场经济发展需求以及我国人口老龄化日益严峻的发展趋势，决定了我国养老产业的发展须整合多种优势资源，这样才能使我国居家养老照护产业规模化运行，才能更有力地促进经济的发展，进而提升我国的养老水平，才能实现我国老年人真正意义上的"老有所养，老有所乐"的根本目标。

发展居家养老照护产业，首先，要完善我国老年人养老保障体系，就日本和美国这两个发达国家来看，它们在进入老龄化社会时其社会保障体制已相当完善。而且就发达国家来说，它们是在国内的经济水平已经很高，人们收入也相当可观的情况下进入老龄化社会的，是典型的"人未老，国先富"。相反，我国则是"人先老，国未富"，所以，为了更好地应对老龄化，发展居家养老照护产业，就必须先完善养老保障体系。

其次，要加强政府对居家养老照护服务产业的政策支持。在借鉴日本养老产业的发展经验的同时，要从我国的现实国情出发，因为不管是政府办的居家养老照护服务，还是企业办的居家养老照护服务产业都离不开政府政策以及法律法规的引导。政府主要是发挥观念引导、政策制定和监督方面的作用。在我国居家养老照护服务产业发展初期，发挥好政府的主导作用最为关键，政府应该制定发展规划，出台扶持政策，落实财政资助，进行协调监管等。政府出台的相关优惠政策对建立市场规范和产业标准，保障老年人合法权益，推动居家养老照护服务产业化运行具有良好的促进作用。

最后，要加强居家养老照护服务产业化的发展。回顾国外养老产业的发展过程可以知道，养老不仅不是社会的负担，相反，居家养老照护产业是一项社会福利事业，同时，还孕育着巨大的商机，是一项极有发展前景的新兴产业。另外，从美国和日本居家养老照护服务产业的发展来看，老年人护理保险制度的发展对养老产业的发展有很大的促进作用。

8.3.12 服务层次多元化

英国、美国、瑞典、中国香港养老服务是根据老年人的不同情况，提供分层次多元化的服务。我们需要从实际出发，构建适合我国国情的养老服务分层体系：一是家庭照顾，主要由家庭成员提供养老助老服务，辅以志愿者上门服务及专业工作人员上门指导，家庭养老应该也必须为居家养老的核心；二是建立社区养老服务中心，提供休闲、聊天、就餐、医疗保健等功能，让社区内走得动的老年人走出家门到老年服务中心活动，让老年人特别是"空巢"老年人享受到社区的助老服务和精神慰藉；三是院舍服务，主要是针对那些体弱病残、生活不能自理的老年人，由专业的养老院为他们提供养老服务。

8.3.13 重视养老服务的机构、设施建设规划

（1）养老服务的机构、设施建设规划。

①养老服务网络规划。

瑞典的老年人几乎全部为空巢老人。"最大限度地让老年人住在自己家里养老"是政府养老服务的宗旨，为此，通过社区服务、远程服务、定点、定期上门等为老服务形式，切实解决居家老年人的各种生活困难。瑞典是由市级政府提供社会服务保障，建立政府服务网，提供包括入户服务、住房维修、短期照料、日常活动、社区医保等服务内容。目前，瑞典国内参与社区服务的总人数达到24.48万人，有50万老年人可以在社区享受到全天候的各种照料服务。

②养老服务设施规划。

新加坡非常重视社区老年活动设施，如规定公寓大楼底层专门用作社区老年人活动场所。由于政府重视对老龄设施的规划和对硬件建设的投入，因此，新加坡的养老设施现代气息非常浓郁，从各种功能

分区、通风、采光、庭院的布局,到感应床、塑胶地板、卫生间各种角度扶手等设备用具的配备的人性化设计,处处反映出新加坡政府对老年人细致入微的关怀、体贴和尊重。在服务功能上,不仅有生活照料、娱乐、康复保健功能,而且有心理治疗和临终关怀功能,使入住老人享受到了家庭养老无法取代的专业化的照料服务。

③养老照料护理规划。

中国香港地区于2001年4月推行"改善家居及社区照顾服务",以满足老人居家养老的照护需求。

(2) 养老服务管理的统一。

养老服务管理需要成立统一的管理或协调的中央机构,制定国家层面的中长期发展规划可供地方政府参考,并且将管理养老服务项目的责任和权力下放给地方政府,让地方政府发挥其主导作用,中央政府给予财政及其他支持。

第9章

完善我国城市居家养老服务的措施

9.1 运用网络化手段，完善政府购买居家养老服务

网络化治理作为目前公共管理领域最前沿的理论之一，既是一种崭新的分析工具，更是一种不同于传统政府制度的治理模式，它的发展代表着治理主体、治理工具、治理结构和治理机制的深刻变迁，该理论具有创新性、灵活性、专门化和扩大影响力等特点，成为挑战当今复杂多变的政府治理环境的一个有力方案。如果让政府由生产者变为购买者，那么通过财政支出购买居家养老服务则是一次大胆却有深远意义的尝试。政府应全面引入网络化治理理论从而更好地指导购买居家养老服务。

9.1.1 重构网络，搭建居家养老服务购买模式新框架

网络模式的设计是网络化治理最重要的环节。因此，在网络设计阶段，必须回答以下五个主要问题：政府期望达到的目标；形成和激活网络时需要利用什么样的工具；谁是政府的最佳合作伙伴；针对既定的公开目标应该怎样来设计网络；如何治理网络。

(1) 进一步明确居家养老使命。

政府官员在确立政府实施的政策目标以及机构在完成这些目标时要明确各自所应扮演的确切角色。政府应该为社区老年人安度晚年创造更好的社区环境，社区服务中心不是为了争取更多的财政经费来增加经办人员和工作设备，更不是维持组织的稳定运行，而是整合、安排和分配那些能让社区内所有老年人安度晚年的必要资源。

(2) 选择正确的合作伙伴。

对于网络化治理，选择正确的合作伙伴（即网络参与成员）至关重要。合作伙伴关系是指多个部门（如公共部门、私营部门、非营利部门）中两个或多个组织间任何有意的合作关系，这种合作关系聚集了各种资源，是通过确认并进而寻求一种解决共同问题的联合途径。选择合作伙伴的时候，需要考虑以下三个条件：①文化兼容性。在选择网络伙伴的时候，要想保证长期持久的、互惠互利的关系，就要注重文化的兼容性问题。②经营能力。网络化治理的关键条件之一是选择具有较强运营能力的合作伙伴。评估一个潜在合作伙伴的经营能力的要素有很多，包括专家因素、成本因素、承担一定风险的能力因素、财政生存能力因素等。③与顾客亲近度。大多数情况下，政府的一个显著缺陷是远离它所服务的市民，因此，政府在选择合作伙伴的时候需要关注其与顾客的亲近程度。

(3) 确定合适网络结构，定位政府集成商角色。

选择出合作伙伴后，下一步任务是确定合适的网络结构。目前共有以下六种可供选择的网络类型：服务合同、专门类型、供应链、信息传播、渠道性伙伴关系、联结交换台。集成商充当着"网络集线器"的角色，它在网络里的任务是负责协调各种活动，处理各种问题，并保证高质量的服务供应，其在一个设计完美的网络中是不可或缺的角色。在网络化治理中，政府在决定承担集成网络这一艰巨任务的时候通常有三种选择：

①政府作为集成商。在公私伙伴关系的网络中，政府自己担任集

成商是比较普遍和易于操作的选择。但是，这一模式存在两个明显的缺陷，其一是政府的采购法极大地限制公务员与网络备选成员谈判的能力，其二是在网络化治理中，政府一方面缺乏专门的通用型人才，另一方面缺乏跨越组织和服务界限进行创造性思考的能力。

②主要承包商作为集成商。主要承包商的行业知识和关系常常会赋予它较高的影响力和专家地位，有利于形成和保持网络管理联盟。但是，在政府部门缺乏专业知识的情况下，过度依赖承包商的后果之一就是极易发生承包商"绑架"政府的事例。

③成立独立的第三方机构担任集成商。独立的第三方代表政府可以从不同的供应商那里汲取优质的服务，通过协调和稳定合作关系，履行自己网络经纪人的职能。

通过上述分析，我们可以看出选择主要承包商作为集成商和雇佣独立的第三方集成商，比第一种方案具有更为明显的优势。

9.1.2 集成网络关系，激活公共服务购买的网络化运行

网络框架的构建完成后，就需要进入激活并运行网络的阶段。从本质上说，所有优质的网络运行都是一个信息及时有效流动和执行的过程。政府购买居家养老服务网络，需要思考以下四个方面的因素。

（1）顺畅沟通渠道。

沟通渠道的顺畅与否是网络化治理成败的关键所在。信息传播这一工具可以使一个中央政府、地方政府、无数的社区团体和非政府组织相互连接，共处一个网络环境中。当务之急政府首先要保证网络内部的所有成员都具有统一标准的数字化设备，数字化的配备并不仅仅包括硬件设备，还包括了软件设备。政府作为网络集成商，首先要建立一个电子门户，允许重要的信息能及时有效转给合作伙伴，加入这个网络的所有组织都必须认同一个信息共享的协议书，保证除了最敏

感信息之外的所有信息得到共享,进而规划各种联合行动。这个平台不但是一个信息交换的中心,而且具有提供在线培训等功能,其成本投入很小却能获得巨大的效益。

(2)协调主体活动。

除了强大的沟通联系之外,高水平的协调是网络所需要的另一个关键条件。通过在线合作来协调主体活动时需要满足以下两个要求。①网络可视性。管理者如能实时了解社区服务中心的有效床位数量、老年人最欢迎的服务项目等,就有了能够及时调整财政支出方向等的弹性空间,政府不但能够取得更高水平的政府绩效,还能充当供给者提供更优质的顾客服务。②服务对象的信息的共享。当政府准备整合公共部门、私人部门和非营利部门等多种供应商的资源来提供各种服务递送工作时,要对服务对象有一致的看法。它不仅能够让政府平等地对待所有的客户,同时能够让不同服务点的每一项工作变得更加有效。

(3)建立深度纽带关系。

想建立深度纽带关系,政府作为网络集成商的角色就要设计各种管理网络的方式,共享知识,调整各种价值观念和激励机制,实现相互间的信任并克服各种文化差异。

①治理结构的设计。深度关系的建成需要一个有效的治理结构。首先,多层级的伙伴关系是可以考虑的选择。其次,治理结构还必须满足不断修正的绩效标准的需要。最后,治理结构还必须具有适度的创新性和变革性,供应商可以将其想法和创新通过好的治理结构畅通无阻地传递给网络管理者。

②建立知识管理系统,促进知识的共享。一个有效的跨组织的知识管理系统能够有助于获取新的知识,提供解决日常问题的方案,通过网络学习建立信任并帮助人们从彼此的成功和失败中汲取经验教训。组织知识的共享包括以下两种:一种是外在知识;另一种是战术知识。外在知识的特点强调以信息为导向,也更加客观,它包括各种

事实、网站、符号手册、年度报告和数据库等包含的数据信息；而战术知识相比外在知识而言比较主观一些，它是通过实践所获得的知识，是长期积累下来的研究成果、智慧和判断。此外，一个有效的知识管理系统会促进组织之间的信任与合作。

9.1.3 适应网络环境变迁，培养治理型公共雇员

政府在网络化治理中所要达到的目标就是"善治"，即实现公共利益的最大化。新的工作岗位要能反映这些技能，并授权公共雇员能够运用决断能力和较少的监督层级来解决各种问题。①增设政府首席执行官。②增设网络经理。③改革人事制度，培养治理型公共雇员。在绝大部分政府内部，这种人才属于稀缺性人才。政府应该完善相关的人事制度和职业奖励制度，必须改变以往录用、培训和奖励员工的方式，各种岗位和政策也一定要进行配套改革。如在录用公务员环节，政府应明确选拔更多具有合作思维的人才。

9.1.4 突破责任困境，构建无缝隙责任框架

缺乏信任，网络成员就不愿意共享知识，这样就会极大地影响网络成员之间的协作性。在监督体系中，监督成本包括购买、寻找和第三方监控等各种成本，通过鼓励更开放的信息交流，高度的信任水平可以有效地减少监督成本。政府在建立网络伙伴的时候，如果是仅仅根据最便宜的投标，而不考虑政府及其伙伴在公共价值观和目标问题上是否达成共识这一因素的话，会带来相当严重的后果。通过制定特别明确而又具有说服力的中心目标，可以早日实现信任关系建设和目标的一致性。

9.1.5 居家养老服务信息系统设计与实施

全新的居家养老服务的信息化模式突破了传统的单一的"一键通"呼叫救援产品的限制，将通信技术、计算机网络技术、软件应用糅合到了一起，形成一个综合性的信息服务平台，这个信息服务平台囊括了老人生命健康救助、日常生活需求和居家养老服务体系中的各项主体，形成一个面向包含大众、政府和社会专业服务商的综合信息管理平台，实现政府对服务内容的最优设计、养老服务资源的有效配置、服务过程的有效控制监督以及服务结果的评估管理。使居家养老者的需求信息可以快速、有效的传递到服务机构，得到快捷、方便的上门服务，从而保证政府居家养老的财政投入实现帕累托最优，对进一步构建和谐社区提供技术上的支持。网络平台和软件包含三个流程，通过组建居家养老项目小组实施团队，制定项目实施进度表。

居家养老服务信息系统设计与实施方案：①首先实现计算机网络、通信技术的紧密结合，构建综合性的信息平台。②将通信报警技术、计算机网络技术、软件技术整合成一套高科技的信息系统，通过软件设计将"安康宝"和"一键通"等呼叫语音技术嵌入信息系统平台中，实现全方位为老年人提供服务。③将居家养老服务中的老人、政府服务商等各项主体纳入这一综合性平台，构建完整的闭环服务管理体系，让养老需求者的需求信息能快速、有效地传递到服务机构，从而获取服务机构及时、优质的服务，同时实现养老服务资源合理配置。

9.1.6 加强养老服务网络化运行建设

（1）强化养老服务网络化建设。

现代信息网络技术的发展给养老服务带来了巨大的便利。我们要开办专门的老年服务网站,将关于老年事业的相关政策法规、老人心理和健康知识、老人饮食、老年人常见病及其护理等信息,都在网站上进行公布。这样,老人就可以通过互联网及时了解各种信息,获取所需服务。政府应当为老年人建立个人档案,记录老人的各种个人信息,并将信息录入计算机,建立数据库,并不断更新,以便政府有关部门及时掌握老年人各方面的情况,特别是健康状况,真正实行对老年人的动态管理。

同时,要构建居家养老服务的网络体系,最好实现全国性的联网,以便信息共享,学习他人的先进经验。要使居家养老服务的网络信息尽可能覆盖所有的老年人,让网络成为老年人养老生活的好帮手。通过网络信息工具,能够让政府以及居家养老服务提供者和老年人及其家属有效沟通,不断提高服务质量,完善服务体系。

(2)完善信息网络支撑。

居家养老的信息网络,主要由宣传信息系统和通信信息系统两大部分组成。

信息网络具有以下功能:服务信息的传播、内容推广、服务申请、品质的保证、质量监督、紧急服务需求的迅速传递。信息网络的建设在采用最先进的电子信息技术和现代通信技术的同时,也可以采用一些便于老年人接受的传统方式,如电视和电台节目等。北欧的福利国家,为应对人口老龄化,专门设有全国性的老年广播电台,深受老年人欢迎,在老年人中影响极大。

①居家养老服务网站。

网站是一个动态的获取基本信息的平台,是实现居家养老信息化管理的根本基础。它不仅提供了居家养老所有信息和详细服务内容介绍,老年居民还可以在网上申请获得居家养老服务。同时,在获得服务后,还可在网上进行满意度评估,极大促进了居家养老服务效率的提高。

②居家养老紧急呼叫系统。

主要用于老年人紧急事件求助呼叫,如突发急病、突发事件

(如失火、漫水、受到人身侵害等）。

③老年广播电视频道。

这一项目需要较高的成本，如有条件可以在社区进行有线电视试点，专门报道。

9.2 居家养老服务多元化供给实现途径

9.2.1 城市居家养老服务多元化供给主体的基本框架

政府作为养老服务体系中决策者与参与者的角色，应当转变"一手包办"的传统做法，逐步从"划桨"角色向"掌舵"角色转变，实现向服务型政府过渡。所以，政府在居家养老服务中应该居主导地位，要通过制定、落实、推动相关政策和制度的实施，建立公共财政投入机制，整合社会资源，组织社会力量积极参与，从而有效地解决日益严重的养老问题。以政府牵头，满足老年人对养老服务的基本需求，并对养老服务体系中生产者、安排者、监督者和协调者等多种角色给予有效的定位，形成以政府主导的社会化、市场化的养老服务体系。作为居家养老服务政策的制定者，政府应将居家养老服务外包，将养老服务供给者的职责外包给非营利组织或市场机构，为居家养老服务工作提供一个制度化、市场化、规范化的政府法规体系。同时对居家养老服务提供足够的财政支持，逐步建立"普惠型"的基本老年福利，对居家养老服务提供者进行严格的监督和审查，积极发展社会慈善事业，将慈善力量引进居家养老服务中，加快发展养老服务业和加快实现社会福利社会化。作为社会福利的重要内容，同时也是公共服务的一部分的居家养老服务，在我国社会福利社会化的进程中，还有待于进一步的市场化和社会化。在倡导社会福利社会化，大力开展居家养老服务的同时，应该把明确不同供给主体的角色定位、具体职能和供给范围放在首位，形成以政府为主导，民间组织为实施主体，市场机构为补充，大力提倡自我养老和社会养老的多元化供给体系。

（1）坚持政府为主导。

①政府的角色定位。政府的基本职责之一是履行公共服务职能。养老服务在我国老年社会保障中占有重要一席，政府通过财政拨款、政府购买服务或合同承包等多元的方式为民间组织提供开展居家养老服务所需的资金，同时各级民政部门要加强对民间组织的规范管理，促使我国的民间组织向专业化、独立化和制度化的方向发展。对市场机构参与居家养老服务的，政府应给予一定的政策优惠，例如免征所得税，鼓励更多社会力量、私人机构加入居家养老服务体系，为居家养老服务的社会化和市场化发展提供制度和资金的保障。居家养老服务业随着社会经济的发展而变化，政府在居家养老服务工作中应保持适度的创新性和变革性，包括适时调整相应的政策文件，推广能够提高老年人生活质量的服务模式，通过政策、媒体等方式宣传居家养老服务的新模式，并将先进的医疗护理或科研成果与居家养老服务相结合，积极推广创新性的医、养结合的养老模式。

②政府的供给范围。从居家养老服务的内容来看，政府的主要职责是为老年群体提供最低生活保障服务，包括基本的生活照料服务、基础的医疗护理服务、与医疗保险制度相衔接的门诊保健服务等。政府可通过代币券或服务券等方式无偿给有需要的老人提供服务，重点服务的对象是80岁以上的高龄老人、生活在最低保障线以下的老人、残疾失能老人或经济生活有困难的老人。

（2）以民间组织为实施主体。

①民间组织的角色定位。在公共服务领域中，民间组织的公益性和社会性这一明显的优势能够有效弥补政府在某些公共服务领域中的不足，民间组织参与公共服务领域能在一定程度上提高公共政策实施的有效性，并发挥其扎根社会基层的特点极大地减少信息失真的可

能，更能贴近公民的真实需求。因此，国外在居家养老服务中，活动的实施一般都是由当地的非营利组织负责，从而有效满足了老年群体多样化和多层次的养老需求。联系我国居家养老服务工作的发展情况，最佳选择是以民间组织作为居家养老服务工作的实施主体，具体实施层面由各类社会团体和民办非企业单位来提供各项居家养老服务。民间组织作为养老服务的直接提供者，通常采取与政府合作的方式，民间组织在执行政府的制度政策过程中，将政策中存在的问题和成效反馈给政府相关部门，并提出改善建议。这样民间组织不仅能有效推动我国社会福利社会化的发展，而且还能成为政府与老年群体之间沟通的桥梁和纽带。

②民间组织的具体职能。民间组织的特性是非营利性，其活动经费一般来源于政府的财政拨款和社会捐助，一般包括大型的慈善组织、志愿者协会和公益性机构等。民间组织在居家养老服务体系中具体承担了以下职能。

第一，开展居家养老服务工作。以宁波海曙区的星光敬老协会为例，海曙区政府每年将购买居家养老服务的开支列入政府的财政预算，星光敬老协会不仅负责对服务对象的审查、服务人员的培训、服务内容的确定、服务工作的监督等工作，而且负责居家养老服务项目的实施和运作，并建立以社区为依托的居家养老服务站。通过以上途径，民间组织在实现自身发展的同时，也实现了社区的发展，充分利用了社区资源，减轻了政府的财政压力。

第二，依托社区开展老年文化娱乐活动。目前我国通过政府购买、财政补贴等方式提供养老服务，但是并未建立"普惠性"的社会养老福利，只对有特殊困难的老年人和高龄老人能够享受到免费的服务。民间组织可以此为契机，以社区为依托，帮助老年人成立合唱团、太极拳协会、书画协会等社区组织，结合老年人的日常爱好和生活需要，开展有益老人身心的文娱活动，有效地弥补老年人在精神慰藉方面需求的不足。

第三，募集社会慈善捐款。民间组织还应充分凭借其服务社会基层的特点，利用多种方式筹资，如开展尊老敬老的爱心宣传、拍卖、义卖等活动为养老服务资金的筹集做好保障。

第四，建立长效的志愿者服务机制。在长期的发展与实践中，志愿者组织已经形成了稳定的服务供给机制，志愿者的行列中出现了许多专业的医疗护理工作者和经验丰富的养老服务人员。民间组织应将居家养老服务与志愿者服务进行有效结合，大力弘扬志愿服务精神，广泛发动社会上的专业人才加入志愿者队伍。同时建立注册制度，利用规范化的注册制度实现对志愿者服务有效的激励，具体实施如下：按小时储存志愿者提供的服务时间，使其在需要时能免费得到其他志愿者组织提供的服务，不断发展和壮大我国志愿者队伍。

③民间组织的供给范围。通过与政府合作、政府购买等方式，民间组织为特殊的老年群体免费提供居家养老服务，而对其他的服务对象则可以采取有偿服务的方式，收取一定的服务成本费用。具体的供给范围包括对额外的医疗陪护、护理服务和老年人基本生活需求以外的服务进行收费，这样既维持了自身运营的需要，又促进了养老服务产业的发展。民间组织也可以提供精神慰藉服务，如24小时保姆、高级护理等。市场中的私营部门和商业机构可通过投资兴办老年日托中心和各类老年娱乐文化场所，形成连锁经营的模式，搭建新的养老服务市场平台。

（3）以市场化为补充。

①市场的角色定位。公共服务需求不断增加的直接后果是政府公共服务供给不足、效率低下和财政支出不均的现象，因此，引入市场机制成为必然选择。市场机制在居家养老服务领域起到了补充供给服务和开拓养老市场的作用。政府与私营部门之间可以建立互动供给机制，政府的某些职能或公共服务通过合同外包、特许经营、政府资助、优惠税收等方式委托给私营部门。市场化的背景下老年群体是一个巨大的潜在需求群体，随着社会经济的不断发展，老年人的养老需

求也日渐呈现出多样化和层次化的趋势，在现有的养老服务中除了在养老机构实现集中供养之外，部分经济实力较好的老人很难在老年市场上购买到其他适宜的养老服务。将市场机制引入居家养老服务，可以弥补我国政府养老服务供给的不足，缓解政府养老机构床位紧张的局面，有效缓解政府购买力度不足的困境，拓展我国的养老服务市场，不断完善养老服务体系。

②市场的具体职能。在养老服务体系中引入市场机制带来竞争的同时也极大提高了养老服务的供给效率。市场具有优化资源配置的作用，在为居家养老服务提供了多渠道的资金供给、丰富了投资形式的同时，有效地提高和增加了面对中高收入老年群体服务的质量和数量，发展和完善了老年人养老服务市场。市场机构在养老服务体系的职能如下：

第一，弥补居家养老服务供给的不足。随着社会老龄化问题不断加重，在我国政府养老机构紧张、政府购买能力有限的情况下，养老服务供给和养老服务需求出现了供不应求的局面。

第二，拓展老年服务市场。之所以将市场引入公共服务供给领域，不仅与社会公共服务领域的变化有关，还与私营部门追逐利润的特点有关。居家养老服务市场是养老产业的一部分，市场前景广阔。庞大的老年群体不仅具有多样化、多层次的养老服务需求，而且随着社会经济的发展，老人的服务需求也在不断变化和发展，潜在需求很多，有待于企业去开拓市场。

在养老服务体系中，私营部门服务的主要对象是中高收入的老年群体，因此，市场主要提供的是包括精神慰藉和特殊的医疗护理等有偿的居家养老服务。我国老年群体有明显的空巢化发展趋势，越来越多的老人愿意并且有能力购买精神慰藉。市场通过收费的方式可以为这部分老年人提供心理疏导，开办老年培训班、老年大学等，丰富老年人的精神文化和娱乐生活，为老年人的健康生活提供专业的医疗保健和康复护理等有偿服务保障。

(4) 大力倡导自我养老和互助养老。

老年群体中，不乏经济条件和健康状况都较好的老年人，他们不甘于被动地接受居家养老服务，更想通过自我保障、互助养老等方式来维护老人的尊严和价值。不能把老年人排斥在社会发展主流之外，老年人也有自我养老、互助养老的能动性，要充分调动起来，这既符合老年群体的愿望和社会发展规律，也有利于老年人身心健康。

第一，自我养老。经济条件和健康状况都比较好的老人可以实现经济和日常生活独立，在减轻政府和社会的负担的同时，也充分锻炼了老年人生活的独立性。

第二，互助养老。互助养老是指老人自发组织成立老年群体互帮互助组织，由健康的低龄老人为部分高龄老人、生活困难的老人提供志愿者服务。老年志愿者通过提供志愿者服务将时间存储在"时间银行"，当他们需要养老服务时，就可以通过"时间银行"提取免费的志愿者服务。通过这种互助养老的方式可以为老年群体提供一个交流的平台，老年人借助互助养老这一交流平台可以实现沟通，达到精神慰藉的作用，有助于提升老年人的满足感和成就感，实现了老有所乐的目标。在以政府为主导，社会民间组织为实施主体，市场中的私营部门提供补充服务的居家养老服务体系中，可以实现老年人自我养老、互助养老的多元化供给，有利于缓解我国居家养老服务供给不足的局面，走出老年群体养老难的困境，促进养老服务走向产业化发展道路。

9.2.2 完善我国城市居家养老服务多元化供给方式

第一，服务承包。服务承包是居家养老服务供给的最基本方法之一，政府与民营部门或非营利部门签订合同，委托其来提供服务，通常也被称为购买服务。如积极鼓励社会上失业、下岗和自愿从事居家养老的人员成立专门的养老服务小组，通过创办社区养老院、日托所和服务站等方式，积极开展便捷、经济的老人护理业务，为社区老年人营造良好的生活居住养老条件和居家养老环境。

第二，补贴制度。为保障公民享有一些最基本的生活保障，政府在某种产品或服务现实有效供给不足的情况下，可以建立相应的财政或税收补贴制度，以促进社会供给数量的增加，从而保障居民的养老服务免受价格之忧。这不仅在一定程度上减少了老年人的养老支出，也在一定程度上促进了养老服务领域的发展，政府要鼓励企业或个体积极投入养老服务领域，从而使养老服务数量和规模得以增加和扩展。

第三，培育市场。政府不仅依靠财政手段实现对养老消费市场的投入和建设，也可以通过政策优惠和资金支持，培育和规范养老服务市场，进而帮助各养老机构和组织能在市场上更好地提供养老服务。

第四，志愿服务。积极吸纳自愿从事公益性养老服务事业并且具有专业知识的社工等人员加入社区养老志愿者队伍中来，并积极组织社区志愿者在社区进行结对帮扶服务等活动，定期开展养老服务和其他本该由政府提供的公益性服务。

第五，自助性服务。通过开展老年活动、宣传养老文化等方式在家庭及社区内部营造良好的养老氛围和养老文化，在社区中，推行互帮互助的养老自助性服务，让老人熟悉的家人、朋友和邻居在政策宣传下积极参与其中，通过提供多样化的养老服务满足不同老人的不同需求。时间储蓄服务。服务时间的储蓄制度有利于加强社区内服务人员的积极性，可以保障服务人员在服务老年人的同时也在为自身服务。

第六，凭单购买。对所在社区的老人发放带有现金性质的兑换券，老人凭兑换券可以购买符合规定的所需商品或服务，这样既可以限制政府所补助资金的用途，又可以充分抓住老年人的消费心理，满足其特定的消费需求。

9.2.3　完善我国城市居家养老服务多元化资金供给渠道

居家养老服务社会化有效供给的重要物质基础是财政资金。以往的养老产业仅仅由政府财政一方承担，资金投入有限，无法为养老服务提供充足的资金保障，企业进入养老服务领域无法取得利润，社会力量无法最大化地发挥解决养老服务问题。因此可以在政策引导和政府主导下，充分调动社会力量，综合协调运用政府、集体和个人等多渠道投资方式，形成养老机构多元化的共同发展格局，从根本上保障社会养老事业长效性和可持续性的发展。

首先，中央和地方政府合理分担相应的责任，在财政支持方面逐年增加对居家养老的财政支持，抽调部分资金建设一批具有示范性和基础性的福利机构，可以表明政府发展养老事业的姿态，起到带动民办养老事业发展的乘数效应；将另一部分资金用于资助和支持社会力量兴办的社会福利机构，不断增加社会养老机构的数量和规模，帮助这些机构提高自身服务质量。

其次，要大力鼓励公共部门、市场和社会部门充分发挥企业家精神，开发现存社会资源，因此政府要出台完整的政策工具和进行相关的配套改革，为社会组织、机构积极参与居家养老服务提供政策和制度保障。国家和地方政府出台相关的居家养老政策，鼓励集体、自治组织、社会团体、个人以多种形式兴办社会养老机构，开辟多条社会养老资金筹集渠道；在家庭内部，也可实施以家庭为单位的税费优惠政策，如对赡养高龄老人的家庭个人所得税的减免和高龄老人一定额度的赡养费的发放等。

最后，积极利用社会慈善捐助和福利彩票等资源，通过开展各类公益宣传及慈善活动，提升公民对公益事业的认知度与信任度，努力增加彩票销售数量和拓宽社会慈善事业发展空间，为社会养老事业的稳步快速发展提供更多的资金保障。随着社会发展到现阶段，鼓励社会力量为居家养老服务事业投资、捐助的前提条件是出台具有吸引力的政策。目前，相对于每年投资教育事业和残疾人福利事业的社会资金，对于老龄事业的社会投入是远远偏低的，而缺乏有效的政策的推动和激励是解决这类问题的关键。如果加大媒体宣传报道，给社会组织和个人以投资冠名权，如果优惠政策包含税收方面，那么更好地引导社会各界资助居家养老服务便不再是问题。所以，在这方面我们需要以开明的思路、开阔的视野来探索出一条适合本土特色的崭新的道路。在发达国家，社会保障基金的承担对养老服务的发展起到重要的作用，尤其是地方政府的财政支出也承担了相当大的比例。现阶段，我国绝大多数老年人在整个社会中属于中低收入的群体，所以在提供居家养老服务时，首先需考虑到这些老年人的经济承受能力。将居家养老购买服务经费和养老服务工作经费纳入区财政的预算，为居家养老服务提供良好的经济保障。同时，随着经济的快速发展，政府每年应投入一部分固定资金，用以健全与发展养老服务事业，以最小的成本实现最大的效益，解决好老年人的实际问题，使老年人老有所依，享受更好的服务待遇从而安享晚年。

9.2.4　促进城市居家养老社区化服务

发展居家养老理应立足于社区，打造社区化服务：
（1）建立全面的社区支持网络。

居家养老服务的特点决定了其自身的建立与完善必须依靠一个强大的支持网络，需要整合全社会的各种资源，动员各方面的力量，构建一个全方位的居家养老服务支持网络。首先，传统照顾网络的建立主要依托政府力量满足社区老年人的需要，但同时要善于组织和维护非正规照顾网络的长期性和稳定性。因为，伴随着社会发展养老服务，完全依赖于政府是不理性的，这就使得社会力量的介入显得格外重要。居家养老服务中非正规照顾网络主要有四大类：第一类是老年人自身、家庭成员、朋友、邻居组成的个人社交网络；第二类是由社区志愿者以及社会上各类志愿组织以及公益成员组成的慈善网络；第三类是由老年人群体所组成的共同享有老年人服务的互助网络；第四类是由不同社区所组成的"社区邻居"，通过分享社区间的资源，所形成的社区协作网络。在不同的居家养老服务机构平台下，综合整合正式与非正式的照顾网络，有利于形成互助友爱的社区文化，有利于补充养老服务中出现的不足，通过非正式网络的力量帮助老年人重新找到自己的社会角色和生活意义，提高老年人对养老生活的满意度。非正式照顾网络的建立对于完善社区居家养老服务体系，起到了至关重要的作用。

其次，强化道德教育，形成尊敬老人的社会意识。各国居家养老的模式和特征在很大程度上会受到文化传统的影响。在构造美好中国以及和谐社会的大环境下，从道德层次着手，结合中国传统孝道文化，大力弘扬孝亲敬老的传统美德，不仅有利于弘扬中国传统文化培养新型的养老服务理念，而且有利于解决人口老龄化问题。但要形成这样一种敬老爱老氛围，毋庸置疑需要通过国家教育去实现，并具体落实到国家法律层面，通过在义务教育中增加传统孝文化的内容，组织社会志愿活动，扩大影视作品宣传等途径，形成尊老敬老爱老的社会氛围。同时，居家养老是兴起于家庭养老功能弱化情况下的一种新型养老服务模式，但这并不意味着家庭在养老服务中的责任有所减退，相反，要继续发挥老年人在养老生活中的核心作用，从情感层面和精神支持层面给老年人以支撑。

（2）同时抓好社区建设。

在以上叙述中，社区建设要同时注重硬件和软件的建设。在硬件方面就是要在最基本的养老服务设施上，最大限度地满足老年人需求；并在经济条件允许的前提下，给自己的社区配备完整的适合该社区老年人的基础设施，这不仅要求满足老年人的物质生活和精神生活的需求，同时重视社区内的基本生活设施的改善，还要做好预防机制，进一步完善社区的通信条件。为了构建适宜的居家养老环境，需要加强社区养老软件设施的建设。加强对于养老服务信息的宣传以及对这一服务内容进行推广，促进养老服务人员拉近与老年人的距离并促进其相互间交流感情，有利于促进养老服务品质的提高，推动我国养老服务事业的发展，构建和谐社会。同时还需要建立有力的意见反馈机制，提高机构服务人员的工作效率；通过社区内的居家养老宣传栏和服务机构印制的服务手册、宣传海报等，对服务项目分群体进行推介，创办社区报刊，加强对社区老年人的热爱，加强社区年轻人的老年服务建设意识。同样，社区机构也应当进行一些基础精神服务设施建设，注重照顾老年人的内心世界，从而丰富老年人的精神生活。

（3）有效提升服务供给质量。

通过出台服务规范、行业执业资格审查等方式，对入院老人膳食、护理、文娱等方面的服务等级制定标准，综合考虑设施、条件、服务对象、服务内容后，按照差异制定明码标价的服务。同时在有条件的社区内，借助信息化手段，建立社区呼救系统，可以全方位、全天候、立体式地为居家老人提供及时、快捷的服务，第一时间知晓老人特别是空巢和失能老人的实时状况，保证他们的健康安全。还可以建立以社区为依托的覆盖整个社区的呼叫中心、一键通终端等居家养老服务体系平台，通过信息平台管理，由社区居家服务队和志愿者，全天候地向居家老人提供多元化的人性服务，如紧急救助、远程医疗、信息查询、社区服务、家政上门服务和电器维修等。健全监督考核机制，有关部门要对政府部门委托的服务数量、质量、内容和绩效进行考核，规范公共养老资金的用途，保证服务质量和提高资金使用效益。考核侧重养老财政专项资金的使用情况、相关组织机构养老服务项目的设立、老年人群对服务的满意度和社会认可度等方面。考核主要采用抽样调查、对有关人员访谈和财务审计等方式。除了对居家养老服务质量进行考核，还应该健全激励机制，以不断规范化和制度化服务流程，对表现突出的个人、组织和集体给予适度的物质和精神奖励，从而使居家养老服务水平稳步提升。为了提高服务人员的专业化服务水平，要在基础设施等硬件和软件上都下功夫，加强对服务人员专业技能和服务素质的培训。如在高校开设养老服务管理专业，对养老服务员进行定期培训，并加以制度化，积极和卫生院、普通高校进行专业合作，对现有养老服务人员进行业务培训，进而不断提升养老服务人员专业水平，确保养老服务的质量。

同时，政府及养老服务机构要在全社会营造尊老、敬老、养老的舆论氛围，让年轻群体换位思考，养老不再是老年人有困难才需要他们照料，而能够意识到他们也需要老年人，因为老年人也是社会不可或缺的一部分，我们今天照顾老人就是对自己的明天负责。以此引导家庭发挥养老效能，促进家庭和谐，同时也能使社会上各类群体组织广泛参与到社会养老服务中来。

（4）建立多样化的养老服务设施。

针对不同年龄段、不同身体状况和不同经济情况的老年人，需要提供不同的设备、相关的服务内容等。近年来发展起来的老年公寓，与普通住宅表面一致，但内部结构却有所不同，在建设中充分考虑了老年人生活上的习惯和特点，如在厕所、走廊、楼梯、浴室、厨房等地都安装了老年人辅助设施。根据地理环境的不同，可以提供田园型、景区疗养型、近郊型、都市型等多种形式养老服务设施。养老机构应注重形式多样化的发展，以此满足不同生活需要和经济条件老年人的需求。因地制宜，充分发挥不同地理环境的优势对养老设施的建设也十分重要。在市区内，应当借助地缘与交通优势，注意保持与街坊邻居的感情交流以及老人与晚辈生活的接触。而对于郊区或农村地区，则更应该发挥其空气清新、环境宜人，远离城市喧嚣等优势，来吸引更多老人前往居住。

9.3 完善居家养老服务的法规、政策和制度

9.3.1 社区居家养老服务工作原则

（1）积极应对老龄化。

在应对老龄化问题上，倡导"健康老龄化"的理念，提倡老年人不仅要积极面对老年生活，保持身心健康状态，而且作为家庭和社会的重要组成部分，更要融入并参与社会发展。把积极的老龄观作为社区居家养老服务工作的首要原则。

（2）多方参与。

目前，我国的社区居家养老服务起步较晚，养老服务体系亟待改进和完善，所以，将社会力量引进居家养老服务体系将起到事半功倍的作用。一方面政府要承担主导责任，通过财政、政策、管理等提供支持，为社区居家养老服务工作的发展统筹资源配置，做好基础性工作。另一方面政府要进行正面引导和教育，建立社会参与机制，有效地将社会力量引入居家养老服务体系，形成合力，共同做好社区居家养老服务工作。

（3）培养老年人的自理、自立和互助精神。

首先要充分调动低龄老年人群体的积极性，建立起社区居家养老服务志愿者机制，提高老人自我管理、自我服务和相互帮助的能力，培育老年人的自理、自立和互助精神。其次组织老年人进行必要的技能培训，包括日常生活照料培训、康复知识和保健培训、家政培训等，不仅可以为高龄老人提供简单的照料服务，缓解专业养老服务员的短缺问题，同时自己也能积累具体的实践经验，减缓自身衰退进程，鼓励老年人做到相互照应。

（4）加强统筹规划，提高社区资源使用效率。

加强统筹规划意识，首先要对开发商进行严格的监管，实现优化

社区资源配置。借助社区这一平台，把公共服务推进社区，把幼儿园、青少年俱乐部、中老年人的聚会地点统一集中在社区，为人们创造一个自由会面、沟通交流的好场所，可以使不同年龄层次和不同文化背景的人们轻松地进行沟通，增进彼此了解。在有一定基础条件的社区成立"睦邻中心"，把居委会、业委会、老年活动室等整合在一起，从而实现共享资源、代际互动、服务便民的集约与整合。

9.3.2 加强养老立法，探索建立看护保险制度

首先，借鉴国内各地居家养老服务较成熟的经验做法，尽快制定与出台养老服务法，加强立法工作，实现居家养老服务法制化，为居家养老服务政策发展提供有力的法律保障。通过养老服务法明确老年人享受养老服务的权利、财力保障机制、服务模式、服务资源分配、社会参与、服务准入等内容，为养老服务业的发展提供法律保障。各地依据法律完善居家养老福利服务政策，将居家养老纳入社会发展整体规划中，并制定各阶段的目标与任务。

其次，建立护理社会保险制度，使加入看护保险制度的老人在面临看护风险时，能依据保险制度平等享受保险给付，并且可制定不同的服务方案以满足多样化的养老需求。制度设计要考虑以下几个因素：第一，地方政府负责制度设计，地方不仅拥有充分的自主性和积极性，而且各地区可以根据本地区的实际情况设计保险给付的形式和内容，为老年人提供有针对性的养老服务。商业保险在条件成熟时也可以作补充。第二，可由中央、地方政府和个人共同为护理保险出资。第三，保险给付以实物给付为基础，当使用者出现保险事故时，参加看护保险制度者得到的是服务，而非现金，同时包括居家和机构服务等服务选择。为使护理保险参加者尽可能地享受居家照护，看护保险制度可为高龄参加者提供综合性的福利、医疗保健服务。如果老龄者无法实现居家照护，则可以将老龄者本人送进老年福利机构或老

年保健机构，接受福利机构的护理服务。第四，是否将老龄者纳入看护保险制度、享受看护服务，需要有严格的审核认定，看护保险制度严格规定了老龄者的具体服务内容、时间以及费用的限额。老龄者从申请到实际得到看护服务，需要通过规范的程序。这样，从制度层面上规范服务内容和标准，既减少成本，又能提高效率。

9.3.3 转变政策目标，逐步实现从选择型向普惠型政策转变

目前，在各地居家养老福利服务政策实施中，政府购买服务只是为高龄、独居等困难老人提供帮助，还停留在扶贫帮困层面，只是解决了老人中一部分特殊群体的养老服务问题，还远没有建立起普惠的社会化养老体制。基本的养老服务（生活照料、家政服务等）作为一种基本公共产品，在社会经济不断发展过程中应不断扩大受益面，向所有老年人开放，逐步实现基本公共产品均等化享有。首先，政府应在社会上广泛宣传和引导教育，使大众认识到社区居家养老的意义。其次，政府应加大财政投入，多渠道投入资金，扩大对有经济能力的老人开展探访服务和短期的试服务，让这样的养老服务方式得到更多老人的认同。老年人群体是社会保障重点关注的弱势群体，居家养老方式将作为未来主导性的养老方式之一，因此居家养老福利的服务经费不能仅仅依靠国家财政补贴，政府应把居家养老福利服务资金列入政府预算，同时要扩大政府财政投入，保证对居家养老的充足且持续的财政投入，以不低于 GDP 增长的比率逐年增长，逐步实现我国城市居家养老福利服务政策从选择型向普惠型的转变。

9.3.4 深化养老金制度的改革

养老金制度是养老保障制度的核心。我国现行养老保障制度存在养老金来源单一、数量不足、管理效率低下的现象。我国必须在国内

现实的基础上进行研究,要通过积极借鉴他国经验的方式,寻找和探索出一条科学合理,又具有中国特色的养老金制度,使其改革得以走上健康平稳、可持续的发展道路。在保证基本养老金的情况下,多渠道的养老金制度有利于抵御和度过老龄化高峰时期的支付风险和支付困难,有利于减轻政府和企业的负担。扩大基金投资运营的范围和领域,对社会保险基金投资运营的政府管制适当放松,以提高社会养老保险投资的回报率。为了扩大基金的来源,增强资金筹集的法制化,减轻经济负担而创造一个公平竞争的市场环境,可以适当征收养老保险税。由政府承担社会保障的责任而征收社会养老保险税,有利于企业减轻沉重的社会负担,更加有利建立基金预算体制,形成政府权、责、利相统一的机制。

9.3.5 完善老年人就业的制度环境

人口老龄化能给社会经济发展和人民生活等各个领域带来的不仅仅是消极的影响。老人虽然退休了,但他们有技能、有经验、有智慧,是一个丰富的人才宝库,不能浪费这个群体的人力资源,要发挥老人对社会经济可持续发展的作用。如退休的专家、学者、医生、企业家、官员、艺术家以及其他任何有着一技之长的老年人,都可以根据自己的想法和现实的条件,在退休后有所作为。对老年人这一重要群体,依旧可以为社会创造更多的价值。然而大多数老年人退休后赋闲在家,仅有少部分老年人继续参加社会服务工作。我们应当根据社会需要和个人意愿,鼓励、支持老年人参与社会活动,对他们给予高度的重视。这样既能减少社会对老年人的供养成本,增强社会的稳定性;又能够尊重老年人群社会价值,让老年人获得成就感。实现老有所为,有利于其身体健康的同时,更大程度满足老年人的精神和生活需要,使其生活质量得到提高。老年人再度发展事业,不仅通过纳税等方式继续为社会养老保险基金的积累做出贡献,而且推迟了领取社会养老保险金的时间。所以在制定相关政策时,要充分考虑老年人的需求与意愿,让老年人在其老年早期能够继续发挥自身价值。

9.3.6 对养老机构给予政策优惠

养老是一个利润比较低的福利事业。企业和私人投资者是逐利的,他们对投资养老没有多少兴趣,完全依靠商业运营来发展养老是不可能的,所以,可以通过政府扶持来改善养老服务的供需矛盾。目前的福利机构不同于商品房进行销售,一般以入住老人的月租金收入形式来进行运营,因此前期投入大,且收益时间长。政府可以考虑出台一些贷款优惠政策,从融资上对养老机构的建设给予扶持。在养老机构的日常运营中,政府可以考虑每年拿出部分资金,对管理与服务良好的养老机构进行奖励,在日常开支方面实行优惠政策,在税收方面实行一定年限的减免政策。如此一来,提高养老机构的服务质量和水平的同时,也解决了养老机构的实际问题。

补贴政策和鼓励措施,势必会影响到居家养老服务的服务质量以及正常的实施。因此,吸引社会力量积极参与的重要条件是对参与居家养老服务事业的社会组织施行适当的补贴政策和实施必要的鼓励措施,必须以规范化的形式予以落实,这样才能起到宣传、吸引和促进的作用。

9.3.7 建立对服务机构与老人需求的双重评估机制

应建立居家养老服务质量的评估机制,用指标量化服务要求,统一服务标准。以政府部门牵头,会同质量技术部门、养老机构管理者、养老问题学者、医护专家一起运用头脑风暴等方法共同商讨制定有关养老服务的内容、质量标准等,并以制度规章的形式发给每一个服务机构。在评估方面,引进社会力量参与到社会福利评估过程中,发展第三方评估机构，独立客观评估居家养老服务质量与效率，并逐步将评估纳入国家职业范围，促使养老服务评估朝职业化方向发展。这不仅便于各非营利组织之间的交流和竞争，也有利于提高居家养老服务质量。应完善社会监督机制，加强对非营利组织机构运作的监管。应规定非营利民间组织的营利应该只能用于公益性分配。同时可以借鉴其他国家第三部门的成功经验，完善社会监督机制，由非营利机构依据评估指标对机构的治理结构、财务与信息的披露、资金使用与运作、所得处置等进行监督，以保证民办非营利养老服务机构走向健康发展的道路。同时，成立社会福利服务行业协会，实行行业自律，协调福利机构与政府的关系，对服务机构进行监督评估，进而提高监督的效率。

另外，考虑到老人的职业、性别、经济收入、自理能力、家庭照料能力、身体状况的不同，养老的需要也是有差异的。比如老年干部群体退休后所面临的最大问题是角色转化以及连带的精神与心理需求的转变，老年知识分子群体则对社会参与有更大的热情。再比如，老年男性群体较之老年女性群体，更需要家政服务和日托服务等。因此有必要逐步改变目前单一化的确定受益对象的标准，建立综合职业、性别、经济收入、自理能力、家庭照料能力各因素的老人需求评估机制，而其中生活自理能力应是最重要的因素，以合理有效配置养老服务资源，最大程度地发挥资金效益，提高养老服务机构的服务质量。可通过对老人自身以及知情者的调查来完成需求评估，根据每个老人的实际情况，政府和非营利组织与老人协商后确定服务内容和时间，并且根据老人年龄的增长不断进行重新评估，以便及时调整服务内容和时间，做到动态长效管理。

9.3.8 制度与执行并重、提升居家养老服务体系效率

政府负责顶层制度设计和具体政策的制定。由于政府可以凭借其

作为公共事务管理者的身份和地位，掌控和分配多数社会资源，掌握着经济、政治、社会等各方面的主要信息，因此，政府部门要充分发挥其信息优势，制定适宜我国国情的一整套社会养老政策和相关配套措施。对国家而言，与居家养老有关的政策法规只是社会化养老福利政策的外在表现形式，它是整个社会福利政策的一个重要组成部分，主要包括居家养老优惠政策、税收信贷优惠政策、相关的管理制度，以及其他社保制度等。一项政策能否得到有效的实施要依靠强有力的执行力度。居家养老社会服务也是如此。各街道和各有关职能部门是直接责任单位，在政策制定和实施过程中，既要在政策制定初期就要明确具体分工和细节，又要在实施过程中注重及时有效的沟通和反馈。具体来说，就是各街道要综合考虑政策引导、政府扶持、社会兴办和市场推动等多重因素后，从各街道实际情况出发，以街道社区服务中心为基础平台来构建各自的养老工作服务供给工作点，逐步建立和完善当前具有我国特色的养老服务体系。在居家养老的基础上，依托社区进行养老，同时以机构养老为补充，根据当地实际情况和自身实际，结合财政、卫生、民政等在内的各职能部门，进行资金支持、政策引导以及必要的人力、物力帮助。政府在制定养老服务政策时，应推行"咨询式政策模式"，建立联席会议机制，将社会工作者、养老服务机构的管理人员以及各类服务人员引进政策讨论中。这些人员从事在养老服务体系工作过程中，和老龄者有着"零距离"的接触，因此可收集和调查周边老人的情况和服务需求，以及对现有服务评价的反馈等信息，能及时有效地为有关政策的制定献计献策。同时也要注意老人是政策主体，帮助老人树立服务权利理念，引导老人积极地改变观念，加强服务双方的积极互动。

9.3.9 整合社会资源，不断完善配套政策

居家养老服务政策从制定到实施是一个需要各部门不断配合，整

合社会资源的过程,同时也需要相关配套政策保障其得以落到实处。

首先,在体制改革方面,应理顺政府与社区关系。强化政府对社区公共事务的管理权,也要提高社区自治能力。就性质而言,居民委员会是自治组织,主要负责办理本社区的公共事务、协助社会治安、调节民间纠纷、反映民众意见等业务。抓好居民委员会的自身建设是充分发挥好社区职能的关键所在,保障居民委员会较强的自治性和独立性,减少各级政府分配的各种行政性任务。只有这样,居委会才能集中时间和精力,负责好本社区的日常事务管理,并根据老年人的不同需求为老人提供各种养老服务,并在社区居委会的组织下,积极开展对老年人的结对帮扶、志愿者活动。同时,应尽快整合社区居家养老服务资源,包括社区内的医疗卫生、体育健身、生活照料、服务人员、信息资源、家政服务等,使其更好地为老人服务。

其次,充分发挥企业从事老年产品开发的作用。为满足老人多样化的养老需求,可以将市场机制引进养老服务业,充分发挥市场在配置福利资源中的优化配置作用,使福利服务的需求与供给保持相对平衡。政府应制定优惠政策,动员、鼓励和吸纳外商或民间资本投资兴办居家养老服务产业,包括借助互联网的优势研发各类老年产品,开办家政服务业、老年活动中心等。另外,政府应通过免征税费的方式,鼓励直接与业主打交道的物业管理企业助力居家养老。物业管理企业通过配备专业的志愿者为小区老人提供免费家政服务,组织老人参加娱乐活动,带给老人精神慰藉,建立个性档案等手段,打亲情品牌,从而提高企业竞争力。

最后,政府应支持和帮助家庭养老,家庭养老模式在我国不会消失,在一定时期内仍然占据主流,如可以表彰孝敬父母的五好家庭;在经济上,开发"三代同堂式"住房,给予相关家庭人员一些优惠,与老人同住者优先和优惠购买、优先就业、优先使用公共设施、优先享受志愿者服务等。

9.4 完善居家养老服务管理机制

9.4.1 城市居家养老服务管理体系构建

以政府为主导，以市场机制为引导，社会力量参与，依托社区，为老年群体提供满足其基本生存需求的服务，逐步形成政府引导和宏观管理、社会组织或企业自主经营的养老服务管理体系。

（1）中国城市居家养老服务管理体系构建的目标。

国家提出要使老年人老有所养、老有所助、老有所医，要实现这个目标就必须具体做到以下几方面：

①明确组织机构。要以构建高效符合实际的机构组织为目标，并且要明确这一机构的本身职责，不应当在其他组织或者部门里"夹生"，同时，要具备有效的组织框架，明晰各级主管部门的职责，在现行法律制度基础之上，完善相关的法律法规，丰富现行机构权责管理体系，激励社会力量参与投资。

②实现全方位规划。规划主体从国家、社区、机构、社会力量四个层面展开，对其各自体系内的组织框架、筹资渠道、设施和机构、人员薪资都应当进行合理规划。

③保持高效运转。养老服务产业运转涉及众多产业的发展。为使养老服务体系能够高效运转，需要政府、服务机构以及各分管部门制定相应的保障制度，研究相关的支撑技术。

④加强多方监管。联合多方集团，将现有机构的业务外包，实现对养老产业发展的多方位监管，细化各种指标，加强对老年产业发展的考核并实现老年人生活自理能力的评估和经济收入的核定等方面的监管。

(2) 中国城市居家养老服务管理体系构建的原则。

第一，系统性原则。养老服务管理体系复杂且具有纵横双向结构的特点，以养老服务产业发展为指导所设计的各个相关产业及其各系统单元之间都具有内在的逻辑性、结构性、相关性，建立内容完备、功能完善的产业体系。

第二，层次性原则。为使养老服务产业能够有效运转，需要充分考虑产业发展所处的阶段以及产业发展的大环境。适时调整目标拉近与现实的距离，所设计出的体系也应与当前及今后一个时期经济社会发展的实际水平相吻合，要有一定的过程，循序渐进。

第三，操作性原则。这一原则是养老服务产业发展过程中的最核心原则，因为操作性内容直接决定了养老服务产业发展的实际情况。应该明确这一产业发展的现实状况，包括，哪些事情我们该做，哪些服务设施应该怎么建设，又应当以什么样的管理体系与之相适应，等等。

(3) 中国城市居家养老服务管理体系的构架。

在城市居家养老服务管理体系的建立过程中，最主要的是要解决在哪里实施（where）、由谁来实施（who）、主要做什么（what）以及如何做（how）的问题。

老年人口养老服务管理体系由规划、组织、运行和监控四部分构成，组织是核心，是整个体系的动力源，所以，在发展养老服务产业时，应当把与之相关的各个产业发展目标与状况有效结合起来，以及涉老相关政府机构以及部门，包括与之相符合的社会力量有机地组织起来，纳入养老服务体系，从而实现提高老人生活质量的目标；在规划阶段，基于对养老服务产业发展还处于开始阶段，首先要做的是明确老人对养老服务的需求，从而可有效地制定养老服务产业发展方向，确定服务政策、服务质量目标和程序等。具体到该体系的规划阶段，主要做的是包括对现行养老产业调查分析、确定要因并制定规划三个步骤。在运行阶段，必须做到严格执行规划，指引现行事业发展。监控阶段主要在规划执行前、执行中或执行后借助政府或其他社会机构的介入，对养老服务管理体系进行监督和管理，分析检查结果并同预期规划目标进行比较，分析这一体系运行的效果。该阶段只有一个步骤：效果检查。将结果反馈到组织阶段，进行更高层次的循环。

（4）居家养老服务的组织体系。

在上述养老服务管理体系中，政府所扮演的角色以及地位是毋庸置疑的。政府作为养老服务体系的组织者、推动者、监督者，其从国家的角度出发，组织层次为国家－地方政府－街道、社区－养老机构－老人。居家养老服务组织依据国家政策指导，政府支持、社会力量推动，通过规划、组织、监督等各个环节，进行多方协作、发展与运行，同时，还需要建立运行高效的领导机构，建立起以养老工作为核心的委员会、鼓励多方参与以社区为依托，打造层级服务管理体系。在居家养老服务法律法规的完善方面，应当对老年人福利保护进行立法支持，由于养老服务产业在发展过程中并非一直追求为老年人服务的理念，作为一项固定产业发展，始终要求追逐利益，所以经济效率依旧是产业发展不可动摇的部分，但这样容易造成更多的虚假宣传和虚假产品，侵害老年人利益，所以政府部门在保护养老产业发展的同时应当保护好老年人的权益。完善相关法律将具体的保护落实到现实中。同样，要完善激励政策，通过政策指引，鼓励支持各类组织、企业和个人从事养老服务，吸纳更多的社会捐助。而在其组织体制的构建上，应加强福利养老同政府购买的合并；将居家养老服务社会组织和志愿者服务制度相结合，加快其社会化和产业化建设。

（5）居家养老服务的运行体系。

首先，居家养老服务的高效运转依赖于国家制度性的保障，对于老年人这一特殊服务群体，政府应从医疗、基本养老保障、理财等几方面来保障养老服务体系顺畅运行。其次是运行模式的保障。相关养老政府部门，应加强服务产业各部门间的协调，督促相关职能部门明晰自身职责，加强同其他部门之间的协调，在政府规划的指引下，各方谋求配合，以最大限度地为居家养老服务工作提供支持。要求政府将自身业务外包，委托第三方机构或者其他社会力量，依托多方努力，结合各方资源将居家养老服务事业的发展推向制高点。而在其中，社区作为政府委托方，接受政府委托向社会发布相关养老服务信息，规范化各类服务项目，落实居家养老服务补贴，同时，社区又作为连接社区服务对象与服务机构的中介组织，有效保障居家养老服务的供求对接和质量管理。最后，完善社区居家养老服务产业技术支撑体系，政府主导，依托社区资源，对本社区内的老年人实施统一的服务标准，并建立网上信息以及老年人健康档案，构建社区居家养老服务网络，建立针对服务对象身体健康状况和经济支付能力的评估标准体系。

（6）居家养老服务的监控体系。

第一，建立评估监督系统。选择适当的第三方机构，对居家养老服务政策的贯彻落实情况以及资金的使用效率进行评估，并对老年人需求进行检查监督。

第二，加快建立养老服务机构、服务人员的入行审核和养老服务人员实行持证上岗监督机制，监督居家养老服务质量。

第三，加强运行评估系统建设，通过同老年人建立彼此互动关系，建立老年人服务质量反馈系统，并对这一反馈信息进行评估，同时，要加强服务人员奖惩机制等制度建设。通过建立严谨的、规范的淘汰机制，淘汰不达标的机构与工作人员，表彰和奖励优秀机构和工作人员。

9.4.2 养老服务监管机制

政府在发展社会福利性事业中占据主导责任，提供公共产品以及服务是政府应尽的责任，但并不意味着政府可以包办。当前养老服务发展不够健全，但随着国家以及社会力量的介入，养老主体形式日趋丰富，开始从多样化向民营化方向发展。对于养老事业提供服务的主体而言，最有可能会放弃居家养老公共服务产品的公益性，而过度追逐养老服务事业的利益，即会丧失一部分社会责任，如果服务品质丢失，将完全偏离养老服务事业发展核心。因此，政府应当建立老年人服务投诉机制，畅通老年人与政府、与服务的沟通渠道，强化老年人维权意识，保障老年人利益。具体可在社区设立投诉热线，以及民众举报电话，有专门的法律机构代表人负责接听电话，并向街道社区宣传，提高老年人的权利意识。同时，还应当建立高效的运营监督机制，即在养老服务产业运营过程中约束和管理服务提供者行为，通过法律约束力使得居家照顾服务行业走上规范化道路，并对这一行业实行定期评估，不断检查更新老年人的需求变化，依据变化的需求，制定出相应的服务项目，建立先进的服务评估机制，并将这一评估结果公布于社会，而在这一过程中政府应当真正做到以人为本，强化评估与监管机制，对违法操作的养老服务机构应当采取严厉的法律制裁。现实的社会监督机制建立过程中，应该与第三方媒体合力监督，利用媒体的宣传作用，以及真实的报道性，客观公平地评估养老服务机构，防止部分政府部门权力过大而出现寻租行为。

9.5 完善居家养老服务规划体系

9.5.1 居家养老服务的规划体系

（1）规划主要涉及以下几方面内容。

①服务目标规划。在服务体系中居家养老占据着主要地位。2009年无锡市出台《无锡市养老服务设施布局规划（2009—2020年）》，确定了全市养老服务的"9064"总目标，即通过各方努力，达到基

本形成90%的老年人通过社会各方的协作实现家庭居家养老模式，而其中6%的老年人则有望通过政府救助的方式，实现居家养老，而4%的老年人可以入住机构养老的格局。

②服务资金来源规划。资金的筹集一直是困扰我国公益性事业发展的一大"瓶颈"。上海市政协就曾建议应当完善政府资金投入机制，因地制宜地对不同养老机构进行不同程度的补贴，而对广大的农村地区给予土地政策倾斜，与此同时，还可发行养老保障债券，提升福利彩票收益中用于养老事业的比例。长春市的规划中拟定实行居家养老货币补偿，即对60周岁以上"三无老人"、低保空巢老人、70周岁以上生活不能自理的优抚对象和特困空巢老人每月补180元；对上述生活能自理的每月补150元。对民营养老机构实施补助，即对入住的能自理、半自理和不能自理的老人给予补助600元、700元、800元。

③机构服务设施规划。《天津市2009—2012年推进养老服务社会化发展规划》指出，全市各区域将建设老年社区共13处，各区县可根据其特色建设有山、海、温泉、生态园等设施的老年社区，每处平均占地面积在150~200亩，规划入住老年人口18万人。这一社区将集各种养老服务项目于一体，包括基本的物质照顾、文娱、精神寄托等，并基本采取"处处无障碍"的设计。老年社区建成后，将委托专业的物流公司进行管理，多半是强调以老年人为主体，联合新型家政服务公司，人性化服务，满足老年人不同需求。以老年人自我管理为原则，对不同年龄段的老年人制定不同政策，比如，对于70岁老人，制定大病救助、护理康复和临终关怀规划；对60岁以上老人制定倾向于加强自身机能的规划；对50岁以上的老人以及潜在老人制定不同养老及医疗保障规划。对社区内部分能自理的老人给予居家养老服务规划，无须考虑其年龄结构，对完全失能老人则给予机构终身养老、特殊津贴补助等服务规划，作为现代政府，在我国农村地区，为着力发展居家养老服务产业，必须重点关注高龄空巢老人的服务规划。

（2）居家养老服务设施规划。

新的服务设施以及产业发展的情况很大程度上依赖于前期的规划工作，在服务设施方面，主要分为对资金、用地，以及设施种类的规划。首先，资金来源规划，主要通过政府的财政专项拨款，同时，加强吸引社会资金投入。其次是服务设施用地的规划，对新建社区用地以及已建成社区用地是进行相应的有效规划，并细化出居家养老服务设施的数量、面积标准以及所涉及的占用地的详细情况。最后，要进行居家养老服务设施的种类规划，对长期养老服务机构类的设施以及社区提供的居家养老服务设施进行规划，二者的标准方法都是不一样的，这就要求政府以及各地相关机构在构建这一规划时要格外谨慎。

（3）服务人员规划。

基于老龄化发展速度同相关老年人服务人员比例可知，对居家养老服务人员的规划主要集中在以下几个方面。

①养老机构服务人员规划。依据民政部规定的护理比例，工作人员与生活部分自理老人的比例是1：7，与生活完全不能自理老人的比例按1：3测算。可据此制定出每一个发展阶段机构服务人才的需求比例以及资金的变化比例。

②社区服务人员规划。据相关研究数据表明，目前北京、上海等大中城市拥有专业养老服务知识的人才并不多，在其养老机构中能凭证上岗的只有57.4%，其中社会办养老机构护理人员的持证率仅为43.5%。现有的大多数养老服务机构中的人才，普遍缺乏专业护理、老年心理学、老年救助等方面的专业知识。因此，在养老服务产业日益发展的今天，这要求专业人员来从事这一工作，护理和康复方面的人才需求量大。

9.5.2 中国城市居家养老服务规划体系的构建

人口老龄化，并非是一朝一夕即可解决的问题，因此，基于我国国情，应当着眼于未来，定下长远的发展目标，出台老龄事业发展的中长期规划。当下国内的老龄政策主要是着眼于解决老年人的吃住行娱等方面的问题，又或者是一些悬浮于表面的物质问题，而对于居家养老服务以及有关建设则缺乏认识。由于缺乏战略性、长远性的老龄政策，很可能导致国家丧失应对人口老龄化挑战的战略机遇。中央和省级政府应当把养老服务发展事业纳入现阶段经济社会发展规划之中，其建设资金理应由政府财政出资，明确其发展方向以及整体性发展规划，拓宽保障经费；对老年人的需求进行科学客观的判断，合理高效地利用社会资源；建立真正的以政府主导，依托社区以及社会参与的养老服务事业发展管理体制和规划机制。

按照规划主体分为政府规划、社区规划、机构规划；按照内容可分为福利规划、资金规划、机构发展规划；按照形式可分为机构规划、服务对象单项规划。

（1）中央、地方政府的居家养老服务规划。

政府的居家养老服务规划应包括全民的养老保障规划、居家养老服务设施规划、居家养老服务人员规划和老人的规划。

不同地区经济发展状况不一样，因此，对当地老年人提供养老服务时，政策要有一定弹性，对低于最低生活标准的老年人应当适当加大保护力度。就我国城市地区而言，对城市低保老人养老保障规划应更加注重物质生活、医疗、住房等基础性救助。

（2）社区的居家养老服务规划。

社区居家养老服务规划主要包括财政资金规划、异类机构的社区规划、服务人员培训规划、服务内容规划。

①财政资金规划。

将政府财政补贴按要求按计划下拨给各地社区养老服务机构。在资金的分流过程中，可对新型养老服务机构给予一次性补贴，对已开办的服务机构给予针对性的补助，同时还应当进行营运补贴规划以及非政府组织规划。

②异类机构的社区规划。

在发展过程中,除了满足老年人群体发展的需求之外,其他相关产业,比如,餐饮、通信、家政服务、维修等服务也应该逐步纳入社区规划。

③服务人员培训规划。

依据不断增长的老年人数以及不断变化的老年人需求,制定相应的服务人员种类、数量和机构培训计划,而依据每一个机构所引进的服务人员的知识水平,制定相关服务项目以及各类适合于不同专业人员的培训规划。

④服务内容规划。

居家老人所需求的服务项目会随着社会的发展出现不同的变化,因此,在为老年人提供的服务内容中,应本着逐渐丰富、渐变的规则制定规划。要把握好这一变化层次,从最基本的生活照料到医疗护理,再到精神抚慰。

(3) 养老服务机构规划。

中国 2010 年老年人口为 1.71 亿人(老龄化比例为 12.77%),按照部分自理的老人占 9.6%,完全不能自理的老人占 5.0% 测算,基于国内严峻的养老服务形势,至少应需要 17.1 万个养老服务机构,但这一数据是基于以上理论预测的,但目前中国仅有养老机构 3.806 万个,故需要根据老年人口存在的现行情况,重新规划并着手新建不少于 13.294 万个养老服务机构。

9.5.3 中国城市居家养老服务规划体系的实施

(1) 服务经费规划。

养老服务是以政府为支撑的民生工程,面对日益的人口老龄化问题,加强养老服务建设已经成为政府的一项重要工作,但与此同时,政府也应当明白自身在其中所应承担的资金保障责任。必须建立起长效的资金保障规划,从而有利于推进养老服务工作的长期有效发展。具体包括养老服务设施建设经费、政府购买服务经费,等等,而除此之外的机构人员开支也要纳入政府财政预算,并要在财政支出中占据固定的比例和形成稳定的增长机制,同时经费开支应当做到公开、透明。

(2) 基础设施建设规划。

养老服务基础设施主要包括社区居家养老服务类以及专业养老机构类,而其中社区居家养老服务以城市社区居家养老服务中心为主,专业养老机构类以综合性福利院、敬老院为重点,提供入住托养、照料、精神慰藉等专业化服务,同时还应具有培训、示范功能。

①爱心护理规划。

国家充分利用现有设施,增加对养老服务的投入,通过新建和改建、扩建,办好模范养老设施;对于老年特殊群体,给予相应的政策照顾;对不同档次的老年群体给予不同的照顾;依据老年人不同需要层次,制定不同标准与政策并为其提供相应服务。养老机构的建设不能只注重表面和形式,要关注能否满足入院老人实际需求,而在满足需求过程中,应当格外关注老年人的物质与精神双层次的照顾,即保障入院老人的衣食住行娱,同步规划相关的设施。

②社区服务设施规划。

我国已悄然步入人口老龄化阶段,在养老服务设施建设过程中,应当注意把握好建设的尺度,切不可造成资源浪费。老年人服务产业的发展要依托社区居家养老,这就要求社区拥有配套的基础服务设施。在社区规划中,为老年人提供就近低廉的照料服务和文体活动场所,并以此为依托,进一步丰富社区居家养老服务的内容和形式,这就要求相关配套设施及时跟上这一变化,最终,由社区组织提供各种上门照料护理服务。

(3) 加强养老服务人员的技能培训规划。

养老服务相对于其他产业而言,是一种特殊的公共产品,这同样直接关系到老年人的身心健康与利益，在国外有一套专业的教育机制用来培养与之相关的专业人才。目前，我国在这一领域还属于空白。因此，要加强国际交流，加大养老服务培训资源的供给。

①中高级管理人才的培养规划。

高等院校应立足于眼前的养老现状，规划设立养老服务相关专业，理顺城乡二元化结构，也可有计划、有针对性地在中等职业学校中，适当增设与养老服务相关的专业介绍，但这样一种教育模式，要求变革教学内容和方法，加快培养老年医学、护理学、营养学以及心理学等方面的专业人才，提高养老服务人员的专业素质。

②服务人员技能培训规划。

培养基层工作人员的专业知识。政府部门要制定与养老服务专业化发展相关的专业队伍建设规划，强化新型观念、技术培训等方面的责任。积极引导养老服务机构人才有步骤地对从业人员进行免费专业技能培训，并鼓励通过社会学习，提高人员素质。

③职业资格认证和技术职称评审规划。

进行养老服务职业（营养师、康复师、护理员等）培训准入体制规划，民政部门应将现有的权力下放，例如养老服务培训的职业资格发证权和技术职称评审权，简化机构证书的审批考核制度，注重资格证书质量。

（4）医疗保健规划。

医疗保障是关注老年人的基本生存，也是国家发展建设和谐社会的重要关注点，老有所医的民生理念对我国政府而言并不会太陌生。因此，要加强养老服务建设，医疗保障是一大重点，逐步建立多层次的医疗保障体系，制定相关救助平台，并建立城市贫困、大病老人医疗救助规划，改善老年人整体的医疗条件。

第一，在建设规划执行方面，国家应当具有战略性眼光，必须制定养老服务体系建设与发展不同阶段中长期与现行规划，将养老服务体系建设纳入国民经济和社会发展规划之中，并在规划体系中，纳入政府激励考核指标，从而推动养老服务事业全面发展。

第二，在融资规划方面，很难以一种特有的制度将其严格规定下来，但为了保证服务的灵活发展，政府理应成为居家养老服务产业的资金来源，应当形成有效的相对固定的财政机制，扩展政府补贴形式，缓解老年人养老服务需求同养老机构资源不足之间的矛盾，并建立多渠道的资金投入机制。

第三，在机构设施建设规划方面，要加强对专业养老服务机构的规划，以综合性福利院、敬老院、老年护理院、老年公寓等为重点，除此之外可以适当加强满足意识层次需求的机构建设，同时，关注社区居家养老服务类的规划，建设社区卫生中心、就餐点、活动室等各类老年人照料服务设施，为老年人提供方便的符合大众的文体活动场所。

第四，在人才培训规划方面，政府单位应规范养老服务职业培训准入体制，允许企业在工商行政部门审批注册经营性养老服务职业培训，使养老服务职业培训走向市场化。

9.6　推进居家养老服务产业化

9.6.1　制定相关法律法规

国内调整和规范居家养老家政服务纠纷的法律法规尚不完善，争议处理机制还不够健全。大部分家政公司也只是起了简单的中介组织，而并没有从根本上解决家政服务的相关事宜，而在其中就存在大量的家政公司，为了逃避责难，牟取暴利，履行介绍业务之后就声称服务双方的一切纠纷，概不负责。因此，用户和家政公司之间缺乏必要的沟通，这就导致用户同家政服务人员之间缺乏必要的信任，就会造成双方履行彼此职责时缺乏应有的法律保障。如若存在家政服务争议的情况下，在家政服务员、用户和家政公司都可能牵涉纠纷之中。同样在现实产业发展中，居家养老照护服务产业相关的法律法规制度的严重缺少，导致了养老照护服务不同环节的交易成本都很大。老年人群的特有属性必然会导致在服务过程中，存在着死亡的情况，但又因法律制度的不健全，因此，常常会引发家庭服务纠纷，导致居家养老家政以及相关照顾性服务企业运行难度加大。那么，针对这种情况，政府应尽快出台相关法律法规来保障老年人、照护服务人员以及老年照护服务产业的利益，与此同时，还应该加强对于老年人家政服务企业规范化管理，在允许市场化运行企业的前提下，制定产业规范标准，实行老年照护服务市场准入机制，提高中介机构服务质量，规范家政服务业的运作程序和引用先进的管理办法，将居家养老照护服务企业纳入制度化轨道。

9.6.2 促进居家养老照护产业的发展

借助新闻媒体，应加强对居家养老照护服务企业的宣传，优化舆论氛围，充分运用报纸、广播、电视等新闻手段，利用社区宣传画册，介绍有关养老方面的常识，与此同时，企业公开养老企业部分的运营情况以及相应的服务内容，加强民企关系。对居家养老照护服务企业宣传和积极引导，使全社会对这项工作及从事这项工作的人员加深理解，并且在对企业不断的了解中，也可以明白作为服务人员的服务理念，树立正确的职业理想，对照护服务工作充满自信心和自豪感。通过宣传，利用社会舆论的传播效应，便可以引导拥有消费需求以及拥有消费能力的老年人参加到消费群体中去，促进消费，拉动内需。同时，还利用社区有限的宣传方式，为本社区的老年人提供相应的养老服务知识。从而，有效地影响老年人的生存观念，使其始终保持积极向上的生活状态。同时，也要鼓励老年人勇于维护自己的合法权益，在社区内举办关于老年人权益的专题知识讲座，为老年人提供丰富的政策信息和免费咨询，建立咨询空间，鼓励老年人主动反映自身问题，并通过新闻媒体作用，寻求社会解决之道。而对于居家养老照护服务的深化管理并非简单操作，这就要求，在全社会范围内教育人民正确认识居家养老照护服务企业，正确理解居家养老服务企业的运行模式以及运行思想。不断通过宣传，将先进的家政服务理念渗入到老年人的心里，从而改变其对于家政服务业传统落后的看法，并促进社会家务劳动产业化，普遍推广优质居家养老服务优质生活的理念。同时，针对不同老年群体进行不同教育渗透，鼓励参与家政服务事业中去，改变其原有守旧的养老观念，进一步营造多元养老、多项产业共同发展的良好文化氛围，倡导健康文明的生活方式，依据消费水平的高低适时调整养老服务产业的发展方向。但居家养老照护服务产业的发展在养老产业刚刚起步的大环境下，举步维艰，因此，在这样的时代背景下，就要求政府部门加大对于养老照顾服务产业的法律政策支持。政府对居家养老的政策走向，决定着居家养老事业的发展，因此，能否培育和建立一个成熟的居家养老服务市场，在很大程度上依赖于政府政策体系的主导，否则，就会影响和制约居家养老产业的发展。

而对于政府而言，政策优惠有多个方面。具体体现在：第一，在项目审批和用地审批上，对于国内家政服务企业的建立，应当适时依法简化立项和审批的手续，促进老年照顾事业发展。第二，在税收上，对新开办的从事老年照护服务的企业实行依法减免部分税收，对于，那些特殊企业以及利润偏低的养老服务企业，可免征营业税，享受优惠性税率，在创业时期给予财政补贴或者在一定时期内实行零税率等。第三，在信贷方面，银行对从事老年照护产业的企业应放宽贷款条件，给予更多优惠性汇率照顾，放开小额贷款，促进小型企业不断发展。第四，在公用事业收费上，降低从事老年照护服务企业的费用，减免行政性收费，经市政管理部门核定，应予以减免或者部分减免，如：土地测绘费、环保费、卫生费、基础设施配套费等费用；对政府和有关主管部门收取的工商管理费、土地管理费、行政管理费等各项管理费，应实行减免。

9.6.3 加强监督检查和评估

政府职能应逐渐转移到执法和监管上来，不再主要从事直接的服务和保障。通过宏观引导、政策制定和监督协调，打造公正的市场竞争环境。根据新公共服务理论，政府职能定位是"掌舵手"，而不是"划桨手"，为了居家养老产业的有效管理和安全运营，有效的监督检查机制是必须的。另外，还要加强对安全隐患的清理和整治，如无照经营、安全设备老化和工作人员安全意识淡薄等，严格居家养老照护服务企业的日常安全管理，加大对安全知识的普及宣传，及时发现问题，并进行解决，在萌芽状态就消灭隐患，对非法的家政服务介绍所也应进行有效监管检查。政府应该对家政服务机构的资质和服务质量，进行等级评定和年度考核，进行源头监管，使具有巨大市场潜力的家政服务业规范、有序地发展。

有一个好的评估机制可以保障居家养老照顾的质量和产业运作的成功。一个完整的评估机制包括评估机构、评估指标、评估程序、评估反馈和评估监督检查。可以借鉴国际的先进经验，由政府委托一些经过资质认证的中介组织来进行评估，他们的专业性比较高。当然，也可根据我国的具体国情，让老年群体的自治组织担任评估机构（如社区老年协会等），其有较高的公信力，也在一定程度上满足了老年群体自我管理的需求。

9.6.4 加强居家养老服务产业的规范化、规模化运行

（1）产业的规模化运行。

直营+特许的连锁经营是居家养老服务业的发展模式。居家养老

第 9 章 完善我国城市居家养老服务的措施

照护服务是新兴行业，专业化、规模化是其发展方向。初级作坊式和散兵游勇式的小打小闹、无序混乱运作是没有前途的，要向企业化、规模化发展，不断提高服务质量和信誉，打造知名品牌，才能发掘和满足不断增长的老年照护服务的需求。规模经营会产生规模经济效益，规模的扩张才能使居家养老服务业保持生命力。连锁经营模式之所以广受欢迎，就是这个原因。但这要以居家养老照护服务企业的规模化和专业化为前提。居家养老服务企业必须在连锁经营中达到一定的规模，数量可以满足规模经营的需要，以降低成本，提高运作效益。

（2）服务内容的专业化、规范化。

要塑造和培育一个好品牌需要一个好的制度环境，居家养老服务企业自身也需要付出艰苦努力；需要具有品牌意识和创新意识，全体服务人员要共同奋斗；服务内容要多元化、专业化、规范化，提供多元化的养老护理服务是当今的发展趋势，但不能只局限于家政服务，而要充分发挥服务人员的主动能动作用，要施行整体过程护理程序，除了家庭护理还要有预防保健。经济收入、病情、价值观等都影响护理需求，从而产生不同的护理需求。这是个讲求人性化的年代，多元化服务是趋势，是以人为本的真正体现。

居家养老服务企业应要充分了解老年人身心特点，针对不同类型的老人，提供不同层次和内容的照护服务，以使照护服务向科学化、多样化、专业化和规范化发展，通过照护服务倡导老年科学文明健康的生活方式。高龄老人和自理老人的各种疾病增多，生活不能完全自理，与子女的沟通也越来越少，常会产生精神孤独和寂寞，对他们应提供全方位的照护服务，包括基本的家政服务、深层的护理保健服务和精神慰藉服务，但最重要的是护理保健服务。低龄老人和空巢老人多是从工作岗位上退下来不久，一般身体健康状况较好，经济收入也不低，但是子女又不总在身边，需要提供基本的家政服务和精神慰藉方面的服务。

（3）管理人员和服务人员的系统化培训。

加强管理人员和服务人员的专业知识和服务技能培训，居家养老服务是具有专业技术性的行业，这是个大家必须树立的观念。以前我们总以为养老不过是照顾老人的日常生活起居饮食，这只是养老服务中最基本、最普通的部分，有时确实不需要多么高的专业水准。但如果要切实提高老人的生活质量，使老有所乐，就必须要提高居家养老服务的专业水准。一线的服务人员和管理人员都要进行相关技术培训，这种培训不是暂时的，要定期进行，并系统化、制度化，配以相应的考核，真正达到培训的目标和效果。

9.6.5 确保居家养老服务产业发展所需的专业人才供给

（1）建设专业居家养老服务人才队伍。

构建具有专业素质的养老服务人才队伍。我国的居家养老服务行业的整体服务水平都一般，一个重要原因就是缺少专业的服务人员，而且素质不高。目前养老服务的从业者大都是下岗职工、外来务工人员，或是一些有人道主义精神和经验来工作的人，没有接受过相关的专业教育或有关老年服务知识的培训。导致专业人才的缺乏的原因，一是观念问题，二是待遇问题。因此，需要注重对养老服务人才的教育和培养，为养老服务的水平提高提供人才支撑。各居家养老服务机构应该引入竞争激励机制，对服务人员进行有计划的系统培训和考核，提高服务人员的专业素质与能力。此外，更为重要的是让人们重视这个职业和提高从业者的待遇。政府应当在全社会注重宣传弘扬敬老、爱老、护老观念，增强现代公民的社会责任感，实现社会发展与老年人利益的双赢。同时，政府应该支持志愿者组织的发展壮大，积极推动志愿者服务制度化、规范化。政府应当规范志愿者的注册管理、培训服务理念和知识技能，构建具有高水准的专业养老服务志愿者。建立健全注册者档案和服务需求档案的管理以更好地满足社会需要。对做出突出贡献的志愿服务者要给予表彰和激励,甚至设立专门奖项,提高志愿服务者的荣誉感。

因为我国社会服务体系和教育体系发展的滞后,导致了个案管理师和全科医生在我国发展的不足。就目前状况而言,要更好地提升这一水平,比较可行的做法是:利用国内高校资源,加强与国际接轨,借鉴先进国家的经验,培养一批能够满足居家养老服务管理需要的专业人才,并不断加大培养力度,逐步培养一批专业基础好、素质高、稳定的人才队伍。在培养个案管理师时,要避免重走国内全科医生培养投入高成本,收效小的路子,应结合国内发展概况,制定合理的培训计划和培训周期的人才发展规划。着眼于未来,从长远考虑,就应当立足于现有的教育体系,在现有大专院校中设立培养个案管理师、全科医生以及社会工作相关专业。当然,单纯的人才培养是不足以解决问题的,应当注重新近人才的管理机制。由于居家养老事业属于非营利性的公共事业,其特有的发展特点,决定了从事该职业的服务人员不可能获得更高薪酬,由于薪资与服务不对等就必然会出现人才流失问题,社区卫生服务中心的全科医生流失问题就是一个例子,因此必须重视队伍的建设和激励机制的形成。

(2)加快实现居家养老服务队伍优质化。

高质量的服务人才是居家养老福利事业发展的重要保障,完整的人才机制应当是保证居家养老服务系统的正式和非正式照顾人员按比例科学培养,并在专业技术人才的指导下为老年人服务提供服务。但现实中,由于经济条件以及制度存在的不合理性,导致目前我国养老服务人员大多只是经过简单培训,社区街道中缺乏专业社会工作者,这在很大程度上影响了居家养老福利服务事业的发展。因此,立足于现实建立一支高质量的人才团队就显得至关重要。那么,具体应该做到:

首先,引进高级养老服务专业人才,制订人才培训计划。为有效应对人口老龄化,"老年服务与管理"专业人才的社会需求量将越来越大，我国必须加大对于养老服务人才的培养以及加大该方面的教育投入。依据国内外现阶段养老服务产业发展概况，并组织我国专家调研学习论证，经上级省教育主管部门审批，在高校尽快开设"老年服务与管理专业"，加大对新一届大学生养老意识上的培养，加大对老年休闲活动的开发并且培养大学生拥有积极参加养老服务产业中去的意识，以填补老年服务与管理人员培养的空白，不断拓展养老服务内容与项目。同时，在教育规划上，引进国内外先进的养老知识人才，作为高校养老教育先锋，大力发展社会教育事业，着力培养能掌握先进老年人服务理念同时又具备国内专业养老服务技能的专业人才，尽快建立健全社会工作者职业资格制度和职称评聘制度，实施持证上岗。

其次，加强养老服务人才的职业化管理。按照先培训后上岗，要求持证上岗。由社会第三方机构或相关部门统一组织，对新引进的服务人员进行上岗前的集中培训，经考核合格后，再颁发上岗证书并实行统一管理。对于已经从事于养老服务的工作人员，机构内实行在职教育，加强各自道德评估并通过职业学习实现自身社会价值，增强责任心，不断提高其职业道德和业务水平。同时，要加强老年护理专业队伍的建设，因为我们知道，对于老年人服务应该以满足其基本的生存需求为主。这就要求，在高职专科教育中，尤其在卫校教育过程中，应当设立老年护理专业，兼容并蓄，也应当适当增收男性护理学生，以确保更多优秀青年参加学习，并使其能有效掌握从事养老服务行业的专业技能。同时，除此之外，在一些地方专科院校和技校，开设老年康复技术、家政服务等专业。

最后，鼓励志愿者参与服务。一是组织在校大学生以及社会上青年志愿者，定期走访慰问老人，通过聊天以及互动的方式给予老年人精神上一定的慰藉；二是文艺志愿者，走进社区，为社区老年人进行社区歌舞，戏曲表演，丰富老年人的精神文化生活；三是充分动员社区低龄老人参与自愿助老服务，增进老年人之间的相互交流，增强老年人的互助意识和自助能力。但由于国内志愿者的流动性很大，在一个地方一个地区很难保持着志愿者永久服务，因此，要加强志愿者队伍建设，实现养老志愿服务活动的灵活性以及广泛性。志愿者服务是一种无偿、无私的奉献，但作为志愿者个人而言也有满足的需求，但这种需求激励并非就要求是物质上的，所以，在很大程度上，国家政府乃至社区应当加强社会激励，激励更多志愿者自发地参与到养老服务事业中去，并不断将志愿者队伍壮大。除此之外，也可以借鉴国外建立"劳务储蓄"和"时间储蓄"的"助人自助"制度，实现激励志愿者的目的。

（3）促进居家养老服务专业人才的培养与管理。

居家养老服务所依赖的服务人员需要有较高专业素质，因此，在人才输入过程中，要有一套相当稳健的制度约束，才可以保证养老服务产业正常的专业人才供应。

首先，要依据现实的人才预测机制，制定高效的人才输入输出系统。通过对居家养老服务人才需求的预测，可以理顺人才发展过程中需求层次以及养老服务产业发展的方向和趋势，据此可以大体匡算出人力需求数量与人才结构，有利于制定有效的培养计划以及人才管理制度。并根据各地方养老服务产业发展的不同情况，根据各地区人才需求的不同层次，制定相应的人才引进制度与管理机制。应当细化相关专业的培养方式，并且不断更新专业知识与技巧。鉴于养老服务产业的特殊性，在对这一类人才的培养过程中，应当把握老年人的需求，尊重老年人意愿，以老年人的标准去衡量这一人才的培养与发展模式，对于中层技术操作性人才，可以通过与相关院校设立对口培养的合作关系，进而稳定人才输送的渠道，比如与当地的卫校、技校等建立联合培养的模式。

其次，可以建立养老服务产业相关的专业性工作实习基地，将相关专业类学生强行纳入这一实习过程，强化人才的实践性培养。居家养老服务工作是强调实践的工作。因此，学历的高低并不能成为唯一的衡量标准。需要高校通过实习基地为高校专业学生提供实习岗位，不仅可以锻炼在校大学生的工作能力而且可以缓解我国养老服务产业人才紧缺的状况，同时有利于外界对养老服务的了解，无形中扩大了养老服务在社会各界的影响力，这有利于养老服务人才的引进。还应该结合社会上的专业养老服务机构，合力培养养老服务人才，在人才引进环节实现之后，各养老机构应当加强引进人才的专业培训。居家养老服务的人才培养必须以基层岗位培训为重点，机构技术带头人应通过传帮带、专题讲座、实习提升等多种形式和途径，强化自身机构培训工作质量以及提升在职人才工作能力。同时鼓励从业人员通过多渠道提升自身学习能力或在更先进的养老服务机构见习进修，培养高层次的服务人才，完善人才队伍的梯队结构。

再次，在拥有了大量专业服务人员之后，良好的机构管理将是留住人才的唯一理由。第一要建立人才考核评估制度。明确机构内不同类型、不同层次的工作岗位以及职责规范，制定严格周密的考核评估标准与激励措施，建立老年人对机构工作人员的评价机制，第三方监督机构对服务人员个人业绩进行评估，形成包含政府机构、第三方力量、服务群体"三位一体"的综合性考核评价机制。第二要有公平有效的薪资机制。合理的薪酬制度、完善的奖励政策，是提升广大专业服务人员工作积极性的基本之法。服务机构要兼顾不同职位工作人员的工作积极性，细分到学历、工作经验、业绩等多种指标，以其工作绩效与评估系数的高低来决定工作人员的薪资。第三要依托职业水平评价机构。对从业人员进行职业资格认证，凭证上岗，可以提升养老服务产业人才的专业水平，使在职人员能够通过不断的学习和实践使自身业务能力和水平得到提高，并且要完善职业晋级与选拔提升制度，建立通畅的向上流动机制。

最后，通过与新型媒体联合，在政府的支持下加大对养老服务的宣传，并建立有效的精神激励机制，加强对专业人才社会地位、政治地位以及社会尊重各方面的激励，以此来拓宽专业人才的来源渠道。

在扩大宣传的影响下,着力营造社区乃至全社会共同养老的氛围,为国内养老服务产业发展奠定软基础。通过报纸杂志、广播电视、网络等媒体宣传推广社区服务工作,普及社区工作知识,增强公众的关注程度。

联合现行拥有相关专业的高校,通过教育渗透,增加高端人才对社区工作的关注,并在不断地宣传与人才交流中,谋求更多高端专业人才加入养老服务产业。政府和国家可采取多种形式对业绩突出的单位和个人表彰奖励,树立人才队伍中的先进典型,通过模范效应,让更多的人了解我国养老服务产业。

9.7 社会工作介入居家养老服务

社会工作专业在我国的发展还处于开始阶段。2008年人力资源和社会保障部确立了社会工作者职业资格认证考试,社会工作人才队伍建设体系得到不断完善,并取得了卓越的成绩,但就目前中国现实而言,还远远不能满足现实的发展需求。从目前的数据统计看,我国在职社工大约100万人,但从我国实际需求出发,所需社会工作者为300万人。这就要求:一是强化社会工作者的社会认可度;二是社会工作职业化;三是与国际接轨,打造本土社会工作者形象;四是提升社会工作者的社会地位以及薪资待遇。

9.7.1 强化社会工作者的社会认可度

社会工作者的概念引自西方。在中国,传统的家庭养老和机构养老,多半是志愿者或保姆为老年人提供相关性服务,这就造成我国养老机构中专业服务人才短缺。养老服务工作并非靠简单的热情就可以胜任,相比之下,以助人自助理念为指导要求的社会工作者,有很强的专业性要求。社会工作在发展过程中,就显得极具系统性和针对性，其特有的工作方法，使得在社区以及在基层工作的社会工作者就显得游刃有余。但在现实的社会生活中，人们常常习惯于将社会工作者同家政服务人员，基层工作人员混为一谈，认为二者没有本质区别，这样一种理念就会使得社会工作者的工作热情大打折扣，同样，也就使居家养老服务对社会工作介入程度大大打折。由于人们没有能正确认识和接纳社会工作者，所以，存在着这样一种对于社会工作者的偏见，以及就会影响，我们所讨论的加大社会工作者介入养老服务机构，因此，破除人们的传统意识观念就显得极为重要。具体说来，要做到：第一，借助新闻媒体力量，加大宣传。社会工作作为一种新鲜事物存在于中国，在中国各地方乃至高校对于社会工作的概念认识也不够完善，由于受经济发展水平以及传统观念的制约，全社会并未形成对于社会工作的全新认识，所以，我们应当借助各界新闻媒体的力量着力宣传社会工作的存在必要性。第二，完善教育制度，将社会工作专业设置于各大实力院校。目前，我国已有214所高校设立了社会工作专业，但这并不是盲目设置，要结合当地的经济发展水平，因为，社会工作专业学生毕业了也是为了工作，所有，学校不能盲目开设，要做好规划；聘请国内外知名社会工作者专业老师，引进人才。

　　社会工作职业化。有了大量的社会工作人才，就能保证居家养老发展的强大人才储备，就需要建设一支专业化的服务质量高的职业化工作者。这就要求我国各级政府在薪资调整水平上就应当做好协调，这样才可以保证高质量的社会工作者介入居家养老服务工作。我国政府部门应当：一是明确社会工作专业的职业发展。鉴于社会工作发展的重要性，有关部门应该制定相关法律法规，拓宽社会工作岗位，加强社会工作人才与社会实际的接轨。二是社会工作资格认证。加强职业认定考试，凭证上岗，质化社会工作人才的专业水准。我们应当注重对社会工作人才的输入进行严格的审核，这样有利于我国社会工作专业的发展极具规范化。三是提高社会工作人员待遇水平，确保社会工作长远发展，保证社会工作者的社会流动，促进人才的发展，保证服务水平。

9.7.2　推进社会工作本土化进程

社会工作要发挥其介入居家养老的作用，要培养专业的社会工作人才队伍，提高人们的认识程度，还要促进社会工作的本土化，即把中国的具体国情与社会工作结合起来，使社会工作更加符合中国社会发展的实际要求。但是我国的社会工作有过度依赖的弊端：理论方法方面，过度依赖外国的社会工作方法和理论；发展空间方面，缺乏独立自主的发展空间，过度依赖政府。

社会工作专业是我们从西方引进的，我们应对其进行借鉴。一是注重实践。我们对社会工作的研究更多是规范研究，停于理论探讨层面，几乎没有实证研究，而进行社会工作实践的城市很少。对于中国这样一个典型异质型的国家，社会工作本土化进程需要理论剖析与中国的实践相结合，在实践中得以检验、提炼。二是加强政府引导。在一定时期内，我国的社会工作仍然需要政府的引导，还不能独立运作。政府应该支持、协助社会工作机构开展工作，为民间社会工作机构的成长创建良好的社会氛围。只有实现社会工作的专业化、职业化、本土化，才能使社会工作在中国获得长远发展。要把社会工作理论和方法与实际相结合，要因地制宜。只有这样，社会工作在介入居家养老时才能真正发挥其应有的作用。

参 考 文 献

[1] 郑功成. 社会保障学 [M]. 北京：中国劳动社会保障出版社，2007.

[2] 郑秉文等. 社会保障体制改革攻坚 [M]. 北京：中国水利水电出版社，2005.

[3] 穆怀中等. 发展中国家社会保障制度的建立和完善 [M]. 北京：人民出版社，2008.

[4] 邓大松，刘昌平等. 2006—2007年中国社会保障改革与发展报告 [M]. 北京：人民出版社，2008.

[5] 赵曼等. 社会保障学 [M]. 北京：高等教育出版社，2010.

[6] 宋晓梧. 中国社会体制改革30年回顾与展望 [M]. 北京：人民出版社，2008.

[7] 董克用，王燕. 养老保险 [M]. 北京：中国人民大学出版社，1998.

[8] 张著名. 基本养老保险个人账户问题研究 [M]. 北京：华艺出版社，2010.

[9] 杨公朴，干春晖. 产业经济学 [M]. 上海：复旦大学出版社，2005：3.

[10] 陈立行，柳中权. 向社会福祉跨越 [M]. 北京：社会科学文献出版社，2007：78.

[11] 张新生. 我国二元经济与农村多元过渡社会保障研究

[M]．北京：经济科学出版社，2009．

[12] 张新生．我国企业年金法律制度研究［M］．北京：经济科学出版社，2012．

[13] 孙祁样，朱俊生．人口转变、老龄化及其对中国养老保险制度的挑战［J］．财贸经济，2008（4）．

[14] 张奇林等．走向全民社保背景下的社区居家养老：机遇与挑战［J］．武汉大学学报，2012（7）．

[15] 穆光宗．我国机构养老发展的困境与对策［J］．华中师范大学学报，2012（3）．

[16] 张翼．人口转型与养老保险制度改革［J］．河北学刊，2012（5）．

[17] 张新生，王剑锋．中国养老产业转型升级的思考——物联网应用于养老服务［J］．经济研究导刊，2014（24）．

[18] 张新生．统筹城乡社会保障制度的研究［J］．经济纵横，2005（12上）．

[19] 张新生．农村的社会保障与农村医疗保障的完善［J］．改革与战略，2005（4）．

[20] 张新生．社会保障制度创新环境的构建［J］．辽宁师范大学学报（社科版），2005（2）．

[21] 凌丽．南昌市养老护理员队伍建设现状调查分析［J］．老区建设，2017（2）．

[22] 张新生．健全我国社会保障法路径探讨［J］．新疆社会科学，2010（4）．

[23] 张新生．构建供求平衡的农村社会保障［J］．农村经济，2005（9）．

[24] 张新生．我国二元经济与多元过渡社会保障模式探析［J］．农业经济，2008（10）．

[25] 高晶．老年人主观幸福感综述［J］．社会心理，2005（2）．

[26] 曾毅，顾大男．老年人生活质量研究的国际动态 [J]．中国人口科学，2002（5）．

[27] 肖日葵．城市老年人生活满意度及其影响因素研究——以厦门市为个案 [J]．西北人口，2010（3）．

[28] 郑锋，侯志阳．城市老年人居家养老服务的现状模型——基于结构方程中高阶因子的实证分析 [J]．北京邮电大学学报，2011（1）．

[29] 项曼君，吴晓光，刘向红等．北京市老年人的生活满意度及其影响因素 [J]．心理学报，1995，27（4）．

[30] 郭晋武．城市老年人生活满意度及其影响因素的研究 [J]．心理学报，1992，24（1）．

[31] 张雪筠．天津市老年人居家养老服务需求及满意度研究 [J]．社会福利，2014（10）．

[32] 王飞，张玲芝．浙江省养老护理员工作现状的质性研究 [J]．护理与康复，2014（6）．

[33] 王若维，杨庆爱，王桂云．山东省养老机构护理员现状调查 [J]．护理学杂志，2015（2）．

[34] 于宁．我国养老地产发展研究：世博效应及启示 [J]．上海经济研究，2010（12）．

[35] 薛峰．适老住宅集成技术解决方案 [J]．城市住宅，2015（2）．

[36] 包宗华．关于居家养老住宅的适老改造 [J]．上海房地，2008（5）．

[37] 倪成才，夏惠干，林鹤雄．适老改造宜居指标的研究 [J]．上海房地，2013（1）．

[38] 柏春．对我国大城市旧居住区"适老改造"的几点思考 [J]．山西建筑，2011（3）．

[39] 许天添．上海市旧住房（小区）适老性改造技术的研究

[J]．住宅科技，2013（1）．

[40] 李晓鸿．老龄化社会背景下住区发展趋势及居家养老——2013适老研究与设计座谈会 [J]．建筑学报，2013（3）．

[41] 何凌华，魏钢．既有社区室外环境适老化改造的问题与对策 [J]．规划师，2015（11）．

[42] 李灵芝，张建坤等．社会组织参与社区居家养老服务的模式构建研究 [J]．现代城市研究，2014（9）．

[43] 陈友华．居家养老及其相关的几个问题 [J]．人口学刊，2012（4）．

[44] 李军．公共政策视阈下政府购买居家养老服务研究 [J]．江苏大学学报（社会科学版），2014（5）．

[45] 彭金玉．推进我国城市社区养老服务发展的机制研究 [J]．社会学研究，2015（5）．

[46] 丁建定．居家养老服务：认识误区、理性原则及完善对策 [J]．中国人民大学学报，2013（2）．

[47] 祁峰．非营利组织参与居家养老的角色、优势及对策 [J]．中国行政管理，2011（10）．

[48] 成伟，刘海鹰，张宇奇．社会工作介入居家养老服务的方案探索 [J]．理论与现代化，2013（1）．

[49] 史薇．居家养老服务发展的经验与启示 [J]．社会保障研究，2015（4）．

[50] 衣艳芳，陈春丽．老龄化背景下的居家养老问题探析 [J]．吉林师范大学学报（人文社会科学版），2015（6）．

[51] 吴国强．"银发市场"：对应人口老龄化社会态势的老年产品理念 [J]．西北人口，2011（5）．

[52] 刘志伟．老年人的消费心理特点及老年市场营销策略 [J]．经济师，2001（6）．

[53] 李大雁．试论产品整体概念与老年消费市场开发 [J]．消

费经济，2001（3）．

[54] 陈元刚．关于我国老年产品开发的思考 [J]．重庆工学院学报（社会科学），2009（2）．

[55] 黄薇．基于生活形态研究的老年产品设计需求分析 [J]．艺术设计月刊，2007（5）．

[56] 杨明朗，杨晓丹等．老年产品包装的现状与发展趋势 [J]．包装与食品机械，2004（6）．

[57] 黄文芳．我国老年消费市场及其开发策略 [J]．西北人口，1999（2）．

[58] 罗云华．老年市场营销组合策略简析 [J]．长春大学学报，2004（10）．

[59] 蒋政音．我国银发休闲市场现状及发展思路 [J]．江南论坛，2011（2）．

[60] 邓红梅．从产品整体概念论老年市场的产品开发 [J]．市场论坛，2007（5）．

[61] 黎明．未来欧美药品包装将出现的格局 [J]．包装工程，2001（6）．

[62] 秦娟．日本老年消费市场发展的成功经验对我国的启示 [J]．网络财富，2009（12）．

[63] 舒余安，熊兴福，黄婉春．基于老年人居家养老的产品设计研究 [J]．包装工程，2013（3）．

[64] 王浩天．开发老年市场的三步棋 [J]．企业改革与管理，2006（8）．

[65] 季永生．浅析老年消费市场的潜力和策略选择 [J]．福建论坛，2008（专刊）．

[66] 王发兴．韶关市老年产品开发研究 [J]．韶关学院学报·社会科学，2013（1）．

[67] 张启杰．关注老龄一族 做好银色营销 [J]．商业研究，

2005（17）．

［68］徐建、朱建春、陆志国、李晓梅．论我国老龄产品的评价系统指标［J］．美与时代，2013（8）．

［69］申浩．人口老龄化背景下我国城市社区养老服务研究［J］．中国集体经济，2018（11）．

［70］刘昌平，殷宝明．发展养老产业助推老龄经济［J］．学习与实践，2011（5）．

［71］刘会丽，赵秋成．建立江苏省老龄产业链的构想及策略研究［J］．科技和产业，2012（11）．

［72］邓力，顾静，吕婷茹．完善上海市养老产业的对策建议［J］．劳动保障世界，2013（3）．

［73］刘柏霞，秦留志，张红．论现代服务业与居家养老服务平台的融合［J］．开发研究，2010（1）．

［74］李芳凡，廖成丽．我国建立城乡一体化社会保障体系的时机选择［J］．南昌大学学报，2008（6）．

［75］李芳凡，曾南权．建立不发达地区农村养老保障制度的构想［J］．江西社会科学，2004（6）．

［76］李芳凡，廖成丽．论我国统筹城乡为老服务基础设施建设［J］．南昌大学学报，2009（5）．

［77］王天鑫，韩俊江．我国养老服务人才培养的现状、问题与对策［J］．税务与经济，2018（11）．

［78］张著名．养老保险个人账户基金投资管理策略与趋势［J］．中国社会保障，2004（8）．

［79］郎晓梅．住宅套内空间适老性部品类型体系划分研究［J］．城市建筑，2014（12）．

［80］国务院关于加快发展养老服务业的若干意见（国发〔2013〕35号）．

［81］辜胜阻，方浪等．发展养老服务业应对人口老龄化的战略

思考［J］．经济纵横，2015（09）．

［82］于戈，刘晓梅．论我国养老服务业发展研究［J］．甘肃社会科学，2011（5）．

［83］于新循．论我国养老服务业之市场化运行模式及其规范［J］．四川师范大学学报（社会科学版），2010（1）．

［84］林宝．养老服务业"低水平均衡陷阱"与政策支持［J］．新疆师范大学学报（哲学社会科学版），2017（1）．

［85］刘子君．养老服务业发展的个案研究［J］．经济纵横，2011（5）．

［86］范西莹．社会资本进入我国养老服务业的结构性差异分析——以民办养老机构为例［J］．西安财经学院学报，2013（6）．

［87］王向南．基于供给侧改革的养老服务业体系重构：一种治理的视角［J］．税务与经济，2016（4）．

［88］侯卉，徐丁．养老服务业产业价值链经济贡献分析［J］．社会科学辑刊，2012（6）．

［89］耿永志．养老服务业发展研究：目标、差距及影响因素［J］．湖南社会科学，2013（3）．

［90］胡祖铨．养老服务业领域政府投资规模研究［J］．宏观经济管理，2015（3）．

［91］王桥．我国养老服务业发展进程、存在的问题及产业化之路［J］．湘潭大学学报（哲学社会科学版），2015（6）．

［92］夏艳玲，胡海波．社会组织如何参与养老服务业发展［J］．开放导报，2016（4）．

［93］武咸云，杨卫华．养老服务业发展的"冷思考"——以大连市为例［J］．社会科学家，2015（8）．

［94］陈怡．金融支持养老服务业路径［J］．中国金融，2014（23）．

［95］祝向军，董琳．论保险公司和养老服务业的合作与发展［J］．深圳大学学报（人文社会科学版），2011（2）．

[96] 付诚，韩佳均．我国养老服务产业化发展的现实困境与改进策略［J］．经济纵横，2015（12）．

[97] 王辉．政策工具视角下我国养老服务业政策研究［J］．中国特色社会主义研究，2015（2）．

[98] 王莉莉．中国城市地区机构养老服务业发展分析［J］．人口学刊，2014（4）．

[99] 青连斌．我国养老服务业发展的现状与展望［J］．中共福建省委党校学报，2016（3）．

[100] 刘婉娜，胡成．法国居家养老服务业的发展及启示［J］．宏观经济管理，2012（7）．

[101] 傅增清，罗同文．社会养老服务业开发性金融创新支持研究［J］．宏观经济管理，2013（12）．

[102] 刘雅君．吉林省养老服务业发展的困境及对策研究［J］．商业研究，2016（7）．

[103] 张丽雅，宋晓阳．信息技术在养老服务业中的应用与对策研究［J］．科技管理研究，2015（5）．

[104] 李玉玲．"十三五"时期我国养老服务业发展的基本思路与对策建议研究［J］．人口与发展，2016（5）．

[105] 郑传芳．以"四个全面"战略布局为引领推进养老服务业发展［J］．科学社会主义，2016（1）．

[106] 孙平．中国养老服务业发展取向［J］．社会福利，2008（11）．

[107] 高传胜．我国养老服务业规划的几点思考［J］．宏观经济管理，2015（10）．

[108] 张时飞．加大政府财政投入 加快发展养老服务业［J］．社会福利，2009（8）．

[109] 孙伊凡．河北省支持社会养老服务业发展的财政政策：进展与方略［J］．河北学刊，2015（1）．

[110] 皇甫小雷. 新型城镇化对农村养老服务业发展的双重效应及其对策——以河南省为例 [J]. 中国统计, 2015 (10).

[111] 以养老服务业叩开"银发经济"的大门 [J]. 求是, 2015 (7).

[112] 杨宜勇. 加大支持和扶持力度 发展养老服务业 [J]. 社会福利, 2009 (12).

[113] 杨团. 农村养老服务业 拉动内需的优势产业 [J]. 社会福利, 2009 (8).

[114] 田新朝. 养老消费金融发展路径与政策研究 [J]. 理论月刊, 2016 (12).

[115] 申群喜, 王世斌等. 广东城镇空巢老人的养老生活状况及问题分析 [J]. 西北人口, 2010 (1).

[116] 屈群苹, 许佃兵. 论现代孝文化视域下机构养老的构建 [J]. 南京社会科学, 2016 (2).

[117] 杨钊. 法国多样化产业化养老服务模式的发展及启示——兼论我国养老服务产业发展 [J]. 当代经济管理, 2014 (7).

[118] 杨宜勇, 张本波等. 及时、科学、综合应对我国人口老龄化研究 [J]. 宏观经济研究, 2016 (9).

[119] 乔尚奎, 李放等. 加拿大养老保障制度运行实践与经验借鉴 [J]. 重庆社会科学, 2014 (6).

[120] 高利平, 孔丹. 山东省老年人口居家养老调查研究 [J]. 山东社会科学, 2009 (2).

[121] 张倪. 发力供给侧改革 养老金融将成新"蓝海" [J]. 中国发展观察, 2016 (8).

[122] 王桂云. 多元化社会养老服务体系建设对策研究 [J]. 中国人口·资源与环境, 2015 (12).

[123] 姜睿, 苏舟. 中国养老地产发展模式与策略研究 [J]. 现代经济探讨, 2012 (10).

[124] 郭林. 民营资本参与养老服务体系建设的研究现状与思考 [J]. 华中师范大学学报（人文社会科学版），2014（2）.

[125] 张强，张伟琪. 多中心治理框架下的社区养老服务：美国经验及启示 [J]. 国家行政学院学报，2014（4）.

[126] 刘苹苹. 建立宜居社区与"多代屋"——中国应对人口老龄化问题的路径选择 [J]. 人口学刊，2013（6）.

[127] 刘清发，孙瑞玲. 嵌入性视角下的医养结合养老模式初探 [J]. 西北人口，2014（6）.

[128] 高红. 城市老年人社区居家养老的社会支持体系研究——以青岛市为例 [J]. 南京师大学报（社会科学版），2011（6）.

[129] 钱亚仙. 老龄化背景下的社会养老服务体系研究 [J]. 理论探讨，2014（1）.

[130] 洪娜，盛垒. 西方"以房养老"的发展特点与中国的路径选择 [J]. 经济体制改革，2014（5）.

[131] 张车伟，林宝. "十三五"时期中国人口发展面临的挑战与对策 [J]. 湖南师范大学社会科学学报，2015（4）.

[132] 刘晓静，张继良. 中国养老服务体系建设的理念、路径及对策 [J]. 河北学刊，2013（2）.

[133] 王玉芬. 探索医养结合模式的政策思考 [J]. 开放导报，2016（3）.

[134] 张新生，王剑锋，张静. 我国养老产业转型和优化发展的思考 [J]. 湖南科技大学学报（社会科学版），2015（3）.

[135] 边恕，黎蔺娴等. 社会养老服务供需失衡问题分析与政策改进 [J]. 社会保障研究，2016（3）.

[136] 吕燕. 老龄化社会的战略选择：社会养老事业与产业协调发展——基于对扬州市的相关调查 [J]. 西北人口，2011（1）.

[137] 张乃仁. 我国养老服务产业发展的困境与对策 [J]. 中州学刊，2015（10）.

[138] 范西莹. 政策性支持对于我国民办养老机构发展的推助作用分析 [J]. 甘肃理论学刊, 2013 (6).

[139] 李华. 人口老龄化对中国服务业发展的影响研究——基于供给和需求的分析视角 [J]. 上海经济研究, 2015 (5).

[140] 杨洋, 韩俊江. 制约吉林省老龄产业发展的因素及解决对策 [J]. 税务与经济, 2014 (5).

[141] 吴天宏. 推进社会养老服务财政政策研究 [J]. 经济研究参考, 2013 (33).

[142] 常缨征. 关于"以房养老"模式的理性分析 [J]. 价格理论与实践, 2013 (9).

[143] 李倩, 张开云等. 老龄产业发展策略探析——以广东省为例 [J]. 福建论坛 (人文社会科学版), 2012 (1).

[144] 李小兰. 我国养老服务公共政策结构的失衡与纠偏 [J]. 探索, 2015 (6).

[145] 于新循, 袁维勤. 我国养老服务行业准入若干法律问题研究 [J]. 理论与改革, 2009 (6).

[146] 张郧. 新常态下的养老产业发展路径 [J]. 江汉论坛, 2015 (6).

[147] 宋澜, 王超. 从覆盖到发展: 医养结合养老模式三步走战略 [J]. 求实, 2016 (9).

[148] 席群, 陆新华等. 地区机构养老服务供需分析研究——以南通市为例 [J]. 价格理论与实践, 2015 (11).

[149] 植凤寅. 中国式以房养老 [J]. 中国金融, 2015 (16).

[150] 马云超. 社区智能养老服务系统的构建 [J]. 西安财经学院学报, 2017 (1).

[151] 杨立雄. 北京市老龄产业发展研究 [J]. 中国软科学, 2017 (3).

[152] 蔡玲. 以改革创新推动京津冀养老服务协同发展 [J]. 经

济与管理，2017（1）．

[153] 马晓黎，王济萍．完善城乡社会养老保障监管的若干建议［J］．国家行政学院学报，2016（2）．

[154] 胡泊．中国老年服务业发展分析［J］．社会科学战线，2010（8）．

[155] 袁坤．西部民族地区农村养老困境及对策研究——以恩施土家苗族自治州为例［J］．贵州民族研究，2016（2）．

[156] 高丽静，高凯东．社区养老状况调查及对策研究［J］．中国统计，2014（5）．

[157] 李莉，于嘉懿等．大数据背景下智能化综合养老服务平台研究——基于资源整合视角［J］．现代管理科学，2017（1）．

[158] 王桥．我国养老机构发展中存在的问题及对策思考［J］．湘潭大学学报（哲学社会科学版），2016（6）．

[159] 王小平．住房反向抵押养老保险监管［J］．中国金融，2014（12）．

[160] 王明珠，秦利．养老服务政策评价指标体系实证研究——以延边自治州为例［J］．黑龙江民族丛刊，2016（4）．

[161] 徐祖荣．责任伦理视阈下安老养老政策支持体系的重构［J］．广东行政学院学报，2010（5）．

[162] 王雯捷．"上海老龄化社会面临的主要问题与对策"专题学术茶座简讯［J］．探索与争鸣，2012（4）．

[163] 刘奇．关于应对"银发中国"的战略思考［J］．中国发展观察，2016（5）．

[164] 史小今．民众为何质疑"以房养老"［J］．中国党政干部论坛，2013（10）．

[165] 胡泽勇．基于传统孝道的养老服务业及其可持续发展［J］．理论月刊，2017（3）．

[166] 丁建定，李薇．论中国居家养老服务体系建设中的核心

问题 [J]. 探索，2014（5）.

[167] 肖金明. 构建完善的中国特色老年法制体系 [J]. 法学论坛，2013（3）.

[168] 章晓懿，刘永胜. 利益相关者理论视角下的养老机构运行风险研究 [J]. 上海交通大学学报（哲学社会科学版），2012（6）.

[169] 冯占联，詹合英，关信平，风笑天，刘畅，Vincent Mor. 中国城市养老机构的兴起：发展与公平问题 [J]. 人口与发展，2012（6）.

[170] 景天魁. 创建和发展社区综合养老服务体系 [J]. 苏州大学学报（哲学社会科学版），2015（1）.

[171] 童星. 发展社区居家养老服务以应对老龄化 [J]. 探索与争鸣，2015（8）.

[172] 杨宜勇，杨亚哲. 论我国居家养老服务体系的发展 [J]. 中共中央党校学报，2011（5）.

[173] 关信平，赵婷婷. 当前城市民办养老服务机构发展中的问题及相关政策分析 [J]. 西北大学学报（哲学社会科学版），2012（5）.

[174] 南昌市统计局. 2010年全国第六次人口普查主要数据公报 [EB/OL]. 2013 – 01 – 06. http：//www.nctj.gov.cn.

[175] 2010年上海社会福利工作年报 [EB/OL]. http：//www.shmzj.gov.cn/gb/shmzj/node8/node15/node58/node70/node90/u1ai29776.html，2012 – 2 – 18.

[176] 王剑锋. 居家养老模式下的城市住宅区适老改造研究——以江西省为例 [D]. 南昌：南昌大学硕士学位论文，2016.

[177] 凌丽. 智慧居家养老服务研究——以乌镇模式为例 [D]. 南昌：南昌大学硕士学位论文，2017.

[178] 王琪. 精准扶贫视角下的贫困地区农村居家养老问题研究——以赣南地区为例 [D]. 南昌：南昌大学硕士学位论文，2018.

[179] 颜艳. 我国老年产品包装设计方法与策略研究 [D]. 株洲：湖南工业大学硕士学位论文，2009.

[180] 肖琼娜. 基于市场细分理论的我国老龄产品开发和设计研究 [D]. 南昌：南昌大学硕士学位论文，2007.

[181] 胡娟. 上海市不同老年群体居家养老服务需求与对策研究 [D]. 上海：上海社会科学院硕士学位论文，2008.

[182] 鲁萍. 老龄化背景下的上海城市居家养老服务问题研究 [D]. 上海：上海师范大学硕士学位论文，2012.

[183] 丁明明. 温州市居家养老服务调查与分析 [D]. 南京：南京农业大学硕士学位论文，2011.

[184] 秦玉萱. 山东省临沂市城市居家-社区养老服务实证研究 [D]. 南京：南京理工大学硕士学位论文，2010.

[185] 王荣达. 网络化治理理论视角下的政府购买居家养老服务问题研究 [D]. 沈阳：辽宁大学硕士学位论文，2012.

[186] 展迪. 多元供给主体下城市居家养老照护服务产业化研究 [D]. 上海：华东理工大学硕士学位论文，2011.

[187] 彭艳芳. 城市居家养老福利服务政策分析 [D]. 南京：南京师范大学硕士学位论文，2011.

[188] 鱼洁. 城市居家养老服务的多元化供给主体研究 [D]. 西安：西北大学硕士学位论文，2011.

[189] 吕津. 中国城市老年人口居家养老服务管理体系的研究 [D]. 长春：吉林大学博士学位论文，2010.

[190] 韩雨恬. 社区居家养老服务工作问题与政策研究 [D]. 上海：华东理工大学硕士学位论文，2011.

[191] 李晨漪. 居家养老服务需求与居家养老服务体系建设研究 [D]. 南京：南京农业大学硕士学位论文，2009.

[192] 王家跃. 老年产品设计中人性化、情感化、智能化的交互研究 [D]. 济南：山东轻工业学院硕士论文，2008.

［193］郝璐.居家养老服务供给模式研究［D］.西安：西北大学硕士学位论文，2012.

［194］张倩.我国人口老龄化与政府在老龄产品和服务提供中的角色［D］.北京：北京大学硕士学位论文，2007.

［195］罗艾桦，商旸.为老人订制一个家［N］.人民日报，2014-11-20（9）.

［196］刘子烨.推进高层住宅无障碍工程［N］.联合时报，2012-11-20（2）.

［197］钱蓓.适老改造，社会组织如何增能［N］.文汇报，2014-12-11（3）.

［198］王文佳，刘晓.对居家养老住宅进行适老改造［N］.联合时报，2010-12-21（2）.

［199］臧鸣.鼓励社会组织设计项目服务百姓［N］.东方早报，2012-5-22（A2）.

［200］许晓东.用社会责任开启消费需求，"敬老月"引爆居家养老产业［N］.消费日报，2014-10-15（B1）.

［201］牛新生.白天入托 晚上回家——江阴催生社会化养老产业链［N］.江阴日报，2008-3-17（A1）.

［202］黄世瑾.上市公司切入健康养老产业链各环节［N］.上海证券报，2013-10-29（F5）.

［203］Approaches of Improving Rural Doctors' Pension in Underdeveloped Areas in China，2012 公共管理国际会议论文集（第八届）（上）［M］.北京：电子科技大学出版社，2012.

［204］Evashwick, C. & Langdon, B. Nursing Homes, The Continuum of Long-Term: An Integrated Systems Approach［M］.USA：Delmar Publisher，1996.

［205］Williamson & Pampel. Old-Age Security in Comparative Perspective［M］.Oxford University Press，1993.

[206] Farquhar, M. Elderly people's definitions of quality of life [J]. Social Science and Medicine, 1995 (41): 1439-1446.

[207] Aureli, E., B. Baldazzi. Unequal perceived quality of life among elderly Italians [J]. Social Indicators Research, 2002 (60): 309-334.

[208] Jik Joen Lee. An exploratory study on the quality of life of older Chinese people living alone in Hong Kong [J]. Social Indicators Research, 2005 (71): 335-361.

后　　记

几易春秋，数载积淀，在这草长莺飞的六月，本书终于面世。本书研究我国居家养老服务发展问题，共有九章内容，由五部分构成，第一部分（第1、2、3章）是本书的概述和基本理论；第二部分（第4、5、6章）是本书的实证调查研究；第三部分（第7章）是本书的问题分析；第四部分（第8章）是本书其他国家和地区实践经验和启示；第五部分（第9章）是本书的对策和建议。本书采用了规范分析和实证分析相结合、理论分析和实践调查相结合，同时辅助以比较分析的研究方法，涉及经济学、管理学、社会学、统计学、哲学和法学诸领域的知识。本书的实证研究部分包括东部发达地区、中部地区和西部地区的居家养老服务调查分析，这些调查主要通过问卷调查方式完成，需要较大的工作量。本书能够顺利出版离不开朋友们诸多帮助和辛勤付出，本人指导的MPA研究生、统招研究生和本科生都积极参与问卷的发放、回收和统计工作，他们分别是赵海山、刘学平、方羽公、沈丹萍、简文兵、陶春阳、李少兰、舒心怡、魏微、梁云霄、杨劲平等，王剑锋、凌丽、杨霓敏、牟飘飘参与部分调研报告的撰写，具体情况如下：王剑锋完成5.1和8.3部分、凌丽完成4.1～4.9和5.3部分、杨霓敏完成6.1部分、牟飘飘完成6.2部分，在此向诸位付出辛勤汗水的同学们表示感谢。本书的出版也得到南昌大学社科处、公共政策与管理学院的大力支持。在本书的出版过程中，还得到了经济科学出版社李雪分社长的指导和帮助，在此一并表示感谢。

张新生

2024.2